최신

호텔주장관리실무

김연선 · 송영석 · 이두진 공저

백산출판사

머리말

국민소득의 증가와 중산층의 확대, 주 5일 근무제, 여성의 사회참여 확산, 여가와 외식 · 여행에 대한 이해와 관심의 증진 등은 호텔산업과 더불어 관광산업을 한 차원 업그레이드 시켰으며, 외식업체뿐만 아니라 관련한 모든 산업의 발전에도 일조하는 계기가 되었다. 음료에 대한 부분도 종전의 물과 술로 양분화된 고정관념을 넘어서, 다양한 음료와 주류에 대한 관심이 극대화 되고 있다. 대표적으로 와인과 칵테일 그리고 커피 등의 음료들이 있다.

생활수준과 소득이 높아짐에 따라 다양한 맛과 수준 있는 커피에 대한 관심이 높아지고 커피전문점의 숫자가 급속히 증가하고 있으며, 주류업계 또한 웰빙 열풍에 힘입어 저 도주 위주의 와인, 막걸리, 칵테일 등이 인기몰이 하고 있다. 특히 젊은 층 사이에서 다양한 종류와 아름다운 색깔, 그리고 독특한 맛에 이끌려 분위기 있는 칵테일의 매력에 빠지기도 한다. 이러한 다양하고 특색있는 음료와 주류 중에서 본서는 증류주와 혼성주 또는 다른 음료를 섞어서 다양한 컬러와 색상 그리고 맛을 낼 수 있는 칵테일에 관련한 부분들을 다룬 교재이다. 특히 대학에서 호텔 · 관광 · 외식 · 조리 등의 학문을 전공하고 있는 대학생들에게 음료 및 칵테일을 소개하는 내용을 자세히 수록하고자 하였다.

본서는 호텔관련학과, 관광관련학과, 외식 및 조리학과 등의 대학생들을 대상으로 하여 음료 및 칵테일에 대한 이해를 높이고 실무에 대한 적응력을 키우기 위해 집필하였다. 특히 관련 학과 내의 음료 및 칵테일 관련 과목에 적합한 교재라 판단된다.

본서의 내용은 4 파트(PART)로 구성되어져 있으며, PART I은 음료의 이해로써 제1장은 음료 및 주류의 이해, 제2장은 양조주, 제3장 증류주, 제4장 혼성주, 제5장은 한국의 민속주로 구성하였다. PART II는 칵테일 실무부분으로써 제6장 칵테일실무 그리고 제7장은 비알코올성 음료로 구성되었다.

그리고 PART III는 바(Bar) 실무로써 제8장은 바(Bar) 경영실무 편으로 실제 바(Bar)의 업무를 다루었다. 마지막 PART IV는 국가기술자격검정 실기편으로 제9장은 조주기능사 실기시험 안내,제10장 조주기능사 칵테일 실기시험 50선, 제11장 테마 칵테일 50선, 제12장 조주기능사 필기시험 예상문제, 제13장 음료 & 칵테일 용어해설로 구성하였다.

전반적으로 본서의 내용은 공저자가 호텔 및 현업에 근무하면서 그리고 대학에서 후학을 위해 강의를 하면서 꼭 다루고자 했던 부분을 심도 있게 비중을 두어 집필하였다. 특히 학생들에게 보다 더 이해의 폭을 넓힐 수 있도록 전문 Photographer에 의해서 생생한 작품사진을 실었다.

본서는 음료 및 칵테일을 쉽게 이해할 수 있도록 꾸며졌으며, 특히 바텐더가 되기를 희망하고 관심이 있는 학생들에게 많은 도움이 되기를 바란다. 본서를 통하여 학습하고 익힌다면 국가공인 조주기능사 자격을 취득하는데 도움이 될 것이며, 호텔의 레스토랑 및 바(Bar)나 외식업체 등에 취업과 실습이 곧바로 가능하리라 본다.

마지막으로 본서는 특급호텔 및 외식업체의 실무분야에서 20년 이상의 전문가들이 직접 실무 미팅을 여러 차례 거친 후 내용을 정리하였고 다양한 분야의 자료를 취합하여 정리하였다. 하지만 아직도 미흡한 부분이 많이 있어 이러한 부분은 선, 후배 교수님들과 업계의 담당자들로부터 고귀한 조언을 얻어 수정 · 보완해 나갈 것을 약속드린다.

끝으로 본서의 출판을 기꺼이 허락해 주신 백산출판사의 진욱상 사장님과 편집부 직원 여러분께 깊은 감사의 말씀을 드립니다.

저자일동

차 례

PART Ⅰ 음료의 이해

제3장 증류주 • 83

제4장 혼성주 • 109

PART II 칵테일 실무

PART III 바(Bar) 실무

PART IV 국가기술자격검정 실기

PART

I

음료의 이해

제1장

음료 및 주류의 이해

제1절 음료의 정의 및 역사

제2절 음료의 분류

제1장 음료 및 주류의 이해

제1절 음료의 정의 및 역사

1. 음료의 정의

인류의 역사와 함께 음료의 역사도 시작되었으며, 현대인의 문명이 발전함과 더불어 다양한 종류의 음료가 개발되어 음용되었다. 인간의 생활에 절대적으로 필요한 것이 음료이며, 신체의 70% 이상이 물로 구성되어진 점은 이러한 중요성을 역설한다.

음료(Beverage)는 인간이 살아가는데 꼭 필요한 마시는 모든 것을 말하며, 알코올이 1% 이상 함유된 알코올성 음료(Alcoholic Beverage)와 알코올이 전혀 함유되어있지 않은 비알코올성 음료(Non-Alcoholic Beverage)를 통틀어서 음료라고 한다.

2. 음료의 역사

인류 역사상 최초의 음료라고 할 수 있는 것은 자연적으로 존재하는 봉밀을 그대로 마시거나 물에 타서 마시기 시작한 것이 그 시작이라고 할 수 있다. 이는 1919년에 발견된 스페인의 발렌시아 부근에 있는 암벽에서 봉밀을 채취하는 인물그림을 통해 알 수 있다. 또한 고고학적 자료에 의하면 B.C 6000년경에는 바빌로니아에서 레몬과즙을 마셨다는 기록이 있으며, 그 후 발효된 맥주를 즐겨 마셨으며, 중앙아시아에서는 야생의 포도에 의해 자연 발효된 포도주를 발견하여 마신 기록도 있다.

18세기경에는 영국의 화학자 조셉 프리스트리(Joseph Pristry)에 의해 탄산가스의 존재를 발견하였으며, 이후 청량음료의 역사에 크게 기여하는 계기가 되었다. 18세기에 과학의 발달과 더불어 소비자의 욕구에 맞는 다양한 음료가 개발되기 시작하였으며 오늘에 이르고 있다.

3. 술의 정의 및 역사

1) 술의 정의

술은 세계 여러 나라에서 만들어지고 있으며, 법적으로 정의나 종류 등이 각 나라마다 다르다. 우리나라 주세법에 의하면 술이란 곡류(전분), 과일(당분)을 발효 또는 증류하여 만든 알코올 1% 이상의 음료를 말한다.

2) 술의 역사

(1) 서양의 역사

술이 언제, 누구에 의해 만들어졌는지는 정확히 알 수 없지만 일반적으로 여러 나라의 신화를 통해 그 역사를 짐작할 수 있다.

① 이집트 신화

이시스 여신의 남편인 오시리스가 보리로 맥주를 만드는 법을 가르쳤다고 되어 있다.

② 그리스 신화

술의 시조는 디오니소스로서, 술을 가리켜 바쿠스의 선물이라고 한다(바쿠스는 로마신화에 나오는 디오니소스의 다른 이름이다). 디오니소스는 임신 6개월 만에 어머니 세멜레스가 죽자 요정들의 정성으로 양육되었고, 트라키아 지방에서 성장하게 되었다. 이곳에서 숲속을 뛰어다니다가 포도를 발견하고 포도주를 처음 만들어 냈다고 한다. 그가 그리스로 돌아왔을 때 아티카에 사는 이카리오스라는 사람이 그를 환대하자 그에게 선물로 포도나무를 주고 포도주 담그는 법을 전해 주었다. 이카리오스는 포도주를 제조하여 목동에게 한 잔 씩 권하는데, 목동들이 맛에 반해 많이 마시고는 취해서 눈앞이 아찔해지자 독약을 섞은 줄 알고 이카리오스를 죽였다고 한다. 지금도 그리스 아티카에서는 디오니소스제라는 포도주 축제가 12월에 거행되고 있다.

(2) 우리나라 술의 역사

단군신화를 살펴보면 단군께서 백성들에게 농사법을 가르쳤으며, 가을에 햇곡이 나면 높은 산에 올라 신에게 제사를 지냈는데 햇곡으로 만든 술과 떡 그리고 소를 잡아서 제물로 썼다고 한다. 우리나라 최초의 문헌에 등장한 것은 '고 삼국사기'이다.

제2절 음료의 분류

1. 음료의 분류

음료(Beverage)란 크게 알코올성 음료와 비알코올성 음료로 구분되는데, 알코올성 음료는 일반적으로 술을 의미하고, 비알코올성 음료는 청량음료, 영양음료, 기호음료, 이온음료 등으로 나눈다.

음료를 종류별로 분류해 보면 다음과 같다.

〈표 1-1〉 음료의 분류

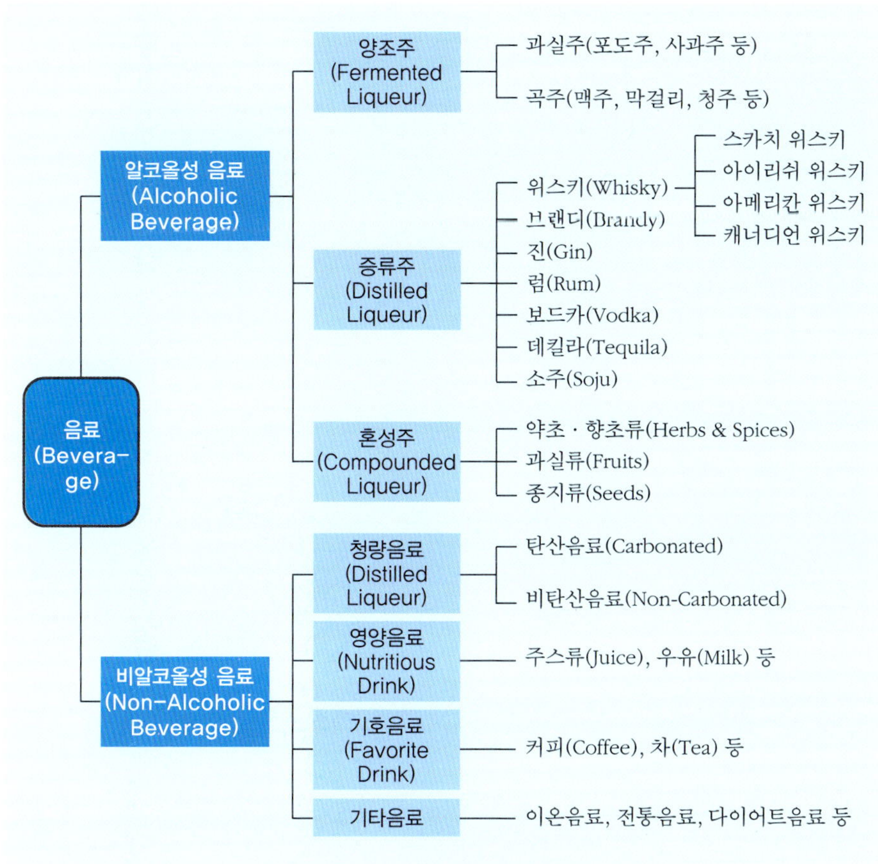

1) 알코올성 음료(Alcoholic Beverage)

① 양조주(Fermented Liquor)

양조주는 발효주(醱酵酒)라고도 하며 탁주 · 약주 · 청주 · 맥주 등 곡류 및 과실을 원료로 당화시켜 발효시킨 술과 포도 · 사과 등 당분이 있는 것을 그대로 발효시켜 만든 술이다. 알코올 함량은 약 1~18%로 낮다. 양조주는 발효가 끝난 술을 직접적으로 마시거나 또는 여과하여 마시는 술로서 맛과 향미가 뛰어나다.

② 증류주(Distilled Liquor)

증류주는 알코올을 포함한 액을 가열, 비등하여, 유출한 알코올을 포함하는 증기를 냉각하여 만든 주류이다. 증류주에는 소주, 위스키, 브랜디, 럼, 보드카 등이 있고, 일반적으로 양조주보다도 알코올 농도가 높아 25~70% 정도이다. 한편, 당류나 아미노산 등의 추출물은 대부분이 증류로 제거한다. 위스키나 브랜디 등의 통 저장에 의한 숙성공정을 거친 주류의 추출물분은 대부분 통재에서 유래하는 숙성향기에 중요한 역할을 하고 있다. 증류주의 숙성기구는 불명인 점이 많지만, 통재 등의 성분의 용출 외에 알코올 분자와 물 분자의 군의 형성이 물리화학적 측정으로 증명하여, 알코올 분자의 자극을 부드럽게 하는 것으로 설명하고 있다.

증류주 제조에 사용하는 증류기는 단식 증류기(Pot Still)와 연속식 증류기(Patent Still)가 있어, 후자는 전자에 비하면 순수한 알코올을 취득할 수 있지만 특징은 적다. 증류주의 종류나 원료에 따라 각각 바람직한 증류기를 선택하여 사용해야 한다.

곡물 · 과실 등으로 일단 술을 만들고, 다시 이것을 증류하여 고도의 알코올분을 함유하게 한 주정음료로, 양조주 또는 알코올 성분을 함유한 액체를 가열하여 끓이면 알코올은 물로부터 증발하기 쉽기 때문에 유출된다. 이 유출하는 부분을 냉각하여 모으면 알코올 성분이 짙은 유출주(留出酒)를 얻을 수 있다. 위스키, 브랜디, 진, 보드카(vodka), 소주 등이 증류주에 속한다.

③ 혼성주(Compounded Liquor)

혼성주는 양조주, 증류주를 원료로 하여 주정에 색깔, 향, 맛을 내는 재료(과일, 향료, 약초 등)와 당분을 가해서 만드는 술로 흔히 리큐르(Liqueur)라고 불린다. 리큐르는 프랑스와 유럽에서는 '리큐르(liqueur)', 독일에서는 '리코르(likor)', 영국과 미국에서는 '코디알(cordial)'이라고도 불리며, 리큐어의 어원은 라틴어의 리케파세르(Liquefacere, 녹이다)에서 유래한 프랑스어로, 과실이나 초근목피 등을 녹인 액체라는 것이 원래의 의미다.

리큐르의 분류는 원료에 따라서 약초, 향초(herbs & spices), 과실류(fruits), 종자류(seeds) 등으로 구분한다.

2) 비알코올성 음료(Non Alcoholic Beverage)

① 청량음료(Soft Drink)

청량음료는 이산화탄소가 들어 있어 맛이 시원하고 상쾌한 기분을 느끼도록 만든 음료수를 말하는 것으로서 일반적으로 사이다, 콜라, 진저엘, 토닉, 소다, 칼린스 믹스 등 여러 가지가 있다.

청량음료는 상쾌하고 청량감을 주기 위한 음료로서, 탄산가스의 주입여부에 따라서 탄산음료(Carbonated)와 비탄산음료(Non-Carbonated)로 분류한다. 탄산음료에는 코크, 소다 워터, 진저엘, 토닉워터 등이 있으며, 비탄산음료에는 미네랄워터, 에비앙 등이 있다.

② 영양음료(Nutritious Drink)

영양음료는 과일즙과 설탕 등을 가공하여 만든 음료로서 일반적으로 주스와 우유 등으로 분류할 수 있다.

우유의 종류는 생우유(Raw cow's milk), 전우유(Whole milk), 전지분유(Evaporated milk), 탈지우유(Skim milk, fatfree milk), 전지분유향(Condensed milk)으로 분류한다.

우유의 주성분은 물(87.1%), 락토스(5.0%), 지방(3.9%), 단백질(3.3%), 기타(0.7%) 등으로 구성되어있다. 주스류는 레스토랑이나 바에서 고객에게 판매할 수 있는 오렌지주스, 파인애플주스, 자몽주스, 토마토

주스, 사과주스, 인삼주스 등이 있고, 칵테일의 보조재료나 주류를 마실 때 사이드 음료로 마시는 레몬주스, 라임주스, 크랜베리주스 등이 있다.

③ 기호음료(Favorite Drink)

기호음료에는 크게 커피류와 차 종류로 양분할 수 있다. 우리나라의 경우는 세계 다른 나라의 경우와는 다르게 인스턴트커피가 절대적으로 많은 소비가 이루어지고 있으며, 근래에 커피전문점의 증가로 인해 아메리카노, 카푸치노와 같은 원두커피의 점유율이 점차 증가하고 있다.

차는 차나무의 잎으로 만들며, 만드는 방법에 따라 크게 네 종류로 구분하는데 불발효차(녹차), 반발효차(오룡차, 자스민차), 완전발효차(홍차), 후발효차(보이차)로 나뉜다. 일반적으로 호텔의 레스토랑에서는 녹차, 홍차, 자스민차, 잉글리쉬 블랙퍼스트, 얼그레이, 다즐링, 겨울철 따뜻하게 마시는 국산 전통차 등을 고객에게 서비스하고 있다.

④ 기타 음료

위와 같이 분류하는 비알코올성 음료 외에도 스포츠 활동 후 마시는 건강이온음료와 전통음료, 다이어트 음료 등이 있다.

제2장

양조주

제2장 양조주

제1절 와인

1. 와인의 정의

와인(Wine)은 넓은 의미로는 과실류를 발효시켜 알코올을 함유한 음료를 말하며, 일반적으로 포도를 원료로 하여 발효시켜 만든 포도주를 말한다. 와인의 종주국 프랑스에서는 뱅(Vin), 이탈리아에서는 비노(Vino), 독일에서는 바인(Wein), 그리고 미국과 영국에서는 와인(Wine)이라고 부른다.

1991년 미국 CBS에서 학자들의 연구결과로 발표한 "프렌치 패러독스"라는 학설은 레드와인의 여러 성분이 심장병뿐만 아니라 인체에 유용한 작용을 한다는 결과로 인해 많은 사람이 레드와인을 선호하게 되었다. 오늘날 와인은 프랑스를 비롯하여 전 세계 약 50여개 국가에서 연간 250억 병 정도가 생산되어 소비되고 있다.

2. 와인의 역사

와인은 정확히 언제부터 인류가 마시기 시작했는지는 정확히 알 수는 없다 하지만, 남겨진 문헌에 의하면 약 7000년 전 소아시아와 메소포타미아 지방에서 시작되어 이집트, 그리스, 로마 등지로 점차 퍼져나가면서 발전했다고 한다.

또한 기원선 3500년 전 메소포타미아에서 포도를 재배하고 발효시켜 와인을 만들어 마신 것으로 알려져 있으며, 이 지역에서 유래된 와인은 고대 그리스와 로마를 거쳐 유럽에 전파되었다. 로마시대에는 프랑스, 독일 등의 식민지 국가들에게 포도재배를 주요한 농업으로 지정하여 양성하였다.

중세시대에는 와인이 의약용뿐만 아니라 교회의 미사나 성찬식에 많은 양을 사용하였다. 18세기에 이르러 병과 코르크 마개 사용이 보편화되면서 일반 소비자에게 유통되기 시작하였으며, 포도 재배업자와 전문 상인들도 등장하였다.

이러한 와인은 서양의 식문화에는 없어서는 안 되는 술이 되었고, 우수한 포도밭과 좋은 기후를 가진 프랑스 등 유럽의 몇몇 국가에서 대량 생산하게 되었다. 근래에 와서는 미국의 캘리포니아와 오스트레일리아에서도 천혜의 기후와 토질을 이용하여 양질의 와인을 생산하고 있다.

3. 와인의 제조과정

1) 레드와인의 제조과정

레드와인은 적포도 품종으로 만든다. 화이트와인과는 달리 레드와인은 붉

은 색이 중요하며, 포도껍질에 있는 붉은 색소를 많이 추출해서 와인을 만들어야 하므로 수확한 포도를 줄기제거와 분쇄작업을 한 후 포도즙, 과육, 껍질, 씨 등이 함께 섞어서 발효과정을 거친다.

이러한 제조과정이 화이트와인과는 다른 부분이며, 레드와인의 제조과정은 아래와 같다.

(1) 레드와인 제조과정

① 포도수확(포도원) : 잘 익은 포도수확

② 운반 : 포도원에서 공장으로 운반

③ 공장 : 공장으로 취합

④ 파쇄(줄기를 골라내고 포도를 으깸) : 포도 알갱이를 으깸

⑤ 전 발효 : 효모를 첨가하여 10~20일 정도 발효

⑥ 압착 : 껍질, 과육, 씨와 함께 발효한 후 압착

⑦ 후 발효 : 포도에 함유되어 있는 사과산을 유산균의 작용으로 유산과 이산화탄소를 발생시키는 필수적인 과정

⑧ 앙금분리(걸러내기) : 찌거기 등의 앙금을 제거 후 숙성

⑨ 숙성 : 숙성 온도는 12~14도, 숙성 습도는 약 70%, 우수한 와인은 12~24개월 정도 숙성

⑩ 여과 : 숙성 후 불순물을 제거

⑪ 병입 : 여과 후 병입

⑫ 병 숙성 : 숙성 온도는 10~15도, 숙성 습도는 약 75%, 저급 와인은 병입 후 곧바로 판매, 고급와인은 대략 3~24개월 정도의 숙성을 함

⑬ 출하 및 판매 : 병 숙성 후 라벨 작업과 동시에 판매

2) 화이트와인의 제조과정

화이트와인은 수확한 포도를 으깬 후 바로 압착을 하고 얻은 포도즙에서 찌

꺼기나 불순물을 제거한 후 바로 발효에 들어간다. 이렇기 때문에 색소의 추출이 적어 무색이나 엷은 노란색에 가까워 숙성과정을 거친다. 화이트와인의 제조과정은 다음과 같다.

(1) 화이트와인 제조과정

① 포도수확(포도원) : 잘 익은 포도수확

② 운반 : 포도원에서 공장으로 운반

③ 공장 : 공장으로 취합

④ 파쇄(줄기를 골라내고 포도를 으깸) : 포도 알갱이를 으깸

⑤ 압착 : 껍질, 과육, 씨와 함께 발효한 후 압착

⑥ 주스 : 압착 후 나오는 포도즙

⑦ 발효 : 포도즙에서 찌꺼기나 불순물을 제거한 후 바로 발효 공정

⑧ 앙금분리(걸러내기) : 찌거기 등의 앙금을 제거 후 숙성

⑨ 숙성 : 원숙한 부케향이 생성되는 기간

⑩ 여과 : 숙성 후 불순물을 제거

⑪ 병입 : 여과 후 병입과정

⑫ 병 저장 : 병입 후 일정기간 숙성

⑬ 출하 및 판매 : 병 숙성 후 라벨작업과 동시에 판매

위의 제조과정에서 레드와인과 화이트와인의 차이점은 첫째, 레드와인은 포도알을 으깨고 줄기를 제거한 후 씨, 과육, 껍질이 섞인 상태로 발효하지만 화이트와인은 압착을 통해 나온 포도즙을 발효해서 만든다.

둘째, 레드와인은 유산균 또는 젖산 박테리아에 의해 이루어지는 유산발효과정을 거치지만 화이트와인은 대부분 유산 발효과정이 생략된다. 따라서 화이트와인은 일반적으로 맛이 상큼하면서도 깨끗하고, 레드와인은 탄닌성분으로 인해 떫은 맛이 난다.

4. 와인의 분류

1) 색에 의한 분류

(1) 레드와인(Red Wine)

레드와인의 붉은 색을 내기 위해서는 포도껍질에 있는 붉은 색을 추출한다. 씨와 껍질에 있는 탄닌성분이 함께 추출되어 레드와인에는 떫은맛이 난다. 레드와인은 상온(16~18℃)에서 제맛이 나며 알코올 농도는 일반적으로 12~14% 정도이다.

(2) 화이트와인(White Wine)

청포도를 이용하여 만드는 화이트와인은 레드와인에 비해 탄닌성분이 적어 맛이 부드럽고 초보자도 쉽게 접할 수 있다. 화이트와인은 10~12℃ 정도에서 차게 해서 마시며, 알코올 농도는 10~13% 정도이다.

(3) 로제와인(Rose Wine)

레드와인과 화이트와인의 중간 정도의 색인 핑크색을 띄고 있는 로제와인은 레드와인과 제조과정이 비슷하다. 포도껍질을 함께 넣고 발효시키다가 원하는 색이 나오면 껍질을 제거하고 과즙으로만 와인을 만든다. 피크닉 용도와 기념일 등의 축하용으로 음용하기에 적당한 와인이다.

2) 용도에 따른 분류

(1) 아페리티프 와인(Aperitif Wine)

식전주라고 하며 본격적인 식사에 들어가기 전에 전채요리와 함께 식욕을 돋우기 위해 마시는 와인을 말한다. 주로 산뜻한 맛이 나는 와인을 선택하며, 샴페인이나 달지 않은 드라이 셰리 등을 들 수 있다.

(2) 테이블 와인(Table Wine)

식사와 함께 테이블에서 마시는 와인을 말하며 식사 중간중간에 마셔서 다음 코스에 나오는 음식의 맛을 더욱 풍부하게 느낄 수 있도록 입 안을 헹구어 주는 역할을 한다. 이외에도 테이블 와인은 식욕을 증진시키고 분위기를 좋게 해준다. 일반적으로 레드와인과 화이트와인 그리고 로제와인 등을 모두 말한다.

(3) 디저트와인(Dessert Wine)

식후주라고도 하며 달콤한 와인을 한 잔 마셔줌으로써 식사가 끝난 후 입 안을 개운하게 해주는 역할을 한다. 주로 포트와인이나 크림 셰리와인을 즐겨 마신다.

3) 저장기간에 따른 분류

(1) 영 와인(Young Wine)

1~2년 정도의 단기간의 숙성기간을 거친 와인을 말하며, 가벼운 느낌이 나는 와인을 말한다. 대표적인 와인으로는 11월 셋째주 목요일 자정부터 마시는 보졸레 누보를 들 수 있다.

(2) 숙성와인(Aged Wine/Old Wine)

5~15년 정도의 숙성기간을 거친 와인을 말한다. 예를 들면 프랑스 뉘생조르쥐 와인 정도의 등급을 말한다.

(3) 그레이트 와인(Great Wine)

15년 이상을 숙성시킨 와인을 말한다. 그레이트 와인으로 대표적인 와인은 샤또 마고를 들 수 있다. 하지만 숙성이 오래되었다고 와인의 가격이 비싸거나 품질이 우수하다고는 말할 수 없다.

4) 탄산가스 유무에 따른 분류

(1) 스파클링 와인(Sparkling Wine)

제조과정에서 당분과 효모를 첨가하여 병 속에서 2차 발효가 일어나 탄산가스를 갖게 되는 와인을 말한다. 프랑스의 샹파뉴지방에서 제조되는 스파클링 와인을 샴페인이라 부르며, 기타지역의 탄산가스가 함유된 와인은 샴페인보다는 스파클링 와인이라고 부르는 것이 적당하다.

(2) 스틸 와인/비발포성 와인(Still Wine)

탄산가스가 포함되지 않은 레드와인, 화이트와인, 로제와인을 말한다.

5) 당분 함유량에 따른 분류

(1) 스위트 와인(Sweet Wine)

당분 함유량이 3% 이상의 감미로운 포도주로서 향과 풍미가 있어서 주로 식후주에 적당하다.

(2) 미디엄 드라이 와인(Medium Dry Wine)

단맛이 조금 있는 와인으로서 당분 함유량이 2% 미만의 와인을 말한다.

(3) 드라이 와인(Dry Wine)

신맛과 단맛이 없는 와인으로서 당분 함유량이 1% 미만의 산미 포도주로서 과즙의 당분이 거의 없어 식전주로서 이용된다.

6) 가향 유무에 따른 분류

(1) 일반와인(Natural Wine)

포도주에 일반적으로 향을 첨가하지 않은 와인을 말한다.

(2) 가향와인(Flavored Wine)

향을 첨가한 와인으로서 이탈리아의 버무스(Vermouth)가 가장 대표적이며, 일반적으로 식전주로 많이 사용된다.

7) 알코올 첨가에 따른 분류

(1) 주정강화 와인(Fortified Wine)

주정강화 와인 또는 알코올강화 와인이라고 하는데, 와인을 만드는 도중에 40도 이상의 브랜디를 첨가하여 알코올 도수를 높인 와인을 말한다. 스페인의 셰리와인, 포르투갈의 포트와인이 대표적인 주정강화 와인이다.

(2) 비주정강화 와인(Unfortified Wine)

주정을 강화하지 않은 일반적인 와인을 말하며, 레드와인, 화이트와인, 로제와인을 말한다.

5. 포도의 품종

와인을 만드는 포도의 품종에는 크게 적포도 품종과 청포도 품종으로 구분한다. 와인을 만들 때는 여러 품종의 포도를 섞어 브렌딩(Blending)을 하여 우수한 품질의 와인을 만든다.

1) 레드와인 포도품종

(1) 까베르네 쇼비뇽(Cabernet Sauvignon)

레드와인 포도품종의 황제라고 부르며, 진한 색깔, 복잡하고 신비한 향, 깊은 맛으로 유명하고 탄닌도 풍부하다. 캘리포니아, 호주, 칠레 등 많은 나라에서 재배되며, 모두 최고급 와인의 재료로 쓰인다. 신선한 와인에서는 특유의 과일향이 나고, 숙성이 될수록 서양 삼나무향, 오랑캐 꽃향 등 다양한 향을 느낄 수 있다.

(2) 멜로(Merlot)

생떼밀리옹과 포메롤 지방의 최고급 와인을 만드는데 사용된다. 까베르네 쇼비뇽과 함께 레드와인을 대표하는 양대산맥이며 여성적인 순하고 부드러운 맛이 특징이다. 칠레, 미국에서도 성공적으로 재배되며, 자두와 장미, 향신료와 풍부한 과일향이 특징이다.

(3) 까베르네 프랑(Cabernet Franc)

탄닌성분이 풍부하고 숙성이 진행되는 동안 섬세한 향이 나는 것이 특징이다. 생떼밀리옹과 포메롤 지방의 와인을 만드는데 많이 사용되며, 르와르 강변이나 남아메리카에서도 많이 재배한다.

(4) 가메(Gamay)

매 해 11월 셋째주 목요일 자정부터 마시는 햇와인으로 보졸레 누보를 만드는 품종으로 유명하며 과일맛이 강하고, 맛이 순하다. 보졸레 외에도 르와르, 스위스, 캘리포니아 등지에서도 많이 재배한다.

(5) 그르나쉬(Grenache)

론 지역에서 재배되며, 강한 맛의 고급 레드와인과 로제와인이 만들어진다. 리오하, 캘리포니아, 남아프리카에서도 많이 재배된다.

(6) 말벡(Malbec)

말벡은 아르헨티나의 국가대표 품종으로 유명하다. 진한 색과 풍부한 탄닌 성분으로 혼합용으로 많이 사용되며, 신맛의 여운이 오래 가는 것이 특징이다.

(7) 시라(Syrah)

론 지역 최고의 적포도 품종으로 페르시아의 시라즈가 원산지이다. 탄닌성분이 풍부하여 오래 숙성하여야 좋으며 호주를 대표하는 품종으로도 유명하다. 향기와 맛이 강하여 향신료의 맛도 느껴진다. 호주에서는 쉬라즈라고 부른다.

(8) 진판델(Zinfandel)

원래는 이탈리아가 원산지이나, 현재는 캘리포니아에서 많이 재배되는 품종으로 많이 변했다. 딸기향이 나며 신선하고 우아한 맛이 나며 스위트와인으로 유명하다.

(9) 피노 누아(Pinot Noir)

부르고뉴 지방에서 많이 재배되며 여러 가지 과일향이 향긋하게 나고 탄닌성분이 적은 부드러운 맛이 특징이다. 또한 고급와인을 만드는 포도품종으로도 유명하다.

(10) 네비올로(Nebbiolo)

이탈리아가 원산지이며, 오래 보관할 수 있는 와인을 만들 수 있다. 피에몬테의 바롤로와 바르바레스코를 만드는 품종으로도 유명하다.

2) 화이트와인 품종

(1) 샤르도네(Chardonnay)

샤르도네 또는 샤도네이라고 부르며 가장 유명한 청포도 품종의 하나이다. 백색 과일, 레몬, 호두 맛이 나며 부르고뉴 지역에서는 단일품종으로 쓰인다. 화이트와인의 여왕이라고 부르기도 한다.

(2) 쇼비뇽 블랑(Sauvignon Blanc)

르와르, 보르도, 캘리포니아, 호주 등지에서 많이 재배하며, 까치밥나무 열매의 향이 나며 풋풋한 과일 맛, 그리고 푸릇푸릇한 풀향기 등이 난다.

(3) 슈냉 블랑(Chenin Blanc)

루아르강 유역에서 재배되는 품종이며 신맛이 강해서 오래 보관하는 와인에 사용한다. 껍질이 얇고 산도가 좋고 당분이 높다.

(4) 리슬링(Riesling)

독일을 대표하는 화이트와인의 최상급 품종으로 꽃과 과일향이 강한 고급스러운 와인으로 만들어진다. 모젤강, 자르강, 루베르 강을 연결하는 지역에서 많이 재배된다.

(5) 세미용(Semillon)

보트리티스 시네레아균에 감염되어 귀부병을 일으키는 특이한 품종이다.

꿀, 바닐라, 무화과향이 나며, 보르도지역에서는 쇼비뇽 품종과 함께 사용한다.

(6) 게브르츠트라미너(Gewurztraminer)

알자스의 대표적인 품종이며, 독일, 호주, 캘리포니아 등에서도 재배된다. 장미, 리치 등의 향이 나며, 동양 음식과도 잘 어울린다.

(7) 뮐러 트루가우(Muller Thurgau)

리슬링과 실바너의 교배종으로 독일에서 처음으로 재배되었으며, 알자스, 호주, 동유럽에서 많이 재배된다.

(8) 피노 블랑(Pinot Blanc)

샹파뉴, 알자스, 이탈리아, 독일, 캘리포니아에서 주로 재배되고, 샤르도네 품종과 비슷한 맛을 낸다.

(9) 무스카데(Muscadet)

화이트와인과 로제와인을 만드는데 주로 사용하며, 디저트용 포도로도 사용하는 등 다양한 용도로 쓰인다. 주로 스위트한 와인을 만드는데 사용하나 알자스 지방에서는 드라이한 와인을 만드는데도 사용한다.

(10) 피노 그리(Pinot Gris)

이 품종으로 만든 와인은 황금빛의 색을 내며 강하면서도 부드럽고 풍부한 맛을 낸다. 처음에는 복숭아, 자두와 같은 맛을 내다가 숙성이 되어갈수록 꿀과 같은 단맛이 강해진다. 이 품종으로 알자스의 일급 와인과 토가이 피노 그리섹 와인을 만든다.

Argentina

Vinomate

VIÑA MAIPU

"Maipu Menoza"는 아르헨티나 와인 메이킹의 파라다이스라 불릴 정도로 천혜의 기후를 가지고 있다. 안데스 산맥 한 기슭에 수정같이 맑은 공기와 순수한 암반수, 모래점토, 완벽한 배수조건으로 가장 오래 되고 많이 생산되는 지역이다.

"Vina Maipu"는 이 지역에서 1898년 아르헨티나 와인 역사와 함께 Mr. Aranda에 의해 설립되었다. 지금은 손자인 Carlos가 와이너리를 경영하고 있다. New World Wine 소비의 증가로 기존 자국시장 판매에서 최근 연구/설비 시설 투자 및 마케팅 활동 강화로 꾸준히 판매가 증가하고 있으며, 특히 각종 International Wine Competition에 참가하여 좋은 성과를 올리고 있다.

Chardonnay 2006
샤도네이

- **원산지** : 멘도사(Mandoza)
- **생산자** : Vina Maipu(비나 메이푸)
- **용량 및 알코올** : 750ml, 13.5%
- **포도품종** : 샤도네이 100%
- **Comments** : 황금빛이 감도는 이 와인은 말로라틱 발효로 인해 바나나, 사과향이 지배적이며 오크숙성으로 버터, 헤이즐넛향도 느껴진다. 산도와 당도의 적절한 밸런스가 뛰어난 엘레강스한 와인이다.
- **어울리는 음식** : 신선회, 해산물 등
- **서빙온도** : 10～12℃

자료 : 비노메이트 와인제품설명서

Chile

Vinomate

"좋은 와인은 최상의 포도에서 나온다"라는 단순한 명제 아래 "Torreon De Paredes"는 Rapel 지역 Rengo, Cachapoal Valley에 1979년 과학선생님이었던 "Don Amado"는 와인너리를 설립하였다. Torreon De Parede 와이너리는 가장 과학적으로 포도가 최적으로 성장할 수 있는 지역 Cachapoal Valley의 심장부에 고립되었으며, 위도 34도, 매우 다양한 토양과 토질, 산악 암반수 등 독특한 Single Terroir를 가지고 있다. 또한 칠레 와인너리에서는 드물게 "ISO 14.001" 친환경경영시스템을 국제적으로 인증 받아 모범사례로 뽑히고 있다.

Torreon Reserva Merlot 2006
토레온 리저바 메를로

- **원산지** : 랭고, 카차폴, 라펠 밸리(Rengo, Cachapoal, Rapel Valley)
- **생산자** : Torreon De Paredes(토레온 디 파라데스)
- **용량 및 알코올** : 750ml, 14%
- **포도품종** : 카베르네 쇼비뇽 90%, 메를로 10%
- **Comments** : 100% Hand Picking/12개월 New French Oak. 최소 20년 이상된 포도나무에서 3월 말, 4월 초순 수확한다. 다크 바이올렛톤 밝은 루비색, 블랙커런트, 까시스, 스모키, 스파이시한 향에 입 안에서는 탄탄하면서 견고한 탄닌에 긴 Finish가 좋다.
- **어울리는 음식** : 스테이크, 양념을 곁들인 그릴 육류 요리 등
- **서빙온도** : 18~20℃

자료 : 비노메이트 와인제품설명서

Le Dix de Los Vascos
르 딕스 로스바스코스

Barons de Rothschild collection

라피트 로칠드사가 칠레에 진출한지 10년 된 해를 기념한 것에서 유래된 와인으로 라피뜨 로쉴드의 축적된 경험과 기술을 바탕으로 칠레의 완벽한 천혜의 자연 환경이 결합하여 아주 훌륭하고 세련된 와인의 풍미를 자랑한다. 칠레의 특급 와인 중에서도 선두에 서있는 와인으로 라피뜨 로쉴드 특유의 와인 생산방법으로 만들어 보르도 스타일의 풍미가 입 안 가득히 느껴져 맛의 깊이와 느낌이 귀족적이다.

➔ 와인제조 : 라피트 로칠드(Lafite Rothschild)

➔ 포도품종 : 까베르네 쇼비뇽 100%

➔ 알코올 : 15%

➔ 테이스팅

색 : 루비색의 여운이 도는 짙고 어두운 보라색

향 : 잘 익은 레드 베리향과 우아한 연필향이 오랫동안 풍기며, 입 안에서는 신선한 맛과 강하고 꽉 찬 느낌이 든다.

맛 : 조화로운 탄닌과 잘 익은 맛있는 과일을 머금은 것 같은 맛과 그리고 건장한 구조감이 느껴진다. 부드러운 탄닌과 힘있는 산도는 전체적인 와인의 숙성도를 더 한층 높여 주고 있으며, 숙성 보존할 수 있는 기간도 보장되는 최고급 와인이다.

➔ 음식과의 조화 : 스테이크, 양념이 강한 요리, 매콤한 음식, 치즈 등

자료제공 : 글로벌 주류 주식회사

Los Vascos Cabernet sauvignon
로스 바스코스 까베르네쇼비뇽

스테인리스로 된 큰 통에 담아 두기 때문에 까베르네 쇼비뇽 특유의 다양한 과일향을 보존할 수 있다. 마찬가지로 발효가 끝나면 곧바로 병에 담아 신선함과 향을 잃지 않게 한다. 이 와인은 훌륭한 균형감을 가지고 있는 와인으로 젊을 때 마실 수 있을 뿐만 아니라 여러 해 동안 저장한 뒤에 마셔도 좋다.

- **와인제조** : 라피트 로췰드(Lafite Rothschild)
- **포도품종** : 까베르네 쇼비뇽 100%
- **알코올** : 13.5%
- **테이스팅**
  - 색 : 진한 루비색
  - 향 : 잘 익은 스트로베리, 검은 과일, 향신료 향 등 과일향이 강한 부케. 입 안에서는 신선한 나무딸기 향이 둥글게 스친다.
  - 맛 : 균형감 있고 알코올이 강한 와인으로 탄닌과 산도가 조화롭게 균형을 이루고 있으며 잔향이 있고 끝맛이 길다. 지금 마셔도 좋지만, 강한 탄닌 성분은 장기간 숙성도 가능하게 한다.
- **음식과의 조화** : 스테이크, 꼬리찜, 갈비찜, 매콤한 음식, 치즈 등

자료제공 : 글로벌 주류 주식회사

Los Vascos Chardonnay
로스 바스코스 샤도네이

Santiago와 Valparaiso 사이의 북쪽지역인 Casablanca에서 재배한 포도송이를 양조해서 만든다. 이곳은 훌륭한 품질의 샤도네이를 만드는 포도산지로 근래에 각광받는 지역이다. 이 와인은 일찍 병입하는데 샤도네이 특유의 다양한 향과 맛 등의 개성을 잘 보존하기 위해서이다.

- **와인제조** : 라피트 로칠드(Lafite Rothschild)
- **포도품종** : 샤도네이 100%
- **알코올** : 14.0%
- **테이스팅**
  - 색 : 밝고 빛나고 맑은 황금색
  - 향 : 열대과일향이 감미롭게 풍기고, 헤즐넛향의 여운도 남는다.
  - 맛 : 입 안의 느낌은 부드럽고 풍부하면서도 둥글다. 끝 맛이 길고, 감귤류의 잔향이 다시 느껴진다. 샤도네이는 젊은 와인일 때 마셔야 한다. 마시기 전에 한 시간 가량 열어두어야 한다. 적당한 시음온도는 10~12℃ 가량이다.
- **음식과의 조화** : 굴요리, 흰살 고기, 생선, 치즈 등

자료제공 : 글로벌 주류 주식회사

6. 와인 빈티지(Wine Vintage)

와인 빈티지는 와인의 원료가 되는 포도의 수확년도를 가르키는 것으로 와인병의 라벨에 표기되어 있다. 포도는 해마다 일조시간 및 강수량 등의 포도

〈표 2-1〉 Vintage Chart

	FEGIONS/WINES	2001	2000	1999	1998	1997	1996	1995	1994	1993	1992	1991	1990	1989	1988	1987	1986
CALIFORNIA	Cabernet Sauvignon-Napa/Sonoma/North Coast	94	89	92	85	95	92	92	97	90	93	95	93	83	80	93	90
	Chardonnay-Napa/Sonoma/North Coast	92	90	90	89	95	90	93	90	90	92	92	93	82	88	80	91
	Pinot Noir-Napa/Sonoma/North Coast	90	90	91	90	94	91	91	93	90	90	93	90	85	92	89	88
	Pinot Noir/Chardonnay-Central Coast/Santa Barbara	91	91	90	89	95	89	89	92	85	89	91	91	86	88	87	86
	Zinfandel-Napa/Sonoma/North Coast	88	88	91	87	89	93	92	95	92	91	92	92	85	84	92	88
	Oregon/Pinot Noir	88	90	92	92	84	86	87	94	91	90	90	92	88	89	80	86
	Washington-Red	91	94	96	93	91	90	87	92	89	92	91	89	95	87	93	82
FRANCE	Bordeaux/Red-Medoc Et Graves	89	98	88	89	86	93	91	88	85	80	80	98	96	89	81	95
	Bordeaux/Red-St. Emilion Et Pomerol	89	97	89	92	85	87	93	90	86	NR	NR	98	93	90	81	90
	Bordeaux/White-Sauternes Et Barsac	94	81	90	88	90	88	88	80	NR	NR	NR	96	90	97	NR	95
	Burgundy/Red	88	84	89	88	89	92	90	85	88	80	85	91	88	90	NR	NR
	Burgundy/White	92	88	87	89	89	92	91	87	83	91	NR	92	91	84	NR	92
	Rhone/North	90	91	83	92	91	87	91	89	NR	NR	93	93	97	82	86	86
	Rhone/South	90	93	89	97	85	85	93	88	87	NR	NR	96	95	89	NR	80
	Loire/Dry and Sweet White	88	84	89	86	85	92	91	82	89	83	NR	91	92	87	NR	89
	Alsace	94	86	84	89	96	90	88	86	84	80	NR	93	96	89	NR	NR
	Champagne/Vintae	NV	85	88	87	85	92	89	NV	87	NV	NV	98	90	88	NV	87

주요 빈티지 점수

98 – 100 = Superlative
94 – 97 = Classic
90 – 93 = Excellent
87 – 89 = Very Good
83 – 86 = Good
80 – 82 = Acceptable
NV = Nonvintage
NV? = Undeclared, but probably nonvintage
NR = Not Rated

색상에 따른 와인상태

- 보관하는 것이 좋음
- 마실수 있으나 좀 더 보관할것 권장
- 마사기 아주 좋은 상태
- 마실수 있으나 좋은 시기는 지났음
- 마시기에 아주 좋은 상태는 아님
- 자료가 없음

농사의 기후적 영향으로 조건이 달라진다. 어떤 연도에 생산된 포도로 만들어진 와인이냐에 따라서 와인의 맛과 가격이 다르게 되므로 와인 빈티지(Vintage)는 와인의 품질을 예측하고, 시음에 적절한 시기 등을 판단하는데 참고가 된다. 와인 빈티지(Vintage) 차트(Chart)는 와인의 생산지역과 빈티지(Vintage)를 종합적으로 표시해놓은 것으로서 와인을 선택하는데 있어서 중요한 자료로 활용하고 있다. 때때로 빈티지(Vintage)를 표시하지 않은 Non Vintage와인도 있다. 이는 다른 연도에 생산된 포도를 블렌딩(Blending)해서 만든 와인을 일컫는다.

7. 와인서비스 방법과 관리

1) 와인서비스 방법

와인은 식사의 분위기를 좌우하는 것으로서 와인에 대한 상품지식과 적절한 와인 서비스가 이루어져야 한다.

① 고객이 착석하면 고객테이블로 다가서서 식전주에 대한 주문을 받는다.

② 고객의 식사주문이 이루어지면, 주문한 요리를 기억하고 테이블의 왼쪽에 서서 와인 리스트를 제공한다.

③ 고객이 와인 리스트를 보고 난 후에는 고객의 취향과 음식과의 조화를 고려하여 주문을 받는다.

④ 주문한 와인을 가져와서 고객에게 라벨을 보여드리며, 주문한 와인과 일치하는지 확인시킨 후 와인을 오픈한다(Host Wine Tasting).

⑤ 와인을 오픈한 후 코르크는 Host에게 확인시킨 후 테이블 위에 놓아둔다(White Wine Service는 Wine Cooler에 담아서 서비스가 이루어진다).

⑥ Host가 Tasting을 한 후에는 와인서비스가 이루어진다(Wine Tasting 순서는 시계방향으로 여자-남자-Host 순서로 서비스가 이루어진다).

⑦ 와인서비스는 Wine Glass에 1/2 정도 서비스가 이루어진다.

⑧ 와인서비스는 고객이 식사 중에 지속적으로 서비스가 이루어지며, 고객이 원하지 않을 때까지 계속해서 서비스를 제공한다.

⑨ 고객이 와인을 추가로 주문할 시, 다른 종류의 와인을 주문할 시는 Table 위 와인잔을 바꾸어 드린다.

2) 와인 Tasting

(1) 시각(Sight)

와인은 시각을 통해서 와인의 색깔과 투명도, 유동성을 통하여 와인의 품질과 숙성기간을 알 수 있다.

① 색깔

와인은 색깔을 통하여 와인성분이 골고루 풍부하게 포함되는 여부를 알 수 있으며, 레드와인은 시간을 통해서 색깔이 얇아지며, 화이트와인은 시간에 따라 색깔이 짙어진다.

- 레드와인 : 짙은 자주색 - 루비색 - 벽돌색 - 황금색 - 호박색 - 갈색
- 화이트와인 : 엷은 호박색 - 연초록색을 띤 노랑색 - 짙은 노랑색 - 황금색 - 호박색 - 갈색

② 투명도

맑은 색깔의 와인은 깨끗한 맛을 느낄 수 있으나, 미세한 찌꺼기가 포함된 와인은 와인이 변질되었을 수 있으므로, 와인을 마실 때 맛이 떨어질 수 있다.

③ 유동성

와인잔을 좌우로 스왈링(Swirling)이 이루어질 때 와인잔에 투명한 액체가 와인잔을 타고 흘러내리는데, 와인의 당분, 알코올, 글리세롤 등이 풍부함을 알 수 있다. 일반적으로 알코올이 높거나 당분이 많은 스위트와인 등이 유동성이 풍부하다.

(2) 후각(Smell)

와인이 가지는 향기를 통해서 포도품종, 양조방법, 숙성기간과 와인의 변질 유무 등을 알 수 있다.

① 꽃향(Flowers)

아카시아 등의 꽃향은 주로 화이트와인의 향과 바이올렛과 장미향은 레드 와인에서 향을 느낄 수 있다.

② 나무향(Woody)

새로운 오크통에서 숙성시킨 와인은 바닐라향을 느낄 수 있다.

③ 과일향(Fruits)

산딸기향은 햇 레드와인과 스위트와인, 고급 화이트와인 등이 있으며, 고급 화이트와인은 살구와 복숭아향을 느낄 수 있다. 또한 장기 숙성된 화이트와인과 레드와인은 아몬드향과 호두향을 느낄 수 있다.

④ 식물성향(Vegetables)

장기숙성된 레드와인은 버섯, 숲속향의 냄새가 나며, 피망향은 까베르네 쏘비뇽 품종 특유의 향과 담배, 차, 마른 풀잎향 등으로 구분할 수 있다.

⑤ 동물향(Animal)

장기 숙성된 와인에서 사향, 가죽털 등의 향을 느낄 수 있다.

⑥ 훈제향(Smoke)

장기숙성된 와인의 향으로서 볶은 향의 커피향과 코코아향을 느낄 수 있다.

(3) 미각(Taste)

미각을 통하여 전체적인 와인의 품질과 숙성상태를 알 수 있다.

① 단맛(Sweetness)

와인의 당도에 대한 표현으로서 Sweet, Medium, Dry-Wine 등으로 구분하며, 이 때 와인의 단맛과 과일향은 구분되어야 한다.

② 떫은 맛(Tannin)

와인의 쓴맛을 느끼는 부분으로서 레드와인에 많이 포함되어 있는 맛으로서 탄닌성분에 따라서 레드와인을 Astringent, Firm, Soft 등으로 구분할 수 있다.

③ 신맛(Acidity)

와인의 신맛은 3가지로 구분하는데 사과산, 젖산, 구연산 등으로 표현하는데, 레드와인보다는 화이트와인에 많이 분포되어 있다.

④ 풍미(Flavor)

입 안에서 느껴지는 향과 맛을 말하는 것으로서 과일향, 흙냄새, 매운맛, 허브향 등으로 나타낼 수 있다.

⑤ 무게감(Body)

입 안에서 느껴지는 와인의 농도와 무게감 등으로서 와인의 질감을 의미하는데 Light, Medium, Full-Body 등으로 구분한다. 무게감은 와인에 대한 전체적인 스타일을 나타낸다.

3) 와인 Tasting 순서

① 시각(Sight)

와인 Glass에 1oz(30ml) 정도를 따라서 와인의 색깔, 투명도와 유동성을 주의 깊게 관찰하며, 뒷 배경을 하얀색으로 두고 글라스를 비치어 보도록 하며, 촛불을 켜고 잔 뒷쪽에서 45도 눈높이에서 관찰하면 좋다.

② 후각(Smell) / 코

와인잔 안에 코를 넣어서 적극적인 향을 맡는 단계로 처음에는 향을 맡아서 포도품종에 대해서 연상하며, 두 번째는 와인잔을 출렁이게(Swirling) 하여 와인의 복합적인 향을 음미한다. 마지막으로 와인을 마시고 난 후 빈잔에 있는 와인의 향도 함께 맡아 본다.

③ 미각(Taste) / 입

와인의 성격이나 품격을 평가할 수 있는 가장 중요한 부분으로서 향을 맡고 난 후 와인을 한 모금 정도 입 안에 넣어서 와인을 쉽게 굴릴 수 있도록 해야 하며, 입을 모아서 외부의 공기를 약간 흡입한 후 천천히 입 안 전체로 와인을 굴린다. 이 때 와인을 씹는다는 생각을 하면서 천천히 와인을 입 안에서 굴려주면서 와인이 가진 복합적인 맛을 음미한다. 입 안으로 흡입했던 공기를 코로 내쉬면서 천천히 마시면 된다.

4) 와인 보관방법

① 와인의 보관위치

건조된 코르크 마개를 통하여 스며든 외부공기와의 접촉으로 와인은 산화가 이루어진다. 산화가 이루어지면 맛이 나빠지고 외부의 균이 침입하여 와인이 부패할 수 있으므로, 와인은 항상 눕혀서 보관하는 것이 좋다. 그러나 최근의 신세대 와인 중 스크루 캡으로 이루어진 와인은 세워서 보관해도 좋다.

② 온도

와인의 온도가 너무 낮으면 와인의 숙성이 제대로 되지 않으며, 또한 와인의 온도가 너무 높으면 와인이 변질되기 쉽다. 그러므로 온도가 변하지 않는 상태에서 환기가 잘되는 8~14℃ 정도의 온도를 유지할 수 있어야 한다.

③ 빛

빛은 와인의 성분에 영향을 미칠 수 있으므로 환기가 잘되고 빛이 차단되는

지하의 저장장소가 좋다.

④ 진동/이동

와인의 이동과 진동은 와인보관에 좋지 않다.

⑤ 습도

와인을 보관할 때의 습도는 70~75%를 유지하여야 하며, 코르크 마개가 와인과 접촉할 수 있도록 해야 한다.

8. 각 국가별 와인

1) 프랑스(French)

(1) 프랑스 와인(French Wine/Vin)

프랑스는 와인의 종주국으로 유명하며, 세계 최대 와인국가라는 명성에 걸맞는 와인의 전통, 기술유통, 식문화에 대해서도 최대의 선진국으로 세계와인의 기준이 되고 있다. 포도는 온대지방에서 잘 자라지만, 특히 여름이 덥고 건조하고 겨울에는 춥지 않은 지중해성 기후에서 좋은 와인용 포도가 생산된다. 적포도는 강렬한 햇볕이 내리쬐는 지중해 연안에서 풍부한 당과 진한 색깔을 낼 수 있고, 화이트와인의 원료인 청포도는 약간 서늘한 속에서 자라면서 신맛이 적절히 배합된 포도가 좋다. 이러한 조건을 골고루 갖춘 곳은 프랑스로서, 북쪽지방의 청포도와 남쪽지방의 적포도는 와인용 포도로서 완벽하기 때문에 와인의 질과 양에서 세계 제일을 자랑하고 있다.

옛날 로마황제는 당시 프랑스 포도가 로마의 와인산업을 위협한다고 프랑스 지방 포도나무를 모두 없애라는 명령을 내릴 정도로 프랑스는 와인용 포도가 잘 자라는 곳이다. 프랑스 와인을 이해하려면 이름 있는 포도원의 명칭과 그 지리적 위치를 먼저 알아야 한다.

프랑스는 전통적으로 유명한 포도원의 역사적 배경과 기후, 토질을 바탕으로 등급을 정해버린 곳이 많고, 또 각 지역별로 사용하는 포도의 품종, 담는 방법이 정해져 있어서, 상표에도 품종을 표시하지 않고 생산지명과 등급을 표시하는 경우가 많다. 그렇기 때문에 각 생산지역의 특징을 파악하지 않으면, 그곳에서 생산되는 와인이 어떤 것인지 알 수 없게 된다.

프랑스 와인의 품질 등급은 4등급으로 분류되는데, 다음과 같다.

① A.O.C(Appellation d' Origine Controle)

때로는 A.O.C라고 일컬어지는데 프랑스 와인의 제일 높은 등급으로, 생산지역, 포도품종, 단위 면적당 최대 수확량 등의 엄격한 법규로 인해 그 품질이 항상 보장된다.

② V.D.Q.S(Vin Delimites de Qualite Superieure)

A.O.C 포도주보다 낮은 범주에 속하나, 원산지 명칭 협회의 엄격한 규제와 감시 아래 생산된다.

③ 뱅드 빼이(Vin de Pays)

질적으로 뱅드 따블(Vin de Table)보다 우수하다고 볼 수 있다.

④ 뱅드 따블(Vin de Table)

매일 마실 수 있는 일상적인 와인으로 여러 지방의 포도주 원액을 혼합하여 생산함으로써 일정한 스타일을 유지한다.

프랑스는 최고의 품질을 유지하기 위한 방법으로 1935년에 제정된 원산지 호칭통제법(A.O.C)을 제정하였다. 프랑스 와인이 세계적으로 유명한 이유는 포도재배에 적합한 환경을 갖추고 있기도 하지만, 일찍부터 품질관리체계를 확립하여 와인을 생산했기 때문입니다. 프랑스의 와인은 지방행정부의 법률에 의해 규제를 받는데, 이것이 유명한 A.O.C(Appellation d' Origine Controlle)제도로 1900년 초부터 시작하여 1935년에 확립한 것이다. 이

A.O.C제도는 말 그대로 하면 "원산지 명칭의 통제"라고 해석할 수 있는 것으로 포도재배장소의 위치와 명칭을 관리하는 제도라고 할 수 있다. 이 제도는 전통적으로 유명한 고급 와인의 명성을 보호하고 그 품질을 유지하기 위하여 제정된 것으로, 유명한 포도밭의 포도를 사용하지 않으면서 그 지명을 도용하는 행위나, 반대로 유명한 포도원이 다른 곳에서 포도를 구입하여 와인을 제조하는 행위를 통제하여, 정직한 업자를 보호하고 소비자에게 올바른 와인을 선택할 수 있는 기회를 제공하는 데 있다. 이 법률에서는 포도재배지역의 지리적인 한계와 그 명칭을 정하고, 사용하는 포도의 품종, 재배방법, 단위면적당 수학량의 제한 그리고 제조방법과 알코올 농도에 이르기까지 최소한의 규정을 정한 것이다.

예) • Appellation Bordeaux Controle 보르도 지방에서 생산된 포도만을 사용
• Appellation Medoc Controle 보르도 지방 중 메독이란 지역에서 생산된 포도를 사용
• Appellation Margaux Controle 보르도 지방 중 메독의 마고라는 포도밭에서 나온 와인

이와 같이 지명이 세분화된 작은 지역의 와인일수록 원료 생산지의 범위가 좁아지므로, 일반적으로 작은 지역단위의 A.O.C 와인이 더 개성있는 고급으로 인정되고 있다. 그러니까 보르도나 부르고뉴와 같이 우리에게 잘 알려진 명칭의 A.O.C 보다는 아주 낯선 지명의 A.O.C가 더 고급일 경우가 많기 때문에 프랑스의 와인을 이해하려면 이름있는 포도원의 명칭과 그 지리적인 위치를 알아야 하는 어려움이 있다.

현재 프랑스에는 약 250개의 A.O.C 명칭이 정해져 있다. 이와 같이 프랑스의 A.O.C는 와인의 품질을 기준으로 정했다기보다는 원산지를 통제하므로서 고급와인이 될 수 있는 무대를 만들었다고 봐야 한다. 그러므로 A.O.C제도는

우리의 K.S와 차원이 다른 품질관리 제도로서, 원산지를 통제하여 각 지방 고유의 전통과 명예를 지닌 와인을 생산할 수 있는 바탕을 마련하여, 프랑스 와인의 품질과 명성을 유지하는데 큰 역할을 하고 있다. 와인 산지의 개성을 지키고 품질을 보증하여 전 세계 애호가의 신뢰를 얻고 있다.

(2) 프랑스 와인 생산지역

프랑스는 어느 곳이든 포도재배가 잘되지만, 그 중에서도 이름 있는 곳은 보르도, 부르고뉴, 알사스, 르와르, 론느, 샹파뉴 등 6개 지방이며, 각 지방에서 생산되는 와인의 종류는 다음과 같다.

① 보르도(Bordeaux) 지방

프랑스의 대표적인 와인 생산지역 보르도는 프랑스 남서부 전 지역에 위치한다. 100,000 헥타르가 넘는 넓은 포도원들이 있으며 연간 6억 병의 포도주를 생산하는 보르도는 세계에서 가장 큰 규모로 좋은 포도주를 생산하는 곳이다. 보르도와인하면 와인에 대해 관심이 없는 사람이라도 그 명성을 익히 알 정도로 옛날부터 유명한 곳이다.

일찍이 로마시대부터 포도밭이 조성되어 로마사람들이 보르도와인을 애용하면서 그 이름이 알려지게 되었고, 중세에는 루이 7세의 왕비가 이혼 후 영국의 헨리 2세와 결혼하면서 이곳을 영국에 선물하여 한 때 영국 영토가 되었던 곳이다. 그때부터 보르도와인은 유럽전역으로 퍼지게 되면서 와인의 명산지로서 알려졌다.

보르도는 기후와 토양조건이 포도재배에 완벽하고 항구를 끼고 있어서 와인의 제조와 판매에 좋은 조건을 갖추고 있는 곳이다. 이 보르도 지방은 와인의 질과 양에서 프랑스를 대표하는 곳이라 할 수 있으며, 프랑스 A.O.C 와인의 25%가 이곳에서 생산되고 있다.

보르도 지방에서 유명한 생산지역은 다음과 같다.

● 메독(Medoc)지구

세계 최고의 레드와인의 명산지로서, 토양의 성질과 재배하는 포도품종의 조화가 가장 잘된 곳으로 알려져 있다. 이 메독지역은 북쪽의 바메독(Bas-Medoc)과 남쪽의 오메독(Haut-Medoc)으로 나눌 수 있는데, 잘 알려진 고급 와인은 오메독의

- 마고(Margaux),
- 쌩 줄리앙(Saint Julien),
- 포이약(Pauillac),
- 쌩떼 스테프(Saint-Estephe),
- 물리(Moulis),
- 리스트락(Listrac) 등 6개의 지역에서 나오며, 이들 와인은 A.O.C에 이 지명이 표시되어 있다.

그리고 1855년 지정한 그랑 끄루 클라세(Grand Cru Class)에 속한 샤또는 다섯 개의 등급으로 나누어 백년이 넘는 세월 동안 오늘날까지 적용되고 있으며, 이들 와인은 예술적인 가치를 지닌 수준 높은 와인으로 평가받고 있다.

대표적인 샤또로서

- 샤또 라피트 로췰드(Ch. Lafite-Rothschild)
- 샤또 라투르(Ch. Latour)
- 샤또 마고(Ch. Margaux)
- 샤또 무통 로췰드(Ch. Mouton-Rothschild) 등이 있다.

● 소떼른(Sauternes)지구

세계적으로 유명한 스위트 화이트와인을 생산하는 곳으로, 포도를 늦게까지 수확하지 않고 과숙시킨 후 곰팡이가 낀 다음에 수확하여 와인을 만들어 유명해진 곳이다. 즉 건포도와 같이 건조된 포도에 보트리티스 시네레아

(Botrytis cinerea)라는 곰팡이가 작용하여 특이한 향과 고유의 단맛을 내는 와인을 만든다. 그래서 값이 비싸고 귀한 것이 특징이다.

1855년 메독의 그랑 끄루 클라세를 정할 때 이미 그 등급이 정해진 전통적인 등급을 가지고 있으며, 샤또 뒤켐(Ch. d'Yquem)은 세계에서 가장 비싼 화이트와인이라고 할 수 있다.

● 쌩떼밀리옹(Saint-Emilion)지구

아름답고 고풍스러운 풍경이 유명한 곳으로, 경사진 백악질 토양과 자갈밭에서 온화하고 부드러운 와인을 만들며, 레드와인의 명산지로 알려져 있다.

- 샤또 슈발 블랑(Ch. Cheval Blanc)
- 샤또 퓌작(Ch. Figeac) 등이 있다.

● 포므롤(Pomerol)지구

이곳은 규모가 작고 생산량이 적지만, 희소가치로서 이름이 나 있기 때문에 유명 샤또의 와인은 구하기가 힘들 정도이며, 특히 샤또 페투르스의 와인은 값이 비싼 것으로 유명하다. 와인의 맛도 부드럽고 온화하며 향 또한 신선하고 풍부한 것으로 유명하다.

● 그라브(Grave)지구

자갈이란 뜻을 가진 그라브는 화이트, 레드 모두 명품으로 알려져 있으며, 메독의 와인보다 부드럽고 숙성된 맛을 풍기며, 부케 또한 풍부한 것이 특징이다.

가장 유명한 샤또인 샤또 오브리옹(Ch. Haut Brion)은 메독의 와인이 아니면서도 1855년 메독의 그랑 끄루 클라세의 1등급에 지정된 유명한 곳이며, 그 외 샤또 라 미숑 오브리옹(Ch. LaMission Haut Brion), 샤또 부스코(Ch. Bouscaut) 등도 유명하다.

② 부르고뉴(Bourgogne) 지방

보르도 지역과 양대산맥을 이루는 부르고뉴(Bourgogne)는 영어식 명칭으로는 버건디(Burgundy)라고 부르며, 이곳에서 생산되는 와인들은 산도와 알코올의 함유가 보르도 지역보다 높아 남성적인 와인이라고 한다. 이 지방은 프랑스 동부지역에 길게 펴져 있어서 지명과 위치를 파악하는데는 보르도 지방보다 훨씬 더 복잡하고, 지명 또한 발음이 어렵고 길어서 기억하기 힘들긴 하지만, 이곳의 와인은 항상 공급보다는 수요가 많기 때문에 구하기 힘들 뿐 아니라 값이 비싸기로 유명하다.

부르고뉴의 포도밭은 토양의 성질과 위치 등에 의해서 빌라쥐(Village), 프레미에르 끄루(Premier Cru), 그랑 끄루(Grand Cru) 세 가지 등급으로 나누어져 있다. 이는 포도가 자라는 환경, 즉 토양과 기후를 가장 중요하게 생각한다는 말이다. 또 포도밭이 작은 단위로 쪼개져 있어서 포도재배와 와인 제조가 따로따로 이루어진다는 점이 특징이다.

부르고뉴 지역에서 생산되는 주요한 레드와인의 품종은 삐노누와 및 가메 등 붉은 과실향의 신선함이 가득하고, 화이트와인의 품종은 샤르도네와 알리고테 등이 유명하며, 화이트와인은 식전주로서 유명하며 해산물과 햄, 달팽이 요리와도 잘 어울린다.

대표적인 부르고뉴(Bourgogne) 지역의 와인 생산지역은

- 샤블리(Chablis)
- 꼬뜨 도르(Cote d'Or)
- 꼬뜨 샬로네즈(Cote Chalonnaise)
- 마꼬네(Maconnais)
- 보졸레(Beaujolais) 등이 유명하다.

● 샤블리(Chablis)지구

샤블리 지구는 비교적 북쪽에 위치하고 있어서 기후의 영향을 많이 받으므로 매 해마다 포도의 품질이 약간씩 다르며, 샤블리 지구에서 생산되는 와인

은 품질이 좋은 화이트와인을 주로 생산한다. 샤블리 와인은 신맛이 강하며 뒷맛이 신선하고 깨끗하며 맛이 풍부하다.

● 꼬뜨 도르(Cote d' Or)지구

꼬뜨 도로(Cote d' Or)지구는 포토밭이 언덕길을 따라서 길게 뻗어 있는 형태로서 세계적인 와인을 생산하는 곳이다. 생동력과 원숙함이 잘 조화를 이루고 있는 점이 지역의 특징이다. 꼬뜨 도로(Cote d' Or)지구는 북쪽의 꼬뜨 드뉘(Cote de Nuit)와 남쪽의 꼬뜨 드 본(Cote de Benune) 두 지역으로 구분할 수 있다.

가) 꼬뜨 드뉘(Cote de Nuit)

꼬뜨 드뉘 지구는 프랑스의 보르도지방의 메독지구와 함께 세계적인 레드와인을 생산하는 양대 산맥을 형성하는 고급스런 와인을 생산하는 곳으로서 샹베르땡(Chambertin)과 로마네 꽁티(Romanée-Conti) 등이 나오는 곳이다.

나) 꼬뜨 드 본(Cote de Benune)

꼬뜨 드 본 지구는 포도의 풍부한 맛의 꼬르통(Corton), 샤를르마뉴(Charlemagne), 몽라세(Montrachet) 등이 생산되는 곳이다. 꼬뜨 드본 지역의 와인은 생산량이 적어서 매년 비싼 가격으로도 구하기가 힘든 와인으로도 유명하다.

● 꼬뜨 샬로네즈(Cote Chalonnaise)지구

꼬뜨 샬로네즈 지방은 르와르 지역의 북쪽에 위치하고 있다. 꼬뜨 샬로네즈는 여러 면에서 꼬뜨 드 본 지역과 흡사한 점을 지니고 있다. 즉 같은 토양, 포도품종 그리고 같은 전통을 갖고 있다. 포도생산과 밀접한 관련을 갖는 대표적인 아뻴라시옹 마을에는 다음 5곳이 있다.

- 지브리(Givry)

- 머큐레이(Mercurey)
- 몽따니(Montagny)
- 룰리리(Rully)
- 부즈롱(Bouzeron)

이 가운데 지브리와 머큐레이 마을은 레드와인이 유명하고, 몽따니 및 룰리리는 화이트와인이 유명하다. 포도품종은 부르고뉴의 다른 지역과 마찬가지로 삐노 누아가 대다수이며, 그 이외 샤르도네, 알리고떼, 가메품종으로 이루어진다. 이곳에는 그랑 크뤼가 하나도 없다. 그러나 프리미에 크뤼는 여러 곳에서 나고 있다.

● 마꼬네(Maconnais)지구

마꼬네는 마꽁(Macon)시의 주변 포도 경작지를 일컫는다. 마꽁은 부르고뉴 지방 최남단에 있으면서 인접한 론-알프스(Rhône-Alpes)지방과의 경계선상에 있다. 파리에서 동남향으로 곧장 내려오면 리옹에 닿게 되고, 이 리옹의 바로 위쪽이 마꽁시이다. 이 지역의 토양은 대체적으로 석회석질이며 샤르도네의 성장에 매우 적합하다. 상큼하면서도 과일향이 풍부한 마꽁 특유의 화이트와인이 이곳에서 나는 이유가 바로 여기에 있다. 그리고 음식과의 배합, 특히 생선이나 갑각류 및 염소젖으로 만든 치즈에 뛰어난 배합을 보인다고 알려져 있다.

흔히 마꼬네의 이야기를 할 때 3가지 명성을 곁들인 사안들이 있다. 그 하나가 뛰어난 뿌이이(Pouilly)의 화이트와인이며, 그 다음이 소온 강의 빼어난 경관, 끝으로 선사시대의 유적들에 관한 것이다. 마꼬네의 기후는 대륙성 기후이며, A.O.C에는 마을 A.O.C(communal appellation)와 지역 A.O.C(régional appellation)가 있다.

전자에는 뿌이(Pouilly)의 계열로써 다음과 같은 A.O.C가 있다.

- 뿌이 퓌세(Pouilly Fuissé)
- 뿌이 뱅젤(Pouilly Vinzelles)

- 뿌이 로쉐(Pouilly Loché)
- 생베(Saint-Véran)

후자에는 다음의 마꽁(Macon) 계열이 주를 이루고 있다.

- 마꽁 슈페리어(Mâcon Supérieur) + 마을이름
- 마꽁 빌라즈(Mâcon Villages)
- 마꽁(Mâcon)
- 삐노 샤르도네 마꽁(Pinot Chardonnay Mâcon)

● 보졸레(Beaujolais)지구

보졸레 누보는 보졸레 지역에서 그해 9월 수확한 포도로 만든 '햇포도주'로서 1985년 프랑스 법률 제정으로 매년 11월 셋째주 목요일 0시에 전 세계적으로 동시판매되는 와인이다.

보졸레 누보는 축제의 와인이다. 엄숙한 시음장에서 색, 향, 맛을 분석하며 마시는 와인이 아니라 친구, 가족과 같이 파티에서 함께 어우러져 올해 처음 수확하는 적포도주를 4~5주 정도 짧은 숙성을 통해 만든 햇와인으로서 와인을 축하하며 즐거운 시간을 보내는 와인이다.

보졸레 누보는 상쾌한 과일맛이 생명으로, 레드와인이면서도 화이트와인과 같이 낮은 온도, 즉 10~14도에서 차게 마시면 더욱 좋다. 보졸레 와인은 과일맛의 신선하고 경쾌한 맛을 즐길 수 있으며, 우리가 일상에서 쉽게 먹을 수 있는 어느 음식과도 무난하게 어울린다.

③ 르와르(Loire) 지방

파리의 서남쪽에 위치하고 있으며 루강 연안의 와인산지이다. 르와르 지역에서 포도를 재배하기 시작한 것은 로마시대부터이다. 그러나 본격적인 재배는 중세 때부터 시작되었다. 이곳의 빼어난 경관으로 인해 일찍이 많은 수도원이 자리 잡게 되었다.

재배 환경을 살펴보면 해안성 온대이며, 일조량도 항상 풍부하고 강수량도 일정하다. 토양은 서쪽에서 동쪽으로 이동함에 따라 지대가 높아지는 지역으로 낮은 구릉 지대를 제외하면 "뻬이 낭트" 지역은 대체로 저지대이다.

레드와인 품종은 삐노 도니, 그롤로, 가메, 까베르네 프랑(Cabernet Franc), 삐노 누아(Pinot Noir)가 있고, 화이트 품종은 슈냉(Chenin), 소비뇽(Sauvignon), 샤르도네(Chardonnay), 뮈스까데가 주로 재배된다.

- 뮈스까데(Muscadet AOC) : "믈롱 드 부르고뉴(Melon de Bourgogne)"라는 품종만이 사용되며 명칭이 상이한 세 지역으로 분류된다.
- 앙주(Anjou) 와인 : 앙주 와인은 로제와인이 주종을 이룬다. 로제 당주(Rose d'Anjou)와 까베르네 당주(Caberbet de Saumur), 로제 드 루와르(Rose de Loire) 등의 드라이 와인이 있다. 또한 앙주에서는 짙은 루비 색깔에, 산딸기 또는 제비꽃향을 연상시키는 향취를 지닌 쏘뮈르(Saumur), 쏘뮈르 상삐니(Saumur Champigny)와 같은 훌륭한 레드와인, 녹색이 감도는 황금빛의 보리수향, 꿀맛이 나는 스위트 화이트와인이 생산된다.
- 쏘뮈르(Saumur) : 발포성, 비발포성 와인생산, 발포성 소뮈르는 중간 감미 정도로 마시기 좋다.
- 뿌이 퓌메(Pouilly Fume) : 화이트와인 쏘비뇽 블랑(Sauvignon Blanc)종으로서 루이 16세의 왕비 마리앙뜨와네뜨가 즐겨마셨다고 한다. 석회질이 풍부한 토양의 포도원에 Sauvignin Blanc종이 재배되고 있는데, 이 지방에서는 블랑 퓌메(Blanc Fume)와인을 생산한다. 녹색을 띤 아름다운 색깔을 가지며 상쾌하고 과일향이 강한 드라이 와인(Dry wine)이다.
- 쌍세르(Sancerre) : 쏘비뇽 블랑(Sauvignon Blanc)종으로부터 과실 풍미가 풍부하고 입맛이 좋은 드라이 화이트와인이다.

④ 알자스(Alsace)지방

알자스는 원래 신성 로마제국의 일부분이었고, 30년 전쟁 끝에 1648년 프랑스 영토가 되었다. 1870년 독일에 편입되었다가 1919년에 다시 프랑스로 되돌아왔다. 이러한 복잡한 역사적 수난 때문에 알자스 지역의 와인은 최근에 와서야 널리 알려지게 되었다. 1919년부터 와인 양조자들의 선견지명으로 포도밭 재건과 양질의 와인 개발이 시작되었다.

알자스는 독일과 경계를 이루는 프랑스 북동쪽에 위치한다. 동쪽으로는 라인(Rhine) 강과 경계를 이루며, 서쪽으로는 보주산맥이 막고 있어 여타 프랑스 지역으로부터 분리되어 있다. 대부분의 알자스 와인은 화이트이지만, 드라이한 레드와인도 한두 종류 생산된다. 알자스 지방의 기후는 뜨거운 여름과 혹독한 겨울의 대륙성 기후인데, 예외적으로 건조하고 태양볕이 많다. 이것은 보주산맥이 프랑스 북부에서 불어오는 비바람을 막아주기 때문이다.

또한 대개의 포도밭은 보주산맥 동쪽 기슭에 자리하며 남쪽이나 동남쪽을 향하고 있기 때문에 햇볕을 많이 받는 것이다. 이렇게 좋은 입지조건 때문에 위도가 높은 곳에 위치해 있음에도 불구하고 포도가 잘익고 충분한 알코올 도수의 와인이 나온다. 알자스에는 많은 포도품종들이 있지만, 리즐링(Riesling), 게브르츠트라미너(Gewurztraminer), 실바너(Sylvaner), 삐노 블랑(Pinot Blanc)이 중요한 품종이다. 또한, 알자스 총생산의 8% 정도가 레드와인이며, 삐노 누와(Pinot Noir) 품종이 사용된다.

⑤ 론느(Rhone)지방

론느(Rhone)지역은 스위스의 국경지역에서 시작된다. 론느지역은 대부분이 레드와인이다.

북쪽지역에서는 시라를 많이 재배하고 있는 꼬뜨 로티(Cote-Rotie)와 에미타쥬(Hermitage), 생 조셉(St-Joseph), 크로즈 네미타지(Crozes-Hermitage), 그리고 코르나(Cornas) 등에서 좋은 레드와인를 생산하고 꽁드뤼(Condrieu)AC와 샤또 그리이에(Chateau-Grillet)에서 좋은 화이트와인이 생산된다.

남쪽지역에서는 꼬뜨 드 론느(Cotes du Rhone)가 유명하며, 이 지역은 42,000여 헥타아르에서 10,000개의 생산자가 와인을 생산하고 있고, 그 다음으로 꼬뜨드 론 빌라쥐(Cotes du Rhone-Villages)가 유명하고, 특히 샤또 뇌프 드 빠프(Chateauneuf-du-Pape), 지곤다(Gigondas)에서 디저트와인도 생산된다.

⑥ 샹파뉴(Champagne)지방

샹파뉴 지방은 프랑스에서 포도가 재배되는 지역 중 가장 추운 곳이라고 할 수 있는 곳이기 때문에, 신맛이 강한 화이트와인과 평범한 레드와인을 만들던 별로 이름이 알려지지 않은 곳이었지만, 거품이 나는 와인을 만들기 시작하면서 그 이름이 알려지게 되었다.

병 뚜껑이 펑 튀어나가면서 거품이 쏟아져 나오는 신나는 술인 샴페인을 만드는 곳으로, 와인을 생산하는 단위 지역 중 이 곳 만큼 세계적으로 이름이 널리 알려진 곳도 없다. 그리고 세계 어느 나라 사람이든 남녀노소를 가리지 않고 샴페인을 좋아하기 때문에 약혼, 결혼, 기념일 등 축하하는 행사에 없어서는 안 되는 기쁨과 행복의 술이다.

(3) 프랑스 와인 레벨

2) 이탈리아

(1) 이탈리아 와인

이탈리아 와인의 향기와 맛의 다양성은 광범위하고 지역의 지형적인 위치에 따라 특색이 있다. 이탈리아의 북서부 지역(피에몬테 Piemonte 지역)은 주로 강한 맛의 레드와인들이 생산되고, 반면에 동쪽의 롬바디아(Lombardia)에서는 아주 가벼운 맛의 와인들을 발견할 수가 있다.

이탈리아 사람들은 와인을 마시지 않고 먹는다고 한다. 빵이나 우유 같이 하나의 식품으로 취급하여 왔기 때문에 품질에 대한 특별한 주의를 하지 않고, 오랜 세월동안 생활 속에 묻혀서 지내온 것이다. 그러나 최근 이탈리아는 원산지를 통제하고 규격을 설정하여 품질을 향상시키는 등 이탈리아 와인의 명성을 회복하기 위해 노력하고 있다. 포도재배방법을 개선하고, 고급 품종을 도입하고, 과학적인 발효방법을 적용하여 보다 신선하고 맛있는 와인을 만들고 있다.

(2) 이탈리아 와인 등급

모든 이탈리아 와인 라벨들은 와인의 상품명과 품질등급((Vino da tavola, Indicazione Geografica Tipica, DOC, DOCG), 생산자의 이름과 지역, 알코올 % 그리고 용량 등이 표기되어 있으며, 대부분의 DOCG와 DOC 와인들에게는 빈티지 연도가 표기되어야 한다. 예전부터 알려진 DOCG 등급으로 분류된 지역으로는 바바레스꼬(Barbaresco), 바롤로(Barolo), 몬탈치노(Brunello di Montalcino), 몬테풀치아노(Vino Nobile di Montepulciano) 그리고 끼안띠(Chianti)가 있으며 주변에 20개 정도의 지역들이 더 있다.

• V.d.T(Vino da Tavola)

피라미드의 가장 아래부분을 광범위하게 차지하는 와인들은 대부분이 아주 평범한 와인들로 광범위하다. 그러나 이러한 등급의 와인들에도 슈퍼 스타급의 좋은 와인들도 있다.

• I.G.T(Indicazione Geografica Tipica)

등급은 아직까지는 잘 사용되고 있지 않아서 이러한 등급표기가 있는 와인을 찾기가 좀 힘들다.

• D.O.C(Denominazione di Origine Controllata)

이 와인들은 지속적으로 높은 품질을 유지하는 와인들에게 부여되며, 이러한 와인들은 와인의 품질에 따라 DOCG 등급으로 상향 조정될 수도 있다.

• D.O.C.G(Denominazione di Origine Controllata e Garantita)

최고의 품질이 생산되는 와인지역으로 인정된다. 많은 상품에 제한을 주는 등 심사기준이 까다로운 편인데, 부분적으로 두드러진 독자적인 우수한 와인들은 모두 DOCG 품질등급을 받을 수 있다. DOC는 프랑스 A.O.C제도를 모방하여 1963년부터 이 제도를 시행하고 있는데, 현재 약 200개의 D.O.C 명칭이 정해져 있다. 이 D.O.C는 포도재배지역의 지리적인 경계와 그 명칭을 정하고, 사용되는 포도의 품종과 그 사용비율을 통제하며, 단위면적 당 수확량을 제한하고, 알코올 함량을 정하고 있다. 그리고 A.O.C제도에 비해 특이한 점은 와인의 숙성기간을 정하여 그 질을 높이는데 주력하고 있다는 점이라 할 수 있다. 최근에는 D.O.C보다 한 단계 위인 D.O.C.G 제도를 도입하여 최고급 와인에는 D.O.C.G가 붙게 된다.

생산지역으로는 전 국토에서 와인이 생산되지만, 잘 알려진 곳은 투스카나(Tuscana), 피에몬테(Piemont), 베네토(Veneto) 지방이라고 할 수 있다.

① 피에몬테(Piemonte) 지역

피에몬테(Piemonte) 지역은 무엇보다도 바롤로(Barolo)와 바바레스꼬(Barbaresco) 레드와인으로 유명하며, 또한 이 지역 최고의 와인은 화이트로 달콤하면서도 탄산이 있는 사람들이 폭 넓게 좋아하는 아스띠(Asti) 이다.

피에몬테(Piemont)는 이탈리아 북서부 지방 알프스 산맥 밑에 위치하고 있는 곳으로 프랑스와 스위스 접경지대이다. 이곳은 현대적인 시설을 갖추고 유명한 바롤로(Barolo), 바르바레스코(Barbaresco)를 생산하며, 발포성 와인인 아스티 스푸만테(Asti Spumante)로도 유명한 곳이다.

② 토스카나(Toscana/Tuscany) 지역

피렌체의 부근에 있는 토스카나는 전 세계적으로 유명한 끼안티의 생산지역으로 유명하다. 토스카나 와인에 있어서의 현대적인 르네상스 시대는 시에나(Siena)와 플로렌스(Florence) 주변 중앙언덕에 위치한 끼안티에서 시작하였으며, 급속도로 지중해 연안을 따라 알려지지 않았던 포도원까지 퍼지게 되었다. 로마시대부터 와인의 종주국임을 자처하는 이탈리아는 와인의 생산량, 소비량, 수출량에 이르기까지 세계제일을 자랑하고 있다. 로마시대 이전부터 와인을 만들기 시작했으며, 로마시대에는 유럽전역에 포도를 전파했다. 옛날부터 그리스 사람들은 이곳을 와인의 땅(Oenotria)라고 불렀을 정도로 와인이 많이 생산된 곳이다.

투스카나(Tuscana)는 이탈리아에서 가장 잘 알려진 와인 생산지로서, 유명한 키안티(Chianti)가 나오는 곳이다. 그 외 브루넬로 디 몬탈치노(Brunello di Montalcino), 비노 노빌레 디 몬테풀치아노(Vino Nobile di Montepulciano) 등 D.O.C나 D.O.C.G 와인으로 유명하다.

③ 베네토(Veneto) 지역

이탈리아 북동쪽, 유명한 관광지 베니스와 베로나가 있는 지방으로 이탈리아에서 가장 많이 와인을 생산하고 있는 곳이다. 소아베(Soave), 발폴리첼라(Valpolicella), 바르돌리노(Bardolino) 등 가볍고 신선한 와인을 생산하는 곳이다.

이탈리아는 와인을 많이 생산하기도 하지만, 오랜 역사를 지니고 있어서 그 종류가 다양한 것이 특징이다. 포도를 수확하여 건조시킨 후 만든 아마로네(Amarone) 등 여러 가지의 와인이 있다.

3) 독일

(1) 독일 와인

독일은 품질 좋은 백포도주의 생산으로 유명하며, 총 와인 생산량의 85% 정도가 화이트와인이다. 독일의 화이트와인은 알코올 함유량이 낮으며 각기 다른 맛과 향이 절묘하게 조화된 맛을 자랑하고 있다. 이것은 독일 포도주만의 독특한 맛과 향기를 숙성시키는 토양, 기후 등이 다르기 때문이다.

독일에서 생산되는 포도의 종류는 다양한데, 가장 잘 알려진 포도품종은 리슬링(Riesling), 뮬러 뚜르가우(Muller-Thurgau), 실바나(Silvaner) 등을 사용한다.

독일의 포도재배 지역은 북쪽한계에 위치해 있지만, 이곳에서 제조되고 있는 백포도주는 세계에서 가장 Delicate한 맛으로 유명하다.

독일 와인의 품질등급은 일반적으로 다음과 같이 분류할 수 있다.

- **타펠바인(Tafelwein)**

일반적인 와인으로, 독일 내에서 생산되고 소비가 되는 것이 있다.

- **란트바인(Landwein)**

생산지역에서 각기 특성 있는 포도주를 만들어 국내에서 소비하는 것이다. 정부에서 인정하는 고급 독일와인은 QbA(Qualitatswein bestimmter Anbaugebiete)와 특정한 지역에서 생산되는 특별품질 표기가 된 QmP (Qualitatswein mit Pradikat) 가 있다.

- **QbA(Qualitatswein bestimmter Anbaugebiete)**

과실 향미가 화사하게 풍기는 가벼운 맛의 와인으로, 13개 생산지역 중 상호 혼용 없이 소속되어 있는 지역의 포도만을 가지고 생산하며 비교적 성숙시간이 짧은 시기에 마실 수 있는 지역 전통적인 맛의 와인이다.

● QmP(Qualitatswein mit Pradikat)

특별 품질표기의 고급 와인(Qualitatswein mit Pradikat)으로 독일 와인 중 최고의 품질을 엄선하여 표기되어진다. 우아하며 고상하고 지속적인 맛을 주고 있는데, 라벨에 이러한 성숙도와 품질에 따라 6가지 등급으로 분류된다.

• 케비넷(Kabinett)

충분히 익은 포도에서 생산되는 우아한 와인이며, 세상에서 가장 경쾌한 와인이다. 알코올 함량이 낮다.

• 슈페트레제(Spaetlese)

문자 그대로는 늦은 추수를 뜻하며, 충분히 성숙한 포도의 강도를 가진 균형 있고 잘 성숙된 와인이다.

• 아우스레제(Auslese)

완숙한 송이만을 수확하여 별도로 즙을 내어 와인을 만들어, 기품이 있고 아름다운 향기가 풍부한 와인이다.

• 베렌 아우스레제(Beerenauslese)

초과 숙성한 포도알만을 골라서 포도주를 만드는 것이다. 완숙한 과실 맛과 때로는 꿀맛과 같은 포도주이다. 이것이 소위 말하는 귀부 포도주이며 보트리티스(Botrytis) 균의 작용에서 생성되는 고귀한 포도주이다.

• 트로켄베렌 아우스레제(Trockenbeerenauslese -TBA)

건포도가 될 정도로 마른 상태의 과립만을 골라서 만든 것으로 최고급의 맛과 향기가 있는 최고 걸작품이다.

• 아이스 바인(Eiswein)

베렌 아우스 레제급의 포도를 동결된 상태에서 수확하여 만들어진 와인이며, 과실의 산미와 고귀한 감미가 농축되어진 최고급 와인이다.

독일의 와인 생산지역은 모젤 - 자르 - 루버 지방, 라인 - 가우 지방, 라인팔즈 지역, 프란켄 지방이라고 할 수 있다.

① 모젤 – 자르 – 루버 지방

미려한 과실맛과 화려한 향기를 갖춘 깔끔한 포도주만을 생산하는 지역으로 모젤 포도주가 주상품이다. 모젤 포도주는 섬세한 과실풍미가 가득한 것부터 흙에서 오는 냄새까지, 상큼한 맛에서 덤덤한 맛까지 종류가 다양하다.

② 라인–가우 지방

천혜의 기후와 이상적인 토양에 의한 리슬링은 완벽하게 성숙되어 최고품질의 우아한 포도주를 탄생시킨다. 이 지역 포도주의 특징은 세련된 맛, 과실의 산미, 그리고 성숙된 맛을 들 수 있다.

③ 라인팔즈 지역

강하고 세련된 리슬링 포도주가 유명한 지역이다. 또한, 뮬러 - 투르가우, 케르나, 실바나, 마리오 - 무스캇으로부터 만들어지는 부드럽고 향기 높은 맛의 포도주들도 점토와 이탄토(泥炭土)가 혼합된 북방의 토양에서부터 생산되어진다.

④ 프란켄

프란켄 포도주는 독일 포도주 중에 가장 '남성다운' 포도주이다. 타지역의 포도주에 비해 일반적으로 강하며, 향기는 약하고 달지 않다.

4) 스페인

(1) 스페인 와인

스페인의 포도 재배면적은 세계 최대이고, 와인 생산량은 세계 3위인 비중이 높은 와인 생산국이다. 넓은 포도경작지에 비해 관개시설이 빈약하고 날씨가 건조하여 생산성은 좋지 않은 편이다. 스페인 와인 중에서 가장 잘 알려진 와인이 주정강화 와인인 셰리와인(Sherry Wine)이다. 스페인의 유명 와인인 셰리와인(Sherry Wine)은 스페인의 남부지역인 헤레스 데 라 프론테라(Jerez de la Frontera) 지역의 유명와인이다.

헤레스 지역은 백악질 토양과 훌륭한 기후조건으로 와인이 발달하였고 이웃에 카디스항이 있어 수출이 유리하였다. 긴 시간 항해에 와인이 변질되지 않도록 브랜디를 첨가한 데서 스페인의 주정강화 와인이 유래하였다. 대부분의 셰리와인은 청포도 품종인 팔로미노(Palomino)로 제조되는 화이트와인으로 은은한 황금빛이며 헤레스 지역의 건조한 기후로 인하여 솔레라(Solera)라는 독특한 시스템으로 숙성된다. 스페인에는 200종에 이르는 포도품종이 있으며 레드와인 포도품종으로 템프라닐로(Tempranillo), 가르나차 틴타(Garnacha Tinta), 그라시아노(Graciano), 모나스뜨렐(Monastrell) 등이 있다. 화이트와인용으로는 아이렌(Airen), 비우라(Viura), 말바시아(Malvasia), 가르나초 블랑코(Garnacho Blanco) 등이 있다.

스페인 와인의 품질 등급은 일반적으로 다음과 같이 분류할 수 있다.

• Vino de Mesa(비노 데 메사)

일반 테이블 와인이며, 75% 차지한다.

• D.O(Denominacion de Origen, 데노미나시온 데 오리헨)

원산지 명칭 와인, 고급와인 등급, 스페인 전국 와인 생산지역 50개로 분류한다. Vino Comarcal(비노 꼬마르칼)이란 시골와인이란 뜻으로 중급 정도의 와인이다.

• Vino de la Tierra(비노 델 라 띠에라)

인정된 지역 내에서 생산되는 포도를 60% 이상 사용한 와인으로 프랑스의 Vin de Pays와 비슷하며 28개 지역에서 생산한다.

• D.O(Denominacion de Origen, 데노미나시온 데 오리헨)

원산지 명칭 와인, 고급와인 등급으로 스페인 전국 와인생산 지역을 50개로 분류한다.

• D.O.C(Denominacion de Origen Calificade, **데노미나시온 데 오리헨 깔라피까다)**

특선 원산지 명칭 와인으로, 최고급 등급 D.O보다 한 단계 위의 등급이며, 1991년 리오하가 유일하게 이 등급이 되었다.

스페인와인은 원산지 표기법 이외에 3년 이상 숙성과정을 거친 레드와인과 2년 이상 숙성된 화이트와인에 리제르바(Reserva) 표기를 하며, 오크통과 병속에서 2년간 숙성시킨 레드와인과 1년 이상 숙성된 화이트와인은 크리안자(Crianza)라고 한다. 그린 리제르바(Gran Reserva)란 오크통에서 최소한 2년 숙성시키고 5년간 숙성된 레드와인과 4년 이상 숙성된 화이트와인에 표기된다.

스페인의 유명 와인 산지로는 고급 레드와인 산지인 리오하, 페네데스, 리베라 델 두에로, 라 만차가 있고, 히아스 바이사스의 화이트와인도 인정받는다. 프랑스와 이탈리아에 이은 세계 세 번째의 와인 생산국이며, 포도밭 면적은 가장 넓다.

① 리오하(Rioja)

스페인에서 가장 좋은 와인을 생산하는 대표적인 곳이다. 4만 5천 헥타르에 기후는 해양성으로 포도재배에 이상적이다. 19세기 필록세라가 창궐할 무렵 프랑스의 와인 기술자들이 이곳으로 와서 기술과 경험을 전수하였으며, 리오하 지역의 품질이 높아졌다.

② 헤레즈(Jerez)

헤레즈의 영어식 발음인 '세리(Sherry)'로 세계에 알려진 곳이다. 이는 세계적인 명주이며, 스페인 포도의 대명사가 되었다. 영어식 발음이 알려진 것은 영국이 세리 와인의 최대 고객이기 때문이다. 세리와인은 식전주뿐만 아니라 식후주로서도 많은 사랑을 받고 있다.

Sherry는 영어 이름, 포르투갈의 포트와 더불어 대표적인 강화와인(fortified wine)이다. 즉 일반 와인은 알코올 도수가 15%를 넘기 어렵고, 강화와인은 브랜디를 섞어 18~20%의 알코올 도수 높은 와인을 만든다. 셰리주의 독특한 향을 내기 위해 복잡한 수작업의 단계를 거친 후 브랜디를 넣는다. 브랜디를 중간에 넣으면 발효는 중단되고 포도즙의 당분이 남아 있게 되어 단맛이 된다. 쉐리는 발효가 끝난 후에 브랜디를 넣게 되므로 드라이하게 된다.

세리(Sherry)와인의 종류로는,

- 피노(Fino)

라이트하고 빛깔이 옅고 드라이한 맛, 완벽한 아페리티프 와인이며 타파스와 잘 어울린다.

- 아몬티야도(Amontilados)

빛깔이 좀 더 진하고 맛을 농축한 와인이다.

- 올로로소(Oloroso)

빛깔과 농도가 가장 진한 와인, 아만티야도나 올로로스는 겨울철에 마시기 좋은 아페리티프 와인이다.

5) 미국

(1) 미국 와인

미국의 와인은 유럽 와인에 비해 저렴한 가격에 좋은 품질로 명성을 얻어가고 있다. 미국의 주요 와인 생산지는 캘리포니아, 오리건, 워싱턴, 뉴욕 등이지만 여전히 캘리포니아가 전체 생산량의 90% 이상이며, 캘리포니아의 기후와 토양은 좋은 유럽 포도품종으로 높은 품질의 레드와인과 화이트와인을 재배할 수 있는 이상적인 환경을 주고 있다. 특히 샌프란시스코의 나파 밸리는 미국 와인의 핵심지역이며, 소노마 카운티는 세계 최대의 와인 생산업체인 갈로사가 자리 잡고 있고, 다른 와이너리는 소규모 와이너리가 많다. 고급 와인은 이 두 곳에서 주로 생산되고 있다.

미국은 1983년 AVA(American Vitcultural Areas)를 도입하여 생산지와 포

도품종을 표기하도록 하였으며 현재 187개의 AVA가 지정되어 있다. 미국의 고급 와인은 품종와인(Varietal Wine)으로 포도품종을 라벨에 기재하고 있다. 한편, 미국의 컬트 와인이란 1990년대부터 나파밸리에서 생산된 최고급 명품 와인으로 블루칩 와인이라고도 한다. 각 와이너리의 질 좋은 포도로 300~600 상자 만을 생산하는 와인으로 사전 예약이나 경매 등을 통해 판매되며 수집의 대상으로 간주되기도 한다. 유명한 컬트와인으로는 스크리밍 이글, 콜긴, 아라우호, 할란, 헌드레드 에이커, 마야, 쉐퍼 등이 있다. 미국의 포도품종으로는 레드와인 품종으로 카베르네 소비뇽, 미국 특화 품종인 진판델, 메를로, 시라, 피노 누아 등이 재배되며 화이트와인으로는 샤르도네, 소비뇽 블랑, 피노 그라지오, 슈냉 블랑 등이 있다.

주요 생산지역으로는 캘리포니아(California), 나파 벨리(Napa Valley), 소노마(Sonoma)지방이 대표적이다.

① 캘리포니아(California)

미국에서 와인을 가장 많이 생산하는 지역으로 미국 전체 생산량의 85%를 담당하고 있다. 품질의 다양성을 맛볼 수 있는 지역으로 유명하다.

② 나파 벨리(Napa Valley)

미국에서 가장 유명한 포도재배 지역으로, 샌프란시스코 북쪽에 자리 잡고 있다. 이 지역은 프랑스와 같이 좋은 레드와인이 생산되고, 또 프랑스에서 재배되는 품종의 화이트와인도 생산된다.

③ 소노마(Sonoma)

나파 벨리 다음으로 유명한 와인 생산지역이며, 태평양 해안에 가깝고 기후가 온화하여 포도재배에 적합하다. 소노마 와인은 라벨에 포도재배 지역을 표기하고 있다.

6) 칠레

(1) 칠레 와인

매혹적인 맑은 기후, 이상적인 토양조건, 병충해 없는 포도밭 등이 오늘날의 칠레 와인을 만들어낸 요소들이다. 칠레에서 생산되는 포도품종도 다양하다. 백포도품종으로는 쏘비뇽 블랑, 세미용, 삐노블랑, 샤르도네, 트레비아노, 리슬링, 트라미너와 로카 블랑카(Loca Blanca), 적포도품종으로는 까베르네 쏘비뇽, 까베르네 프랑, 말벡, 멜롯 그리고 삐노 누와가 재배된다.

대표적인 와인 생산지로는 북부의 아타카마(Atacama)지방, 코퀸보 지역, 아콩카구아에서 탈카(Talca)까지의 중부지방, 마울레(Maule)에서 비오-비오(Bio-Bio)까지의 남부지방까지 광범위하다. 사람들마다 차이가 있겠지만 보편적으로 칠레 와인은 세계와인 시장에서 가격대비 품질이 좋은 와인으로 평가 받고 있다.

칠레산 와인이 좋은 이유는 와인산지에 기인하는데, 칠레는 동쪽으로는 해발 6,000m 안데스 산맥이 서쪽으로는 태평양이 가로막고 있어서 지리적으로 격리된 곳이라 병충해가 적으며 와인산지는 지중해성 기후로 겨울에 비가 내리고 여름이 덥고 건조한데다 일조량이 풍부하여 색깔이 진하고 단맛이 풍부한 포도를 생산할 수 있기 때문이다.

1995년 원산지 명칭제도인 DO(Denominacion de Oriden)제도를 시행하였으나 엄격한 규제를 하고 있지 않다. 이외에 숙성기간 표기를 하는데, 그란비노(Gran Vino)는 6년 이상 숙성된 와인, 리제르바는 4년 이상 숙성된 와인, 리제르바 에스페시알은 2년 이상 숙성된 와인이다. 그러나 이에 대한 규제가 엄격하지 않아 저렴한 테이블 와인에도 리제르바라는 표기가 있기도 하다. 이밖에도 돈(Don), 도나(Dona)라는 표기가 있으면 전통있는 유명 와이너리의 장기 숙성 와인으로 프리미엄급 와인이라는 뜻이다. 품종도 라벨에 표기되는데, 일반적으로 75% 이상 사용된 품종을 단일품종 와인으로 표기할 수 있다.

7) 호주

(1) 호주 와인

호주의 포도재배지역은 위도 30~38도 사이인 남부지역에 자리 잡고 있다. 호주의 기후는 와인을 재배하기에 좋은 조건을 가지고 있다고 할 수 있으며, 신흥 와인 생산국으로서 자리를 잡아가고 있다.

기후는 미국의 캘리포니아와 유사하며 주요 포도밭은 뉴사우스 웨일스주, 사우스 오스트레일리아주, 웨스턴 오스트레일리아주, 빅토리아주에 있다. 화이트와인용 리슬링이나 세미용, 레드와인용 시라, 카베르네 소비뇽의 재배가 이루어진다. 바로사 밸리 외에 화이트, 스파클링 와인으로 잘 알려진 애들레이드 힐즈(Adelaide Hills), 가장 남쪽에 위치한 쿠나와라(Coonawarra), 바로사 밸리의 위쪽에 위치한 짙은 맛의 와인을 생산하는 클레어 밸리(Clare Valley), 맥레런 베일(McLaren Vale), 가장 오랜 전통을 지닌 에덴 밸리(Eden Valley), 패더웨이(Padthaway)가 이에 속한다.

오스트레일리아의 주 포도품종은 시라로 전 세계 시라 재배면적의 절반 이상을 차지한다. 이외에 카베르네 소비뇽, 메를로를 이용하여 레드와인을 만들고 샤르도네, 세미용을 이용한 화이트와인이 생산된다.

1994년 지리적 표시 시스템(GIS : Geographic Indications System)을 도입하여 라벨에 포도품종을 표기할 때 85% 이상 비율이어야 한다는 규제를 하고 있다. 생산지역이 표기될 때도 그 지역 포도가 85% 이상 사용되어야 하며, 빈티지 표시는 해당 빈티지가 95% 이상이어야 한다. 특별한 등급제는 없는 대신 와인회사인 랭턴(Langton)사가 오스트레일리아 고급와인을 대상으로 5년마다 실시하는 등급분류가 있으며 이는 시장의 수요와 품질 변화를 빠르게 반영하는 평가로 인정받고 있다.

주요 와인 생산지역으로는 빅토리아(Victoria), 뉴 사우스 웨일즈(New South Wales) 지역을 소개한다.

① 빅토리아(Victoria)

호주 남동부 멜버른 근처에 위치한 오랜 전통을 지닌 와인지역으로 기후와 토양이 유럽과 비슷한데, 이러한 자연조건이 유럽에서 건너온 이주자들을 정착시킨 요인이 되었다. 호주에서 두 번째로 많은 126개소의 양조장이 있으며 정상급의 레드와인, 화이트와인, 발포성와인, 포트와인을 생산한다.

② 뉴 사우스 웨일즈(New South Wales)

뉴 사우스 웨일즈지역은 시드니와 가까운 지역으로 최상급의 샤르도네를 생산하는 마운트아담(Mount adam), 그리고 카세그레인(Cassegrain), 레드와 화이트가 모두 훌륭한 레익스 폴리(Lake's Folly) 그리고 린데만 등이 있다.

THE POTTS FAMILY BLEASDALE EST 1850 LANGHORNE CREEK

Langhorne Crossing White
랑혼 크로싱 화이트

➔ **REGION** : 호주 Langhorne Creek

➔ **WINE** : Verdelho 60%, Chardonnay 28%, Riesling 12%

Alcohol : 13.5%

Aroma : 샤도네이와 버델호, 세미용 품종의 조화로 힘이 있고, 풍부한 과일향을 느낄 수 있으며, 열대과일의 풍미가 풍긴다.

Taste : 감귤의 향과 열대과일의 맛을 느낄 수 있고, 숙성과정을 더 거치면 더욱더 복잡한 맛과 향을 느낄 수 있다.

The Wine Advocate points 89

자료제공 : LB wine

8) 포르투갈

(1) 포르투갈 와인

이베리아 반도 서쪽 끝에 있는 포르투갈은 로마가 지배할 당시부터 도우루(Douro), 알랭테조(Alentejo) 지역에서 포도재배가 시작되었다. 이후 지역적인 장점으로 항해술이 발달하여 무역에 의한 황금시대를 구가하였으며 12세기 미뉴(Minho) 지방에서 영국으로 와인을 수출하였고 13세기 포트와인의 수출이 활발해졌다. 17세기경 영국과 프랑스 관계가 악화되면서 포르투갈 와인의 영국 소비가 증가하였고, 이에 포르투갈 와인시장이 발전하기 시작했다.

포르투갈 와인은 생산의 절반 이상을 영국과 프랑스, 미국, 독일에 수출하는 와인의 왕국이다. 북서부의 대서양 연안에 있는 베르데의 와인은 레드와인이나 화이트와인 모두 맛이 산뜻하고 향기가 높으며, 적당한 산도와 거품으로 온 세계의 사랑을 받고 있다. 병에 넣어 익히는 방법도 특이하지만, 포도의 재배방법도 재미있다.

포트와인이라고 하는 식전주와 식후주는 도우로 술인데, 수출항 포르토에서 생겨난 이름이다. 쏘는 맛이 있고 산도는 적으나 세례와 결혼의 피로연 등 특별한 모임에는 빠질 수 없는 고급술이다. 포도재배에 잔손질이 많아 값이 비싸며, 레드, 화이트 모두 향기와 맛에서 높이 평가되고 있다. 화이트는 오래되지 않은 것을 높이 평가한다.

포르투갈의 대표적인 주정강화 와인인 포트와인(Port Wine)은 포르투갈 북부 도루강(Douro R.) 상류의 알토도루 지역에서 재배된 적포도와 청포도로 주로 만들어진다. 포트와인이라는 명칭은 이 지역의 수출을 담당한 항구 이름이 '오포르투'인데서 유래하였다. 1670년대부터 영국으로 선적됐는데, 1800년대 들어와 오랜 수송기간 동안 와인의 변질을 막고자 선적자들이 브랜디를 첨가하였으며, 이것이 오늘날 주정 강화 와인인 포트와인이 되었다. 포트와인은 1756년부터 원산지 관리법이 시행되어 세계 최초로 관리되었고 일반와인은 1907년부터 시작되었다.

포트와인은 대부분 레드와인으로 제조되나 드물게 화이트와인으로도 만들어지며 알코올 함량은 18～20% 정도이고 브랜디의 향, 견과류의 고소한 향이 난다. 주로 쓰이는 포도품종은 토우리가 나시오날(Touriga Nacional)이며 알코올 함량 75～77%의 브랜디를 첨가하여 만든다. 이 때 첨가되는 브랜디 양은 발효 중 와인의 25% 정도 분량이다.

셰리와인(Sherry Wine)이 발효 후 브랜디를 첨가한 주정강화 와인이라면, 포트와인은 발효 중에 브랜디를 첨가하는 것이 차이점이다. 드라이한 맛의 셰리와인은 식전와인(Aperitif Wine)으로 주로 이용되고 단맛이 있는 포트와인은 식후주로 주로 마신다.

포트와인에 단맛이 존재하는 이유는 발효 중 브랜디를 첨가하여 효모가 파괴되고, 아직 발효가 끝나지 않은 포도의 당분이 그대로 남기 때문이며 이렇게 남은 잔당이 9～11% 가량 된다. 포르투갈의 디저트와인으로 포트와인이 유명하다면 식전 와인으로 유명한 와인이 마데이라(Madeira)이다.

또 유명한 포르투갈의 와인 중 하나가 마테우스 로제와인인데, 수출량이 가장 많은 와인으로 발포성이 약간 있는 상큼한 와인이다. 한편 포르투갈에서만 생산되는 비뉴 베르데(Vinho Verde)라 불리는 와인은 흔히 그린와인이라고 하는데, 베르데(Verde)가 어리다는 의미로 덜 익은 상태에서 숙성시켜 신맛이 나는 와인이다. 레드, 화이트와인이 있고 여름에 보통 와인보다 시원하게 마시는 와인으로 알코올 도수가 9～11%로 낮은 편이다.

9. 와인과 음식과의 조화

전 세계적으로 생산하는 와인의 종류는 다양하고 그 맛과 향기, 바디감, 알코올의 도수 또한 각양각색이어서 테이블에서의 식사와 함께 적당한 와인을 선택하는 것은 쉬운 일은 아니다. 훌륭한 식사를 위하여 메뉴와 잘 어울리는 와인을 소개하고자 한다. 와인 초보자일 경우는 레스토랑이나 바(Bar)의 소믈리에와 직원에게 문의하여 적당한 와인을 추천받는 것도 하나의 방안이다.

1) 전채요리와 어울리는 와인

식사의 시작인 전채요리와 함께 마시는 와인은 굳이 병으로 마시지 않아도 되고 가볍게 한 잔 정도 주문하여 마시는 것이 좋으며, 여러 사람이 함께 식사한다면 한 병 정도 주문하는 것도 경제적일 수 있다. 레스토랑에서 잔술로 주문하는 와인을 하우스 와인(House wine)이라고 한다.

[표 2-2] 전채요리와 어울리는 와인

전채요리	와인 종류
아스파라거스(Asparagus)	부르고뉴 화이트, 샤도네이
에스카르고(Escargots)	부르고뉴 샤도네이
치즈 퐁듀(Cheese Fondus)	드라이 화이트
차우더(Chowders)	미디엄 드라이 화이트, 소테른
캐비어(Caviar)	샴페인과 보드카
거위간(Foie Gras)	소테른, 샴페인, 게브르츠트라미너

2) 메인요리와 어울리는 와인

일반적으로 붉은 색깔의 생선요리에는 가벼운 레드와인을 차게 마시며 흰살 생선요리에는 맛이 섬세한 화이트와인이 적당하고, 육류요리에는 부르고뉴 레드 정도가 적당하며 까베르네 쇼비뇽 와인과도 잘 어울린다.

[표 2-3] 메인요리와 어울리는 와인

메인요리	와인 종류
광어(Halibut)	진한 드라이 화이트
가리비 요리	미디엄 드라이 화이트
로스트 비프	강건한 레드와인, 부르고뉴 레드
모듬회	산미가 약간 있고 과일향이 나는 화이트와인
바닷가재, 게요리	샴페인, 샤블리, 리슬링
비프 스튜(Beef Stew)	뽀므롤, 쌩 떼밀리옹
송어(Trout)	섬세한 화이트와인, 모젤
연어(Salmon)	보르도 레드, 차가운 요리는 부르고뉴 화이트
전복요리(Abalone)	드라이 혹은 미디엄 화이트 소비뇽 블랑
홍합(Mussels)	무스까데 혹은 캘리포니아산 샤블리
햄(Ham)	보르도나 부르고뉴의 중급 와인
휠레미뇽 스테이크 (Fillet Steak)	가벼운 레드와인
양고기(Lamb)	양질의 보르도와인
티본 스테이크 (T-Bone Steak)	레드와인
페퍼 스테이크 (Pepper Steak)	론 레드와인, 까베르네 소비뇽

3) 한식과 어울리는 와인

한식의 세계화 물결 속에 우리 고유의 음식에 서양의 술인 와인과의 조합이 새로운 트렌드로 자리잡아가고 있다. 와인은 서양요리와 어울린다는 고정관념에서 탈피하여 우리음식과의 조화에 많은 전문가들이 연구하고 있으며, 다양한 와인과 우리음식과의 궁합이 최고의 맛과 품격에 손색이 없다.

[표 2-4] 한식과 어울리는 와인

한식요리	와인 종류
갈비찜	탄닌성분이 많고 풍미 있는 와인
불고기	미디엄 레드와인
삼겹살	가볍고 섬세한 레드와인
생선구이	부케(Bouquet)향이 강한 고급 화이트와인
철판구이	보르도와 부르고뉴의 레드와인과 대부분의 레드와인
찜 요리	부르고뉴의 레드와인과 기타 국가의 레드와인
야채를 주로 한 요리	상큼한 맛의 화이트와인

4) 피자 & 파스타 기타 음식과 어울리는 와인

젊은층 사이에 각광을 받고 있는 피자, 파스타, 버거류 등과 잘 어울릴 만한 와인을 소개한다. 특히나 이탈리아 문화와 우리나라의 문화와는 비슷한 면이 많이 있고 또한 우리 고유의 음식과 이탈리아 와인과의 조화도 좋다.

[표 2-5] 피자&파스타 기타 음식과 어울리는 와인

메뉴종류	와인 종류
파스타류	다양한 레드와인
피자	이탈리아의 끼안티, 샤도네이, 피노그리지오, 쉬라, 진판델
햄버거	캘리포니아 진판델
감자칩	피노그리
리조또(Risotto)	소아베

제2절 맥주

1. 맥주의 기원

맥주는 보리를 싹틔워 만든 맥아로, 맥아즙을 만들고 여과한 후 홉(hop)을 첨가하여 맥주 효모균으로 발효시켜 만든 알코올을 함유한 음료라고 정의할 수 있다. 맥주는 흔히 액체로 된 빵이라고도 하며, 단백질, 미네랄, 비타민 B등 영양소가 들어있어 인체 내에서 상당한 칼로리를 만들어 내고 있다.

맥주는 "마신다"라는 라틴어 비베레(Bibere)와 게르만 민족의 곡물이라는 베오레(Bior)에서 유래되었으며, 전 세계 주류시장에서 60%를 차지할 정도로 큰 시장을 형성하고 있다. 역사적 자료에 의하면 B.C 4000년경에 수메르인에 의해서 맥주가 최초로 만들어졌다고 하며, B.C 3000년경에는 이집트인에 의해서 대맥을 이용해 맥주를 제조한 것으로 전해진다. 이후 꾸준히 인류에 의해 맥주의 제조기술은 발전하여 전해온다.

2. 맥주의 원료

맥주의 원료는 물, 보리, 호프, 효모, 전분 등인데, 그 중에서 93%의 절대적인 부분을 차지하는 것이 물이며 맥주의 맛을 좌우하는 가장 중요한 부분이다. 이는 수질관리의 중요성을 말해준다.

(1) 물

맥주의 93% 이상이 물이며, 맥주 양조에 쓰이는 물은 무색투명하고 오염되지 않은 깨끗한 정수된 물을 사용한다.

(2) 호프(hop)

호프(hop)는 맥주의 쌉쌀한 맛과 향을 내고 거품을 보다 좋게 만들고 맥주를 맑고 깨끗하게 해주는 역할을 한다.

(3) 효모(이스트)

효모(이스트)는 곰팡이류에 속하는 미생물로 맥주를 만드는 과정에서 당분을 발효시켜 알코올과 탄산가스를 발생시키는 역할을 한다.

(4) 맥아(보리)

맥아(보리)는 맥주의 주된 원료인데, 수확한 보리를 싹을 틔워서 말린 것인데 이 말린 것을 분쇄해서 전분형태로 만들어 사용하게 된다.

3. 맥주의 분류

맥주는 크게 생맥주와 병맥주로 나뉘며, 생맥주는 원료를 발효, 숙성, 여과하여 만든 것이고 병맥주는 장기간 보관을 위하여 생맥주를 살균하기 위하여 열처리 한 다음 병에 담은 맥주이다. 일반적으로 맥주는 다음과 같이 구분할 수 있다.

1) 생맥주(Draft Beer)

맥주를 숙성 저장시킨 후 가열처리를 하지 않고 그대로 여과하여 통에 담아 생산한 신선한 맥주를 말한다. 열처리를 하지 않기 때문에 효모균이 살아있어 발효가 계속 진행되므로 오래 지나면 맛이 변하여 장기간 저장할 수 없다.

2) 라거맥주(Lager Beer)

생맥주를 제외한 병맥주는 대부분 여기에 속하며, 탱크에서 저장 숙성한 맥주를 여과하여 가열처리한 후 병입한다.

3) 몰트맥주(Malt Beer)

100% 몰트(맥아)만을 사용하여 만든 맥주로 일반 맥주보다 구수한 맛이 난다.

4) 스타우트(Stout)

상면발효기법으로 영국에서 만들어지는 맥주로 색깔이 진하고 엿기름(맥아)의 향과 맛을 많이 느낄 수 있다.

5) 흑 맥주(Black Beer)

색깔이 진하고 엿기름향이 강한 감칠맛의 맥주이며, 하면발효로 만들기 때문에 위에 설명한 스타우트와 혼돈해서는 안 된다.

6) 필스너 맥주(Pilsner Beer)

체코의 투명하고 연한 색의 맥주로서 필젠 지방에서 1842년부터 만들어진 것으로 라이트 한 라거 비어이다.

7) 에일 맥주(Ale Beer)

에일맥주는 상면발효 효모에 의하여 실내온도와 가까운 온도(18~21도)에서 발효되는 것이다.

8) 복 맥주(Bock Beer)

복 맥주는 독일에서 유래한 라거맥주의 일종이며 복 맥주는 보통 알코올 도수가 높고 맥아가 많이 함유된 진한 맥주이다.

4. 맥주서비스

1) 맥주의 서비스 방법

(1) 맥주의 취급 방법

맥주는 주류 상품 중에 가장 상하기 쉬운 품목이므로 바텐더들은 고객의 최고 만족을 위하여 맥주류를 취급하는데 특별한 관심과 주의를 기울여야한다. 질 좋고 맛있는 맥주를 올바르게 서비스 한다는 것은 그 영업장의 수익도 향상될 뿐만 아니라 명성도 얻게 된다. 맥주는 저장통에 있는 기간에 따라 개량되는 것이며, 포장한 후부터 서비스 될 때까지는 취급여하에 따라 그 신선도가 좌우된다고 하겠다.

① 재고순환(Stock Rotation)

입고순에 의하여 판매하는 것을 말하는 것으로, 맥주를 오래 저장하여 그 맛과 향취를 잃게 해서는 안 된다. 이 때 입고된 상품에 입고 날짜를 표시하여 날짜순으로 선입선출(FIFO System)방법을 사용하여 신선도를 최대한 유지하여야한다.

② 맥주 저장온도

병맥주나 캔맥주는 살균되어 있는 제품이므로 실내 저장온도에는 큰 변화없이 성질이 유지된다. 그러나 너무 장기간 저장한다거나, 단기간일지라도 직사광선이나 고온에 노출시킨다면 맛의 변화를 가져올 수 있다. 또한 영하의 온도에 노출되어 결빙되면 맥주가 플렛(flat)되기 쉬우므로 상품의 가치를 상실하게 된다. 맥주를 저장하는 적합한 장소로는 저장온도 5~20℃와 통풍이 잘 되고 건조한 장소, 직사광선이 들어오지 않는 곳, 온도변화가 심하지 않는 곳이면 적당하다.

③ 맥주 서비스온도

계절이나 지방 기후에 따라 약간씩 차이가 있으나 일반적으로 맥주 쿨러에 3.5~4℃로 보관하였다가 서브한다. 맥주 글라스에 따랐을 때 약 7℃ 정도가 음용의 적정 온도라 하겠다. 또한 맥주의 독특한 맛이 살아나는 온도는 여름 4~7℃, 겨울에는 8~12℃ 정도로 마시는 것이 좋다.

④ 맥주 서비스요령

맥주병을 취급할 때 거칠게 다루지 말 것이며, 너무 거칠게 다루면 거품이 더 많이 넘쳐흐르는 경향이 있다. 또한 병마개를 딸 때 오프너 취급에 주의하여 병 주둥이가 깨지지 않도록 하여야한다. 맥주를 따를 때에는 병이나 캔을 글라스에서 약 5cm 정도 떼어서 글라스의 7부 정도 붓는다. 나머지 3부 정도는 거품이 솟도록 하여야 맥주의 향취를 맛보는데 가장 이상적이다. 거품 없이 따르게 되면 CO_2 가스가 맥주에 함유된 채 마시게 되므로 배가 빨리 불러옴으로써 맛도 좋지 않을뿐더러 판매에도 지장을 초래하게 된다. 즉 맥주의 거품은 청량감을 주는 탄산가스가 새어 나가는 것을 방지하고, 맥주가 공기중에서 산화되는 것을 방지함으로 맥주를 따를 때는 2~3cm 정도 거품이 덮이도록 제공해야 한다.

⑤ 맥주 글라스 취급

맥주 글라스에 기름기가 남아있던가 물기가 남아있으면 맥주의 거품을 죽이거나 맥주의 맛과 향취를 감소시키게 된다. 그러므로 맥주 글라스는 반드시 3단계 세척(비눗물→뜨거운물→맑은물 헹굼)하여 말리거나, 혹은 청결한 수건으로 닦아 내야 한다.

• 글라스는 불쾌한 냄새, 연기, 먼지, 기름기가 없고 환기가 잘되는 장소에

보관한다.

- 글라스는 식재료 창고에 함께 보관하지 않는다.
- 글라스를 냉각하거나 프로스팅 시킬 경우는 전용 냉장고를 사용한다.
- 얼음을 사용하여 프로스팅 시킬 때는 반드시 냄새가 없는 얼음인가를 확인한다.

2) 생맥주(Draft Beer) 서비스

생맥주는 양조장에서 출고될 때가 가장 잘 완숙된 상태이다. 생맥주는 거품의 끓어오름이 대단히 아름답고 먹음직스러워서 만족스러운 감을 준다. 그러므로 취급에 있어서도 예민한 음료이므로 잘 다루어져야 한다. 우선 생맥주를 따르는데 있어서 온도, 압력, 청결의 세 가지 원칙이 이루어진다면, 고객은 만족할 수 있으며 레스토랑의 영리 추구에도 많은 도움이 될 것이다.

(1) 적당한 온도

생맥주를 판매하는 곳은 충분히 냉장되는 저장시설을 갖추고 있어야 한다. 생맥주는 미살균 상태이므로 온도를 2~3℃로 항상 유지하고 7℃ 이상으로 더워지면 맥주의 맛이 시어지게 된다. 글라스에 서비스할 때는 3~4℃ 정도가 적당한 온도이므로 유의하기 바란다.

(2) 정확한 압력

술통 속에 압력은 일정하게 유지하여야 하며, 그 압력은 12~14파운드로서 맥주의 온도가 3℃ 정도 때의 압력이다. 계기 압력이 12파운드이면 천연 탄산가스가 노출됨이 없이 적당한 압력을 가지고 있다고 인정한다. 만약 압력이 12파운드보다 낮으면 천연가스가 노출되어 Flat될 것이다.

(3) 재고 순환

생맥주도 역시 병맥주와 마찬가지로 신선하면 신선할수록 좋은 것이므로 오래 묵으면 그 향취와 맛을 잃어버리게 되므로 재고순환을 철저히 실행하여야 한다. 즉 FIFO규칙(first-in first-out)을 확실히 하여 고객으로 하여금 생맥주의 황금기의 맛을 즐길 수 있도록 하여야 한다. 그러기 위해서는 배달되는 즉시 생맥주 통에 번호나 날짜를 표시하여 입고된 순서에 따라 사용할 것이다.

제3장

증류주

제3장 증류주

제1절 위스키(Whisky)

1. 위스키의 정의 및 어원

위스키는 12C경 이전에 아일랜드에서 처음으로 제조되기 시작하였으며, 15C경 스코틀랜드로 전파되었고, 18C 이후 오늘날과 같은 연속식 증류기가 발명되어 위스키의 제조법이 급격히 발전하였다.

위스키는 라틴어의 'Aqua Vitae'와 같이 '생명의 물'이란 의미였으며, 그 후 우스키(Usky)로 불리어졌으며, 오늘날과 같이 위스키로 부르기 시작한 것은 18C 말부터 불리어졌다. 위스키의 재료는 보리, 호밀, 밀, 옥수수, 귀리 등의 곡류를 주원료로 하여 발효시킨 후, 증류와 숙성을 거친 술을 위스키라고 한다.

2. 위스키의 분류

1) 스카치 위스키(Scotch Whisky)

(1) 스카치 위스키 개요

위스키의 대명사로 불리는 스카치 위스키는 영국의 스코틀랜드 지방에서 생산되는 것으로 세계 위스키 시장의 60% 이상을 점유하고 있다. 맛은 부드러우면서도 강하고 미묘하면서도 독특한 향을 지닌 위스키로서 품질에 따라 고급(Premium)과 보통(Standard)으로 구분한다.

프리미엄 위스키는 보리 등의 곡류를 위주로 한 그레인 위스키(Grain Whisky) 30%, 맥아를 위주로 하여 만든 몰트 위스키(Malt Whisky) 70%를 블랜딩하여 만들고, 스탠다드 위스키는 그레인 위스키 70%, 몰트 위스키 30%의 비율로 블랜딩(Blending)하여 만든다.

스카치위스키는 크게 몰트위스키(Malt Whisky), 그레인 위스키(Grain Whisky), 브렌디드 위스키(Blended Whisky)로 나뉜다.

- 몰트위스키(Malt Whisky)

보리 싹을 틔운 몰트(맥아 · 엿기름)만 사용해 만든 위스키다. 맛이 다소 강하고 거칠다는 평 때문에 한동안 블렌디드위스키의 중요한 재료로 사용됐다. 그러다 1963년 유명한 글렌피딕(Glenfiddich)사의 개척적인 첫 몰트위스키 출시 이후 새롭게 조명받아 지금 그 자체로 큰 인기를 누리고 있다. 맛도 점차 개선되어 이른바 명품 몰트위스키들이 시장에 나오고 있다.

• **싱글 몰트위스키(single malt whisky)**

한 증류소에서 생산된 몰트위스키를 싱글 몰트위스키(single malt whisky)라고 부른다. 현재 스코틀랜드에는 90여 개의 위스키 증류소가 있는데, 대부분 각각의 개성이 담긴 싱글 몰트위스키를 생산하고 있다. 싱글 몰트위스키는 무엇보다 술의 출처와 내력을 정확히 알 수 있다는 데 매력이 있다. 영화 '찰리 윌슨의 전쟁'에 나오는 탈리스커도 바로 여기에 속한다.

• **배티드 몰트위스키(vatted malt whisky)**

여러 증류소의 싱글 몰트위스키들을 혼합한 것은 배티드 몰트위스키(vatted malt whisky)라고 부른다. 어감을 좋게 해서 퓨어 몰트위스키(pure malt whisky)라고도 한다. 배티드 몰트위스키는 상업적 필요에 의해 생산되고, 품질도 나쁘지 않지만 아무래도 싱글 몰트위스키만큼 좋은 평가를 받기는 어려운 게 사실이다.

● 그레인 위스키(Grain Whisky)

그레인 위스키는 몰트 외에 옥수수나 밀 같은 다른 곡물을 재료로 하며, 몰트위스키와는 다른 별도의 증류소에서 생산된다. 몰트위스키를 만들 때 사용하는 전통적인 단식증류법 대신에 연속 증류장치를 사용하기 때문에 대규모 생산이 가능한 반면, 특별한 개성이 없는 가벼운 느낌을 준다. 그레인 위스키 자체가 제품화되는 경우는 매우 드물다. 대부분 몰트위스키와 혼합해 블렌디드위스키를 만드는 데 사용된다.

● 브렌디드 위스키(blended whsiky)

브렌디드 위스키(blended whsiky)는 앞서 언급한 대로 몰트위스키와 그레인 위스키를 혼합해 만든 것으로 우리가 아는 대부분의 스카치위스키가 여기에 속한다. 조니워커, 발렌타인 등 세계적인 브랜드뿐만 아니라 국내 브랜드 위스키들도 대부분 여기에 속한다. 브렌디드 위스키는 세계 스카치위스키 판매량의 대부분을 차지하는데, 이는 브렌디드 위스키가 소비자에게 보편적이고도 안정된 맛을 선사한다는 의미로도 풀이된다. 브렌디드 위스키는 제품에 따라 다르지만 보통 15~40종의 싱글 몰트위스키와 2~3종의 그레인 위스키를 혼합해 만든다. 이 때 싱글 몰트위스키의 비율은 20~60%로 다양한데, 몰트위스키 함량이 높을수록 고급제품으로 간주된다. 그러나 함량 못지않게 어떤 증류소, 어떤 몰트위스키를 사용했는지도 최종적으로 위스키 맛을 결정하는 데 중요한 영향을 미친다.

(2) 스카치 위스키의 유명상표

① 로얄 살루트(Royal Salute)

로얄 샬루트는 영국 해군에서 유래되었으며, 1953년 영국 엘리자베스 여왕의 대관식 때 헌정하여 '왕의 예포'란 별칭으로 잘 알려졌다. 로얄 샬루트는 달콤한 자두향과 섬세하면서도 강렬한 계피향이 복합적으로 어우러져 있으며, 스모크향과 오크향이 독특하게 혼합되어 여운이 오렌지맛의 여운이 길게 지속되는 것이 특징이다. 로얄 샬루트 21년은 청색, 녹색, 갈색 등으로 세 가지 색이 있으며 로얄 샬루트 Hunt, 로얄 샬루트 38년산, 최근 로얄 살루트 62건(Gun)는 최고급 제품으로 소비자 가격만 400만원 대에 이른다.

② 발렌타인(Ballantine)

발렌타인 위스키는 1827년 농부였던 조지발렌타인이 개발한 술로서 저장연수에 따라서 맛과 향이 차이가 있다. 발렌타인은 Finest 6년, Gold Seal(12년), Ballantine's 17년, Ballantine's 21년, Ballantine's 30년 등이 있다.

③ 조니 워커(Johnnie Walker)

조니워커는 위스키의 대명사로 널리 알려진 것으로 조니워커는 레벨의 종류에 따라 조니워커 레드(6년), Black(12년), Swing(15년), Gold(18년), Blue(30년) 등으로 나누어진다.

④ 시바스 리갈(Chivas Regal)

시바스 리갈은 '시바스 집안의 왕자'라는 뜻으로, 1843년 빅토리아 여왕의 궁정 납품을 인정받은 1년산의 프리미엄급 위스키이다.

⑤ 그렌피디쉬(Glenfiddich)

그렌피디쉬란 '사슴이 있는 골짜기'라는 뜻으로 하일랜드산의 싱글 몰트 위스키로 산뜻한 맛의 드라이 타입의 남성적인 풍미를 자랑한다.

⑥ 올드 파(Old Parr)

올드 파는 12년산의 부드럽고 Sweet한 맛을 느끼게 하는 특징으로, 152세까지 장수한 쉴로프셔의 농부 토마스 파의 이름에서 유래한 위스키이다.

⑦ 제이 앤 비(J & B)

제이 앤 비 위스키는 이탈리아 출신의 저스테리니에 의해서 설립된 술로서 Justerini와 Blooks의 첫 글자를 붙여서 만든 제품으로 국내에 잘 알려진 브렌디드 위스키이다.

⑧ 딤플(Dimple)

'보조개'라는 애칭의 이름으로 12년 숙성의 몰트를 사용한 위스키이다.

⑨ 듀워스 화이트 레벨(Dewar's White Label)

스코틀랜드의 버드 시에 있는 존드 우 사의 제품으로 1920년경 하이랜드 몰트를 브렌드한 고급품의 위스키이다.

⑩ 커티 샥(Cutty Sark)

'짧은 셔츠'라는 뜻의 게일어로서 1869년 커티 삭이라는 이름을 붙인 배가 스코틀랜드를 출발하여 동양 항로를 이동할 때 매우 빠르기로 유명하였으며, 그 이름을 붙여서 커티 샥 위스키가 탄생하였다. 커티 샥은 6년, 12년, 18년산 등이 있다.

⑪ 블랙 앤 화이트(Black & White)

블랙 앤 화이트는 위스키에 심벌 마크로서 검은 개와 흰 개의 두마리의 개를 사용하고 있으며, 검은 개는 애버딘테리어, 흰 개는 웨스트 하일랜드 테리어로서 남성적이면서도 부드러운 맛이 풍기는 위스키이다.

⑫ 맥켈란(Macallan)

맥켈란은 하일랜드의 싱글몰트위스키를 대표하는 위스키로서 150년 이상 내려오는 옛방식에 의해 쉐리통에서 숙성시키며 뛰어난 호박색과 환상적인 부드러움, 감미로운 맛과 향기로 세계 품평회에서 최고의 위스키로 인정받고 있다.

2) 아이리쉬 위스키(Irish Whiskey)

(1) 아이리쉬 위스키의 개요

아일랜드 지방에서 생산되는 것으로 중후한 맛을 지니고 있는 아이리쉬 위스키는 아일랜드에서는 12세기 때에 이미 위스키가 만들어졌다고 하며, 18세기에 스코틀랜드에 그 제법이 전해졌다고 한다.

(2) 아이리쉬 위스키의 종류

아이리쉬 위스키는 깊고 진한 맛이 특징이며, 향이 깊은 몰트위스키이다. 대표적인 아이리쉬 위스키는 다음과 같은 종류가 있다.

① 튜라모어 듀(Tullamore Dew)

아일랜드 중앙부에 위치한 아름다운 거리의 이슬이라는 뜻으로 병중에 'Right & Smooth'라고 쓰여 있으며, 매우 가볍고 매끄러운 감촉의 위스키이다.

② 올드 부시밀스(Old Bushmils)

올드 부시밀스는 '숲속의 물레방앗간' 이라는 북 아일랜드에 있는 도시이름으로서 현존하는 아이리쉬 위스키 중에서 가장 역사가 오랜된 위스키이다.

③ 존 제임슨(John Jameson)

1780년 더블린에서 존 제임슨이 설립한 증류소의 위스키로서 현재는 콘 위스키를 브렌드한 부드러운 풍미의 향을 개발하여 많은 호평을 받고 있다.

3) 아메리칸 위스키(American Whisky)

(1) 아메리칸 위스키의 개요

아메리칸 위스키는 미국에서 생산되는 위스키로서 옥수수를 주원료(Corn Whisky)로 하여 만든 버번 위스키(Bourbon Whisky)와 버번 위스키를 단풍나무 숯으로 한 번 더 여과시킨 테네시 위스키(Tennessee Whisky)로 나뉠 수 있다.

(2) 아메리칸 위스키의 종류

① 짐 빔(Jim Beam)

짐 빔은 천연효모를 이용하여 발효시킨 Sour Mash 공법으로 위스키를 만드는데, 맛이 부드러운 버번위스키의 대명사이다. Black Label은 고급품으로서 8년 이상의 장기숙성에서 얻어진 부드러운 맛의 위스키로 Bourbon Coke Cocktail의 기주로서 많이 애용되고 있다.

② 잭 다니엘(Jack Daniel's)

잭 다니엘은 미국을 대표하는 버번위스키로서 제조과정에서 증류시킨 원액을 사탕 단풍나무 목탄으로 여과시키는 한 단계 과정을 더 거친 다음 숙성시킨 위스키이다. 맛이 부드럽고 향이 좋다.

③ 와일드 터키(Wild Turkey)

미국 사우스캘로라이주에서 열리는 야생 칠면조(Wild Turkey)사냥에 모이는 사람들을 위해 제조된 위스키로서 알코올 도수가 50.5%이다.

④ 아이 더블유 하퍼(I W Harper)

회사의 공동 창업자 아이자(I)와 울프(W) 번하임과 버나드 하퍼의 이름을 붙여서 만든 위스키이다. 향이 강하고 달콤한 버번위스키이다.

⑤ 올드 그랜데드(Old Grand Dad)

회사의 창업자 하이든 대령의 애칭으로 올드 그랜데드를 '할아버지'라고 하였다. 버번위스키의 풍미와 향기가 특징이다.

⑥ 씨그램 세븐 크라운(Seagram's 7 Crown)

금주법이 해금된 후 미국에서 가장 유명해진 위스키이다. 판매하기 전 시음하는 과정에서 10여종의 브랜드 중에서 7번째가 그 품질의 우수성이 인정되어 7과 왕의 상징인 크라운을 병의 라벨에 표기하고 있다.

4) 캐나다 위스키(Canadian Whisky)

(1) 캐나다 위스키의 개요

캐나다에서 생산되는 위스키로서 호밀, 옥수수, 대맥 등을 이용하며, 18세기 후반부터 위스키를 제조하였으나 영국으로부터 수입한 위스키에 빛을 보지 못하다가 1920년대 미국의 금주법으로 말미암아 자국의 위스키를 미국에 대량 밀반출하여 널리 알려지게 되었다.

(2) 캐나나 위스키 종류

캐나다 위스키의 주요 브랜드로는 다음과 같은 것이 있다.

① 캐너디언 클럽(Canadian Club)

캐너디언 클럽은 C.C라는 애칭으로 전 세계적으로 알려져 있으며, 빅토리아 여왕 시대인 1898년 이래로 영국 왕실에 납품되고 있으며 라벨에 영국 왕실의 문장을 표시하고 있다.

② 시그램스 V.O(Seagram's V.O)

시그램스 V.O는 옥수수와 라이보리를 만들어진 위스키로서, 최저 6년 이상의 숙성된 원액을 브랜드한 것으로서 부드럽고 맛이 풍부한 위스키이다.

③ 크라운 로얄(Crown Royal)

크라운 로얄은 왕관의 모양을 본 뜬 위스키로서 1939년 영국 국왕 조지6세 부부가 캐나다를 방문했을 때 씨그램사가 심혈을 기울여 만든 상품이다. 12년 숙성의 프리미엄 위스키이다.

제2절 브랜디(Brandy)

1. 브랜디의 정의 및 어원

브랜디는 포도를 원료로 해서 발효한 다음 증류한 술로 그 맛이 불가사의해서 과학적으로도 증명하기 어려운 술로 이 브랜디를 많이 소비하는 나라는 문화수준이 높다고 한다. 브랜디가 언제부터 만들어졌는지는 정확하지는 않지만 13세기경 연금술사인 아르노 드 빌뇌브가 와인을 증류한 것을 뱅 브루레라 하고 이것을 '불사의 영주'라고 판매를 하였으며, 이것이 효시라고 보고

있다.

프랑스에서의 브랜디는 아르마냑 지방에서부터 1411년 연금술사에 의해서 만들어졌으며, 15C 말부터는 몇몇 지방으로 전파되었고, 16C에 접어들면서 프랑스 전역으로 전파되었다. 세계 최고의 브랜디로 일컬어지는 꼬냑 브랜디는 17C 부터 생산되기 시작했다.

브랜디의 특징은 글라스 속에서 향기롭게 나는 매혹적인 냄새로 최고의 식후주로 손색이 없다. 일반적으로 브랜디는 고급 술로 알려져 있으며, 마실 때는 손으로 글라스를 감싸 손의 체온으로 술을 데워서 마신다고 알려져 있다.

2. 브랜디의 분류

1) 브랜디의 등급

브랜디는 숙성기간에 따라서 품질이 결정되며, 품질을 구별하기 위해서는 문자나 부호 등으로 표기한다. 1865년 헤네시(Hennessy)사에 의해서 최초로 도입이 되었으며, 일반적으로 등급에 따른 숙성년도는 다음과 같다.

[표 3-1] 브랜디의 등급 및 숙성년도

등급	숙성년도
Star (1-5급)	3년 이상
V.O	5년
V.S.O	5~10년
V.S.O.P	10년
X.O	20년 이상
Extra	40년 이상

또한 브랜디의 품질을 나타내는 약어의 의미는 다음과 같다.

① V - Very(매우)

② S - Superior(특별한, 우수한)

③ O - Old(오래된)

④ P - Pale(엷은색의, 어떠한 첨가물이 없는)

⑤ X - Extra(독특한)

2) 꼬냑(Cognac)

(1) 꼬냑의 개요

프랑스의 꼬냑 지방에서 생산하는 브랜디만을 꼬냑이라고 부르는 것이 일반적이며, 꼬냑은 질이 떨어지는 포도주를 증류해서 만들면 맛 좋은 술이 얻어지는데, 그 중심지인 꼬냑에 모아서 브렌딩한 다음 출하하게 되므로 이것을 꼬냑이라고 부르며 타 지역의 브랜디와 엄격히 구별한다.

(2) 꼬냑의 종류

① 헤네시(Hennessy)

헤네시 꼬냑의 특징은 브랜디 숙성에 리무진 산의 떡갈나무로 자사에서 만든 새통을 사용한다는 점이다. 통에서 용출성분을 많이 배게 한 다음 묵은 통으로 숙성시킨다. 헤네시사는 블렌딩의 예술을 필리우(Fillioux)라는 한 가문을 통해 대대로 전수해왔다. 필리우 가문은 1800대부터 헤네시 가문과 함께 해왔는데, 오늘날 그 6대손인 얀 필리우가 마스터 블렌더로 활동, 헤네시 꼬냑이라는 거대한 전통을 이어나가고 있다. 이 마스터 블렌더가 매년 맛보는 오드비는 2만 5,000개가 넘는다. 리처드 헤네시는 100년 이상 된 오드비로 만든 헤네시의 최고가 코냑(390만원)이다. 국내에서도 상당량이 팔린다고 한다. 1971년 헤네시사는 굴지의 샴페인 회사인 "모에 샹동(Moet & Chandon)"과 합쳐서 모에 헤네시 그룹이 되었다.

② 레미 마르텡(Remy Martin)

1724년 프랑스 코냑에서 탄생하여 유럽의 여러 왕궁에서 사랑 받아온 레미 마틴 코냑은 오늘날 전 세계적으로 193만 상자가 팔리는 세계 2대 코냑 브랜드이다. 특히 모든 코냑의 국제적 등급 기준인 VSOP급 이상의 QS급에서는 전 세계 1위의 판매량을 기록하고 있는 품격의 대명사라 할 수 있다.

레미마틴의 최고급 코냑 '루이 13세'는 '코냑의 수호자'로 불릴 만큼 코냑에 대한 남다른 애정을 갖고 있었던 프랑스의 왕 루이 13세에 대한 감사의 표시로 지어진 이름이다. 루이 13세는 1724년 창립한 레미 마틴사의 장인들에 의해 150년간 3대에 걸친 인내와 노력 끝에 1874년에 처음 탄생됐다.

③ 마르텔(Martell)

장마르텔이 1715년 꼬냑지방에서 브랜디를 제조하기 시작한 이래 8대에 걸쳐서 가업을 전승했다. 마르텔은 전량을 리무진 오크통에서 숙성시키는데, 리무진 오크통은 루이 14세 당시 재무장관이던 콜베르가 프랑스 전함을 만들기 위해 꼬냑 동부의 리무진 지역에서 조성한 오크나무 숲에서 생산한다. 마르텔에서 생산하는 유명제품으로는 마르텔 스리스타, 토르동 느와르, 30년생 코르동 블루가 있다.

④ 까뮈(Camus)

5세대에 걸쳐 가족 소유로 운영되고 있으며 현재 독립된 형태로 남아있는 가장 큰 코냑 하우스이다. VSOP급 이상의 프리미엄 제품에 치중하고 있는 고급 코냑 하우스로 150여 개의 국가와 50개 이상의 항공노선에서 판매되며, 주요 면세점에서 항상 빠지지 않는 제품으로 특히 아시아 시장에서 굳건한 브랜드 입지를 구축하고 있다.

까뮈를 세계적인 유명제품으로 알리는데 결정적인 공헌을 한 제품은 1969년 나폴레옹 탄생 200주년을 기념하여 출시된 CAMUS NAPOLEON이다. 그랑 상파뉴, 쁘띠 상파뉴, 보르더리 3개 소지역의 원주를 15~20년 숙성한 후 블랜딩하여 만들어진 제품으로 신선하고 쌉쌀한 맛을 지니고 있다. 현재 전 세계

나폴레옹급 꼬냑시장의 약 20%가 까뮈제품이며 까뮈 전체 매출량의 65%에 달하는 비중을 차지하고 있다.

3) 아르마냑(Armagnac)

(1) 아르마냑의 개요

아르마냑지방은 보로도지방의 남서쪽에 있는 지방으로 아르마냑의 브랜디 제조역사는 코냑지방보다는 오래되었다. 브렌디 제조는 15세기부터 이루어졌으며, 거의 500년 가까이 수출하지 않았으나, 2차 세계대전 이후부터 브랜디의 질과 양을 높이기 시작하면서 수출을 통해 많이 알려졌다. 꼬냑보다 강한 힘이 있으며, 훌륭한 맛과 향으로 많은 이의 사랑을 받고 있다. 아르마냑의 주요 산지는 다음과 같이 세 지역으로 나누어진다.

- 바 아르마냑(Bas Armagnac)

  가장 고급품을 생산하는 지역으로서 이곳에서 생산하는 브랜디를 Bas Armagnac으로 라벨에 표시하고, 타 지역의 생산품은 Armagnac이라고 표기한다.

- 테나레즈(Tenareze)

  바 아르마냑과 오 아르마냑의 중간지대에 위치하며, 중간적인 성질을 나타낸다.

- 오 아르마냑(Haut Armagnac)

  아르마냑에서 가장 넓은 지역이다.

(2) 아르마냑의 종류

① 샤보(Chabot)

샤보는 가장 고급품만을 생산하는 Bas-Armagnac 지역의 원액만을 원료로 사용한다. 프랑스 남부 알마냑 지방의 비옥한 토양에서 강렬하고 뜨거운 태양

아래 무르익은 포도로 제조되어 자연스럽고 풍부한 향과 강건한 맛을 지니고 있으며, 15세기 초까지 거슬러 올라가는 전통적인 고유 제조방법에 의해 증류된 아르마냑 원액나무결이 거친 Black Oak에서 숙성시켜 맛과 향이 탁월하다. 1828년 프랑스에서 태어난 샤보는 세계에서 가장 오래된 아르마냑으로 알려져 있다.

② 자뉴(Janneau)

1851년 설립하여 반 연속식 증류기에서 1회 증류하여 Black Oak통에서 2년 동안 저장하여 통의 향이 우러나온 후, 다시 묵은 통에 옮겨져서 숙성이 이루어지는 과정 속에서 브랜디의 강한 향을 느낄 수 있는 브랜디이다.

③ 말리약(Malliac)

일반적으로 Black Oak통에서 5년 이상 숙성하면 나폴레옹급으로 인정하지만, 10년 이상의 말리악은 10년 이상의 숙성으로 이루어진다.

④ 몽테스큐(Montesquiou)

초콜릿의 향을 느낄 수 있는 브랜디이다.

4) 오드비(Eau de Vie)

(1) 오드비의 개요

오드비는 과일과 작은 열매를 증류해서 만든 브랜디의 일종이며, '생명의 물'이라는 뜻이다. 칼바도스는 노르망디에서 만들어내는 사과 브랜디이다. 그라빠는 이탈리아에서 와인을 만들고 난 뒤의 찌꺼기로 만드는 이탈리아의 브랜디로 유명하며, 주로 식후주로 마시기에 적당하다.

(2) 오드비의 종류

• 오드비 드 뱅(Eau-de-vie de Vin)

A.R법에 의하여 국내 유명와인 산지의 잉여와인을 증류한 Brandy이다

(12개 생산지를 지정).

• 오드비 드 마르(Eau-de-vie de marc)

A.R법에 의하여 Wine을 만들 때 압착과정 후 나머지(건데기 등)를 증류해낸 브랜디이다(13개 생산지 지정).

5) 국가별 브랜디의 특성

(1) 독일의 브랜디

독일의 Brandy는 Light한 것이 특징이다.

• Weinbrand : 85% 이상을 서독에서 증류한 것으로(의무적으로 6개월 이상 숙성) 고급품이다.
• Uralt : 1년 이상 숙성한 것으로 우수하다.

(2) 이탈리아의 브랜디

Wine만큼이나 종류가 많고 무거운 맛을 갖고 있다.

• Brandy : 숙성년한이 3년으로 의무적이며, 단식 · 연속식 증류기를 병행사용한다.
• Grappa : 포도를 압착 후 나머지를 증류한 것으로 숙성하지 않아서 흰색이다.

(3) 스페인의 브랜디

달고 향기가 좋은 것이 특징이며, Sherry 만들 때에 Brandy를 사용하고 증류기술이 오래된 나라이다. Wine의 부산물로 제조한다.

(4) 포르투갈의 브랜디

스페인과 마찬가지로 Wine의 부산물로 생산하고 있다.

(5) 미국의 브랜디

약 200년전 스페인의 신부가 California에 전해왔다. 연속 증류기를 사용하고 있다.

6) 기타 Fruit Brandy

① Calvados

프랑스 Normandy지역에서 생산되는 Apple Brandy이며 향미, 향취가 좋다. 법에 따라 통제관리 하에 생산된 것에 한하여 Calvados라고 표기한다. 제조과정으로는 사과 - 발효(1개월) - 증류(단식2번) - 숙성(1년) 등으로 이루어진다.

② Eau-de-Vie de Cidre

프랑스 내 칼바도스를 제외한 사과를 발효 증류한 술이다.

③ Apple Brandy

사과를 발효하여 증류한 Brandy이다.

④ Kirsch

Cherry를 발효 증류한 Brandy로 프랑스산이다.

⑤ Kirschwasser

Cherry를 발효 증류한 Brandy로 독일산이다.

그 외에 배(Pear), 나무딸기(Rasberry), 살구(Apricot) 등의 Brandy가 있다.

제3절 진(Gin)

1. 진의 정의 및 어원

진(Gin)은 호밀 등의 곡류를 발효시켜 증류하여 만든 술인데 네덜란드가 원산지이고, 진은 Juniper Berry의 불어인 Genevier를 영어로 줄인 말이다. 1660년 Holland의 대학교수이며 내과의사인 실비우스(Sylvius)에 의해 건위제로 제조되었다.

진은 맥아와 호밀맥을 원료로 하여 발효시킨 다음 주정을 증류하고 여기에 주니퍼 베리(Juniper Berry)라는 열매의 향료를 착향하여 만든다. 또한 진은 칵테일 기주로도 많이 쓰이는데, 진에 버무스(Vermouth)를 믹스하여 올리브와 레몬을 곁들인 마티니(Martini)는 세계적인 칵테일로도 유명하다.

2. 진의 종류

1) 네덜란드 진(Dutch Geneva)

네덜란드 타입의 향미가 짙고 맥아의 향취가 남아 있는 묵직한 타입으로, 일명 홀란드 진 또는 쉬덤이라고 한다.

2) 런던 드라이 진(London Dry Gin)

영국에서 생산되는 진을 뜻하였으나, 현재에 와서는 '진'하면 런던 드라이진으로 통용되고 있다. 드라이 진으로 세계에서 가장 품질이 우수한 것으로 정평이 나있다.

3) 올드 탐 진(Old Tom Gin)

런던 드라이 진에 당분을 2% 정도를 가미하여 만든 감미가 있는 진이다.

3. 진의 상표

(1) 비피더스 진(Beefeater' Gin)

라벨에 런던 타워를 배경으로 한 근위병 모습에서 전통적인 영국의 보수성을 알 수 있으며, 전 세계적으로 널리 알려져 있다.

(2) 고든 진(Gordon's Gin)

드라이진을 생산하는 회사로서 가장 오랜역사를 가지고 있으며, 품질이 가장 우수하며, 늑대 머리가 상표인 것이 특징이다.

(3) 탱거레이 진(Tanqueray Gin)

탱거레이 진은 드라이한 맛의 스타일로 미국 사람들이 좋아하는 진으로서 1830년부터 생산하기 시작하여 1898년 고든사와 합병하여 판매와 수출을 상호 협력하고 있다.

(4) 길비(Gilbey's)

1875년 길비 집안에 월터와 알프레드 형제가 설립하여 두 사람의 이니셜을 사용하여 W. & A. Gilbey로 설립되었으며 길비 진은 우유색이 나는 사각형의 병을 전통적으로 사용하였으나 최근에는 투명한 병으로 변화하였다.

그 외 볼스 주네바(Bols Genever), 슐리히테 슈타인헤거(Schlichte Steinhager), 플라이슈만(Fleischmann's) 등이 있다.

제4절 럼(Rum)

1. 럼의 정의 및 어원

럼의 어원은 사탕수수(Sugarcane)의 라틴어인 셔커럼(Succharum), 푸에르토리코 원주민 어원인 럼블리언(Rumbullion)이라는 단어에서 나왔다고 한다.

럼은 B.C 800년 경 인도 세이론의 증류주, Arrack(야자즙 + 당밀)이 원조이며, 또한 럼은 서인도제도의 역사와 함께 하는데, 1492년 서인도제도가 콜럼버스에 의해 발견된 후 사탕수수를 심어 재배하기 시작하였다. 17C, 18C를 거치면서 카리브해를 무대로 활동했던 대영제국의 해적들에 의해 보급되었다.

럼(Rum)은 사탕수수로 즙을 내어 끓이고 시럽으로 농축하여 추출한 다음 발효해서 증류시킨 술이다. 과거 해적들이 즐겨 마셨다고 해서 해적의 술이라고도 하며 주로 중남미 국가에서 생산하고 있다. 럼이 세계적인 명성을 얻게 된 것은 1930년 미국에서 칵테일 럼이 성행하여 그 이후로 각광을 받았다.

2. 럼의 종류

럼은 알코올 도수가 아닌 맛이나 향의 강약, 증류법, 숙성법, 브랜드 법에 따라서 헤비 럼, 미디엄 럼, 라이트 럼의 세 가지 타입으로 나뉘는데, 이것은 당밀을 발효시킬 때의 방법에 차이가 있으며 아래와 같다.

1) 헤비 럼(Heavy Rum)

발효기간을 약 20일간 시켜서 장기간 저장하여 만든 감미가 강하고 높으며, 짙은 갈색으로서 일명 다크 럼이라고도 한다. 자메이카산이 유명하고 품질도 우수하다.

2) 미디엄 럼(Medium Rum)

헤비 럼과 라이트 럼의 중간스타일로서 일명 골드럼이라고 하며, 서민 대중품으로서 대량생산된다.

3) 라이트 럼(Light Rum)

담색이나 무색으로서 칵테일의 베이스 주로 사용되며, 일명 화이트 럼이라고도 하고 풍미가 연하다.

3. 럼의 상표

(1) 자메이카(Jamaica)

자메이카에서 생산되는 럼은 품질이 우수하여 널리 알려져 있으며, 짙은 색과 맛이나는 다크 럼(Dark Rum) 중에서 Myer's Rum은 전 세계적으로 유명하다.

(2) 푸에르토리코(Puerto Rico)

푸에르토리코는 세계에서 가장 럼주를 많이 생산하는 국가이다. 특히 품질이 우수한 Barcardi Rum은 스페인의 알폰고 13세가 왕실의 문장을 사용하게 하였으며, 박쥐상표를 사용하고 있는 것으로도 유명하다. 유명한 상표로는 Barcardi, Merito, Ronrico, Maraca 등이 있다.

(3) 쿠바(Cuba)

바카디럼(Barcardi Rum)의 원산지의 쿠바는 질이 우수한 럼을 많이 생산하며, 골드럼은 전 세계적으로도 유명하다. Carta Blanca(Light Rum)과 Carta Oro(Gold Rum) 등으로 분류된다.

제5절 보드카(Vodka)

1. 보드카의 정의 및 어원

보드카(Vodka)는 러시아의 국민주로서 추위를 이겨내기 위해 몸을 데우는 수단으로 즐겨 마시는데, 호밀을 주원료로 하여 맥아로 당화시킨 것을 발효한 후 증류하여 자작나무 숯으로 여과하여 만든 술이다. 어원은 러시아어의 Voda(물)가 변한 말로 생명의 물로 마셨다고 하는데서 찾을 수 있다.

호밀 대신에 감자, 옥수수, 보리 등도 쓰인다. 보드카의 특징은 무색 · 무미 · 무취하며 진과 함께 칵테일의 기주로 많이 사용된다. 보드카는 65도에서 98도의 높은 도수까지 다양하게 존재하며, 캐비어(철갑상어 알)와 잘 어울리는 술로 애음되고 있다. 특히 우리나라 사람들도 보드카를 즐겨 마시며 호텔의 바와 일반 바에서 인기 있는 주류 중에 하나이다.

2. 보드카의 종류

1) 앱솔루트(Absolute)

맛이 풍부하고 부드러우며 원료인 곡물의 독특한 개성이 우러나오는 감미로운 맛을 지니고 있다. 유명한 제품으로는 앱솔루트 보드카, 시트러스, 앱솔루트 시트론, 앱솔루트 바닐라, 앱솔루트 맨드린, 앱솔루트 어피치 등이 있다.

2) 플레버드 보드카(Flavored Vodka)

과실류와 보드카를 배합한 것으로서 오렌지, 레몬, 라임, 민트 등이 원료이다. 플레버드 보드카에는 쯔부로우카, 날리우카, 스타르카, 야제비아크, 리몬나야, 핀란디아 크랜베리 등이 있다.

3) 스미노프(Smirnoff)

생산량 세계 1위인 스미노프라는 러시아인이 러시아 혁명으로 추방당해 영국으로 갔는데, 그 당시 미국에서 망명생활을 하던 포테트가 상표권, 제작권을 사서 1948년 미국 최초의 보드카를 만들었다.

제6절 데킬라(Tequila)

1. 데킬라의 정의 및 어원

데킬라는 멕시코의 국민주로서 선인장류의 식물 수액을 발효시켜 증류하여

만든 술이다. 16C 경 증류기술의 도입으로 풀케를 증류하여 메즈칼(Mezcal)을 만들었다. 이러한 메즈칼 중에서 '데낄라'라고 불리우는 지역의 증류주를 '데킬라'라고 부르게 되었다. 1968년 열린 제19회 멕시코 올림픽 이후에 세계적으로 알려지게 되었다.

데킬라는 마시는 방법이 독특한데, 데킬라를 원샷하고 왼손 등에 소금을 바른 뒤 혀를 이용하여 핥아가면서 마신다. 이는 멕시코가 열대지방으로서 손실되는 염분을 보충하기 위한 방법으로 음용되고 있다.

2. 데킬라의 종류

1) 풀케(Pulque)

여섯 종류 이상의 아가베를 이용하여 증류시킨 데킬라로서 멕시코의 국민주이다.

2) 메즈칼(Mezcal)

풀케를 증류한 것이며 멕시코의 여러 지방에서 생산된다.

3) 데킬라(Tequila)

데킬라는 용설란을 원료로 하여 멕시코에서 생산하는 술로서 Agave Tequila라고 하는 단 한 종의 아가베만을 사용하는 것과 데킬라 마을에서 생산하는 메즈칼을 데킬라라고 한다.

데킬라 블랑코, 데킬라 레포사도, 데킬라 아네호 등의 제품이 사랑을 받고 있다.

3. 데킬라의 상표

(1) 호세 쿠엘보(Jose Cuervo)

대표적인 멕시코의 데킬라 회사로 1795년 창업한 사우사(Sauza)와 함께 멕시코의 양대산맥을 이루고 있다. 특히 통숙성을 하지 않은 클린 데킬라, 1년 이상 통숙성을 하여 감칠 맛의 골드, 고급주인 센타나리오, 장기숙성한 디럭스 데킬라인 1800이 있다.

(2) 사우사(Sauza)

사우사 데킬라는 데킬라 생산지의 중심인 멕시코 하리스코 주에 본사를 두고 있으며, 후세 코엘보에 비해서 늦게 출발하였으나, 지금은 전 세계 1위의 생산을 하고 있다.

제7절 아쿠아비트(Aquavit)

1. 아쿠아비트의 정의 및 종류

아쿠아비트(Aquavit)는 생명의 물(Aqua Vite)이라는 라틴어에서 유래하여, 북유럽 스웨덴의 전통주로서 곡물과 감자를 주원료로 만들어진다.

아쿠아비트는 덴마크의 올보(Aalborg)와 동남아 일대에서 제조되는 쌀과 여러 과일을 원료로 만들어진 아라크(Araak), 아니스(Anise)의 맛과 향이 그리스의 국민주 오우조(Ouzo), 독일의 코른(Korn) 등이 유명하다.

제8절 소주(Soju)

1. 소주의 정의 및 어원

소주는 기원전 3000년경 서아시아의 수메르 지방에서 최초로 제조된 것으로 알려지며, 중국에는 원나라 때 소개되었으며, 우리나라에는 고려 말쯤으로 전해진 것으로 알려진다. 몽고에서는 소주를 '아라키'라고 불렀으며, 몽고군에 의해 개성과 안동, 제주도에 처음으로 우리나라에 들어오게 되었다.

조선시대에는 소주를 상당히 고급주로 인식되어, 권력가와 부유층이 즐기던 술로 인식이 되었으며, 이후 조선 말에는 서민의 술로 자리 잡게 되었다.

2. 소주의 종류

1) 증류식 소주(蒸溜式 燒酒)

증류식 소주는 단식증류기를 이용하여 제조하는 방법이며 쌀, 보리, 옥수수 등의 곡류와 감자, 고구마 등을 사용하여 만든다. 기타 주원료의 사용에 따라 찹쌀소주, 멥쌀소주, 보리소주, 좁쌀소주 등으로 분류한다. 또한 가향재료나 약재 등의 부재료의 사용 유무에 따라 홍주, 이강주, 구기자주 등으로 분류한다.

2) 희석식 소주(稀釋式 燒酒)

희석식은 연속식 증류기를 사용하여 제조하는 방법으로, 최근에 들어 위스키, 브랜디, 보드카 등의 증류주를 만드는 방법으로 많이 사용되는 방법이다. 원료로는 백미를 제외한 잡곡류나 서류, 당밀 또는 사탕수수, 고구마 등의 전분질 원료가 주로 사용된다.

제4장

혼성주

제1절 혼성주

제4장 혼성주

제1절 혼성주

1. 혼성주의 정의 및 역사

혼성주는 중세의 연금술사들에 의해서 우연히 발견되었으며, 과일이나 곡류를 이용한 양조주나 증류주에 초, 근, 목, 피, 향료, 과실, 당분 등을 섞어서 만든 술을 말한다. 세계적으로 수많은 종류가 있으며, 특히 증류주를 베이스로 하여 만드는 것을 리큐르라고 한다.

혼성주는 고대 그리스시대에는 이뇨, 강장 등의 의약품으로 널리 사용되어져 왔으며, 중세기에는 각 지방의 수도사들에 의해 약용목적으로 사용되어져 왔다. 18C에는 단맛의 리큐르가 출현하였고, 19C에 이르러서야 근대적인 리큐르가 개발되었다.

2. 혼성주의 제법

혼성주를 만드는 방법은 제법에 따라서 여과법, 에센스법, 증류법, 침출법으로 분류할 수 있다.

1) 여과법(Filtration Process) : 향료나 재료를 통과시켜 맛과 향을 원료에 스며들게 하는 방법이다.

2) 에센스법(Essence Process) : 주정에 천연 또는 합성의 향료를 배합하여 여과하였으며, 제품에 대한 품질이 좋지 않고 값이 저렴하다.

3) 증류법(Distillation Process) : 향료나 재료를 일정기간 주정(酒精)에 담갔다가 부드럽게 한 후에 침출액을 증류하여 향과 맛을 내고 착색하는 방법이다. 향이 좋은 감미와 색을 낸다.

4) 침출법(Infusion Process) : 원료를 증류하면 변질되기 쉬운 과일이나 약초, 향초 등에 Spirits를 가해 향미성분을 용해시키는 방법이다. 열을 가하지 않아서 Cold Method라고 하며, 이러한 방식으로 만들어진 혼성주를 Cordial이라고 한다.

3. 혼성주의 종류

1) 약초 · 향초류(Herbs & Spices)

증류주를 만드는 과정에서 약초나 향초를 첨가하여 증류한 데서부터 시작되었다. 여러 가지의 향초에 종자류, 초근류, 꽃 등을 섞어 만들며 다음과 같은 종류가 있다.

① 베네딕틴 디오엠(Benedictine D.O.M)

프랑스에서 가장 오래된 리큐르 중의 하나이며, 1510년경 프랑스의 한 수도원에서 성직자가 만든 술로서 꼬냑에 허브 향료를 첨가하여 만들었다. D.O.M은 라틴어 Deo Optimo Maximo의 약어인데 '최고로 좋은 것을 신에게 바친다' 라는 뜻으로 최고의 리큐르라는 의미를 담고 있다.

② 깜파리(Campari)

이탈리아의 국민주로 애용되고 있으며, 여러 가지 식물의 뿌리, 씨, 향료, 껍질 등 70여 종의 재료로 만든 리큐르인데 소다수나 오렌지주스를 섞으면 좋은 식전주이다.

③ 샤트로즈(Chartreuse)

여러 가지 약초를 발효, 증류시킨 것으로서 장기간 통 숙성을 한 것으로 '리큐르의 여왕' 이라고 한다.

④ 드람뷰(Drambuie)

수십종의 스카치 위스키를 배합한 후에 각종 식물의 향기와 벌꿀을 첨가시킨 것이다.

⑤ 갈리아노(Galliano)

이탈리아에서 생산하는 리큐르이며, 여러 가지 약초, 향초를 주정에 담가 증류하여 만든 것으로서, 설탕과 착색료, 물을 섞어서 단기 숙성한 후 병입한다.

⑥ 삼부카(Sambuca)

이탈리아에서 자라는 엘더라는 키나무 열매의 추출액을 알코올에 배합한 것이다.

⑦ 두부넷(Dubonet)

프랑스의 레드와인에 키니네를 첨가하여 만든 리큐르로서 맛과 향이 우수한 리큐르이다.

2) 과실류(Fruits)

과실류 리큐르는 보통 식후에 마시는 식후주로 유명하며, 오렌지를 이용한 퀴라소가 유명하며 그 밖에도 여러 가지 과실이 원료로 쓰인다.

① 꼬인뜨루(Cointreau)

프랑스산의 오렌지 과피의 에센스를 추출하여 브랜디와 혼합하여 만든 술로서 그 제조기법을 비밀로 하는 신비의 술로서도 유명하다.

② 큐라소(Curacao)

카리브 해에 있는 베네수엘라 큐라소 섬에서 오렌지를 이용하여 제조된 것으로 오렌지의 맛과 향이 난다. White, Blue 등이 칵테일 첨가재료로 사용된다.

③ 트리플 섹(Triple Sec)

오렌지 원료로 만든 혼성주로서, 뜨로사가 초기에 사용한 것으로 유래되어 현재는 각국에서 생산되고 있다.

④ 그랑마니에(Grand Marnier)

꼬냑에 오렌지의 향을 배합한 것으로서 일정기간 오크통 속에서 숙성시킨 고급스런 혼성주이다.

⑤ 체리 브랜디(Cherry Brandy)

체리를 원료로 만든 것으로 종류가 다양하며 칵테일에 많이 사용한다.

⑥ 피터헤링(Peter Heering)

체리를 원료로 만든 혼성주로서 덴마크 원산지이다.

⑦ 애프리콧 브랜디(Apricot Brandy)

살구를 원료로 만든 혼성주로서 각종 향료와 시럽을 첨가해서 만든 리큐르이다.

⑧ 슬로우진(Sloe Gin)

증류주의 Gin과는 달리 슬로우진은 슬로우베리(Sloeberry)를 진(Gin)에 첨가해서 만든 혼성주이다.

⑨ 멜론 리큐르(Melon Liqueur)

멜론의 향을 첨가한 것으로 네덜란드에서 주로 생산된다.

⑩ 피치 브랜디(Peach Brandy)

복숭아를 원료로 숙성시킨 후 시럽을 첨가해서 여과한 복숭아 리큐르이다.

⑪ 서던 컴포트(Southern Comfort)

복숭아 향미에 버번위스키를 첨가한 리큐르이다.

⑫ 말리부 럼(Mailbu Rum)

화이트 럼을 베이스(Base)로 하여 코코넛(Coconut)을 원료를 첨가하여 만든 리큐르이다. 준벅 칵테일 등 부드러운 칵테일 조주시 많이 사용된다.

3) 종자류(Seeds)

과일의 씨에 함유되어 있는 방향 성분이나 커피, 카카오, 바닐라 따위를 이용하여 향미와 감미가 높은 리큐르로 주로 식후에 마시는 식후주로 좋다.

① 깔루아(Kahlua)

멕시코의 커피를 원료로 하여 코코아, 바닐라 등을 첨가하여 만든 리큐르이며, 칼루아 밀크, 블랙러시안 등의 칵테일에 사용된다.

② 티아 마리아(Tia Maria)

마리아 아줌마라는 뜻의 티아 마리아는 브랜디 베이스(Base)에 블루마우틴 커피를 섞어 만든 리큐르이다.

③ 아마렛토(Amaretto)

아마렛토는 아몬드 리큐르라고 하며, 살구의 핵을 물과 함께 증류하여 시럽을 첨가한 혼성주이다.

④ 아이리쉬 벨벳(Irish Velvet)

아이리쉬 위스키에 커피를 섞어 만든 감미가 부드러운 리큐르이다.

⑤ Creme de Cacao(크림 드 카카오)

카카오 열매를 주정에 담가서 당분을 첨가한 리큐르로서 시럽을 첨가하면 화이트 카카오, 색소를 첨가하면 브라운 카카오가 된다.

⑥ Creme de Banana(크림 드 바나나)

바나나의 원료를 주정에 담가서 만든 리큐르이다.

⑦ Creme de Casis(크림 드 카시스)

카시스 열매를 원료로 만든 리큐르이다.

⑧ Creme de Menthe(크림 드 민트)

주정에 박하향(Peppermint)을 착향한 리큐르로서 White, Green 등 2종류가 있다.

제5장

한국의 민속주

제1절 민속(전통)주

제5장 한국의 민속주

제1절 민속(전통)주

근래에 들어 한식의 세계화 열풍에 관심이 고조되고 있으며, 이에 부응하여 전통주의 관심도 높아지고 있다. 특히 막걸리를 비롯하여 전통주가 서구의 다른 주류보다 인기가 높은 것도 사실이다. 현재 우리나라에서 생산되는 민속주는 20여 종이 있고, 또한 기타 지역에서 제조하는 특산주도 30여종이 있다.

1. 막걸리

서민적인 술을 대표하는 막걸리는 근래에 들어 급격하게 소비가 증가하고 있다. 막걸리는 누룩과 혼합한 것에 고두밥을 넣어 발효시킨 다음, 맑은 술을 떠내지 않고 그대로 걸러서 만든 혼탁한 술이기 때문에 탁주(濁酒)라 부르기도 하였다. 근래에 들어 막걸리는 국내의 애주가뿐만 아니라 일본에서도 많은 관심을 받고 있다.

막걸리는 알코올 도수가 낮고(6~8도), 쌀을 이용하여 쌀 소비를 촉진시키는 잇점이 있으며, 특히 젊은이들의 입맛에 맞는 감각적인 막걸리를 앞다투어

출시하고 있다.

2. 민속주의 종류

1) 안동소주(Andon Soju : 경북)

안동소주는 쌀로 만든 고두밥에 물과 누룩을 섞어 발효시킨 원료를 증류하여 만든 증류주이다. 원나라가 일본을 정벌하기 위해 안동에 머무르는 동안 소주를 만들었다고 전해진다. 안동소주는 알코올 도수가 약 45도이다.

2) 인삼주(충남 금산)

금산은 품질이 우수한 인삼이 재배되는 곳으로서 다른 지역의 인삼보다 육질이 단단하고 인삼의 특수 약효성분인 사포닌 함량과 성분이 우수하여 인삼주를 만드는데 좋은 원재료가 된다.

3) 소곡주(충남 서천군 한산)

충남 한산의 전통주로 백제시대 때부터 빚어 온 것으로 우리나라를 대표하는 술 중의 하나이다. 소곡주는 백제 유민들이 한을 달래기 위해 주류성에서 만들어졌다는 유래가 있다. 우리 전통주에서 기록상 가장 오래된 술로서 조선초기 많이 알려진 술이다.

4) 문배주(Munbaeju : 서울)

고려시대부터 제조되었으며, 밀, 좁쌀, 수수 등으로 빚은 증류주이다. 문배주는 문배꽃 향기가 가득하여 이름을 문배주라고 하였으며, 고려시대 신하들은 왕에게 좋은 술을 진상하여 벼슬을 얻기도 하였다고 한다. 당시의 문배주의 양조비법을 비밀로 하고 왕에게만 진상하였다.

5) 이강주(전북 전주)

이강주의 원료는 쌀, 배, 생강, 계피향이 어우러진 조선시대 5대 명주의 하나로서 조선중엽부터 전라도와 황해도에서 제조되었던 색다른 술로서 상류사회에서 즐겨마셨던 고급주에 속한다. 이강주는 소주에 배와 생강이 가미되어 이강주라는 이름이 붙게 되었다.

6) 두견주(충남 당진)

두견주는 충남 당진군 면천에서 찹쌀과 진달래로 빚은 증류주로서 붉은 빛의 약주이다. 두견주의 유래는 고려시대 개국공신 복지겸이 병석에서 딸이 백일기도 중 진달래 꽃잎과 참쌀로 백일간의 술을 빚은 것으로 술을 부친이 마시고 병을 나았다고 전해지는 명약이라고도 한다. 두견주는 진달래꽃에서 색과 향이 우러나와 독특한 색과 풍미를 주는 술이다.

7) 동동주

동동주의 원래 이름은 뜰 부(浮)자를 붙여 '부의주'라고 동동주라는 이름은 쌀이 동동 떴다고 하여 붙여진 이름이다.

8) 계명주(경기 남양주)

계명주는 급하게 술로서, 술을 담근 다음날 닭이 우는 새벽녘에 먹을 수 있도록 빚은 술이라고 한다. 일명 엿 탁주라고도 한다.

9) 백세주

백세주는 참쌀과 좋은 누룩으로 빚은 열 가지 한약재를 첨가하여 함께 발효시킨 술이다.

PART

Ⅱ

칵테일 실무

제6장

칵테일 실무

제6장 칵테일 실무

제1절 칵테일의 정의

1. 칵테일의 정의

칵테일은 단순히 주류, 술 그 이상의 예술적 작품으로서의 가치가 있다. 일반적으로 칵테일(Cocktail)의 정의는 알코올 음료에 또 다른 술을 섞거나 혹은 과즙류나 탄산음료 또는 향료 등의 부재료를 혼합하여 맛(Taste), 향기(Flavor), 색채(Color)의 조화를 살린 예술적 감각의 음료라고 말할 수 있다.

사전적 의미에서 칵테일은 여러 종류의 양주를 기주로 하여 고미제(苦味劑), 설탕, 향료를 혼합하여 만든 혼합주로서 복잡하고 미묘한 맛을 지닌 보건음료라고 한다. 세계 각국의 술을 그대로 마시지 않고 마시는 사람의 기호와 취향에 따라 독특한 맛과 빛깔을 내도록 하는 술의 예술품이라고 정의한다.

칵테일을 조주할 때 가장 기본이 되며 주재료로 쓰이는 술을 베이스(Base Liquor)라고 하고, 베이스로 사용한 술의 종류에 따라 진 베이스, 위스키 베이스, 럼 베이스, 보드카 베이스, 브랜디 베이스 등으로 나뉜다. 칵테일은 식욕을 촉진하기 위해 식전주로 마시기도 하고, 분위기를 위하고, 파티나 모임의 진행을 위해서도 꼭 필요한 주류이다.

제2절 칵테일의 역사

1. 칵테일의 역사

칵테일은 미국에서 시작하여 많은 사람들의 사랑을 받기 시작하였는데, 1차 세계대전 당시 미국군대에 의해 유럽에 전파되었다. 미국에서 칵테일이 만들어지게 된 것은 1930년대 대공항으로 인하여 금주법이 선포되어 술을 마시지 못하게 되자 음료에 술을 섞어 마시기 시작하면서 칵테일이 시작되었지 않았나 보고 있다. 전 세계 칵테일 마니아로부터 찬사를 받고 있는 Martini나 Manhattan도 이 시대에 만들어진 칵테일이며, 1933년 미국에 금주법이 해제되자 칵테일의 전성기가 되었으며 제2차 세계대전을 계기로 하여 전 세계적으로 널리 알려지게 되었다.

1) 우리나라의 칵테일 역사

우리나라에 칵테일이 들어온 연대는 정확히 알 수 없으나 근대 호텔의 등장과 함께였을 것으로 추정되며, 1888년 인천 서린동에 세워진 우리나라 최초의 '대불호텔'과 1902년 서울 정동에 세워진 '손 탁(Son tag)' 호텔에 객실, 식당, 연회장을 갖춘 호텔을 건립하였다. 이러한 서구식 호텔의 등장과 함께 이 시기부터 우리나라 칵테일의 역사가 시작되었을 것으로 사료된다.

그 후 1914년 3월에 건립한 구 조선호텔과 1939년에 건축한 구미식 호텔인 구 반도호텔, 1960년대에 이르러서 관광사업진흥법이 공시 발효되면서부터 메트로 호텔(Metro Hotel), 사보이 호텔(Savoy Hotel) 등 중소 민영호텔의 등장과 1963년에는 워커힐(Walker Hill) 호텔에 칵테일 바를 운영하면서 내국인들에게 칵테일 문화가 조금씩 알려지기 시작하였다.

1980년대 신라, 하얏트, 롯데 호텔의 개관으로 새로운 칵테일 문화의 정착과, 1990년대부터는 외식산업의 발달로 Western Bar가 등장하면서 칵테일의 대중화 바람이 불어 현재에 이르고 있다.

제3절 칵테일의 기법

1. 칵테일의 조주기법

칵테일은 각각의 종류에 따라 각기 다른 조주기법에 의해 조주되는데, 그 기법은 다음과 같이 분류할 수 있다.

1) 흔들기(Shaking)

셰이커를 사용하여 비중이 무거워 혼합하기가 어려운 재료나 크림, 계란, 설탕과 같은 재료를 용해, 혼합, 냉각시키기 위한 기법으로 재료를 셰이커에 넣고 섞어주면 된다.

ex) Pink Lady, Side Car, Blandy Alexander, New York 등

2) 휘젓기(Stirring)

믹싱 글래스를 사용하여 비교적 혼합하기 쉬운 재료를 섞으면서 Bar Spoon으로 여러 번 저어 얼음을 걸러 낸 다음 내용물만 따라내는 방법이다. 특히

Vermouth를 넣어 만드는 칵테일 사용시 주로 사용된다.

ex) Manhattan, Martini 등

3) 직접 넣기(Building)

글래스에 직접 재료를 넣어 만드는 방법으로 칵테일을 만드는 가장 기본적인 방법이다.

ex) Whisky Soda, Old Fashioned, Black Russian, Wine Cooler, Screw Driver, Rusty Nail 등

4) 혼합하기(Blending)

전기믹싱기를 이용하는 방법으로 프로즌스타일 칵테일이나 밀크, 계란 등 혼합하기 어려운 재료를 사용할 때 사용하는 방법이다.

ex) Mai-Tai, Frozen Margarita 등

5) 띄우기(Floating)

술의 비중을 이용해 섞이지 않도록 띄우는 방법으로서 Bar Spoon의 뒷면을 이용하여 띄우는 방법이 있으며, 또 다른 방법은 글라스에 직접 재료를 띄우

는 방법이 있다.

ex) Posse Cafe, Angel's Kiss, B-52 등

6) 묻히기(Rimming)

칵테일 글라스의 Rim부분에 레몬즙을 묻혀서 접시에 담은 설탕이나 소금을 찍어서 장식하는 방법이다.

ex) Margarita, Kiss of Fire 등

2. 칵테일 용량단위

칵테일 조주시 가장 중요한 것은 계량단위를 이해해야 하며, 양을 정확히 측정해야 올바른 칵테일 조주가 이루어진다.

[표 6-1] 칵테일의 용량단위

단위 (용어)	용량 (온스)	용량 (ml) / 1oz=30ml
1Dash	1/30oz	1ml = 5~6Drop
1tsp(Tea Spoon)	1/6oz	5ml
1Ounce 1Pony 1Shot	1oz	30ml
1Jigger	1 1/2oz	45ml
1cup	8oz	240ml
1Pint 1Pound	16oz	480ml
1Fifth	25,6oz	760ml
1Liter 1Quart	32oz	1,000ml
1Gallon	128oz	4,000ml

3. 칵테일 장식기법

칵테일을 장식(Garnish)은 칵테일을 한층 돋보이게 하며, 칵테일과 조화를 이루어져야 한다. 또한 칵테일 장식은 청결하고 신선한 것으로 정성을 들여서 장식이 이루어져야 한다.

1) 프로스팅(Frosting)

글라스의 Rim 주변에 설탕과 소금 등을 묻혀서 장식하는 방법이다.

2) 과일(Fruits)

칵테일 주재료와 부재료에 따라서 과일을 장식하는 방법이다. 일반적으로 Cherry, Orange, Pineapple, Lemon, Apple, Banana, Olive 등이다.

3) 향신료(Spices)

향신료는 너트맥과 향신료를 살짝 뿌려주는 방법이다.

제4절 칵테일의 분류

1. 용량에 의한 분류

1) 쇼트 드링크(Short Drink)

용량이 6oz(180ml) 미만의 칵테일 글라스에 제공되는 칵테일이 해당된다.

ex) Manhattan, Martini 등

2) 롱 드링크(Long Drink)

용량이 8oz(240ml) 이상의 칵테일 글라스에 제공되는 칵테일을 말하는 것으로 넓은 의미의 칵테일에 해당된다.

ex) Sloe Gin Fizz, Tom Collins 등

2. 용도에 의한 분류

1) 식전 칵테일(Aperitif Cocktail)

에프리티프 칵테일은 식사 전에 식욕을 증진시키기 위해 마시는 술로서, 단맛보다는 신맛과 쓴맛이 강한 것이 특징이다.

ex) Campari, Martini, Manhattan 등

2) 식후 칵테일(After Dinner Cocktail)

식후에 소화를 돕기 위하여 마시는 칵테일로서 식후에 입가심이나 소화촉진을 위해서 마시는 것으로 브랜디나 리큐르를 사용한 칵테일 대부분이며, 달콤하게 만들어진 것이 많다.

ex) Posse Cafe, Angel's Kiss, Side Car 등

3. 유형에 의한 분류

1) High Ball

증류주나 각종 양주를 탄산음료와 섞어 High Ball Glass에 서비스하는 Long Drinks를 일컫는 의미로 사용되고 있다.

ex) Whisky Soda, Whisky Coke, Gin Tonic 등

2) Fizz

Fizz는 Soda Water를 오픈할 때 나는 피식하는 소리이며, 이러한 소리에 따라서 Fizz라고 명명된 것이다. 피즈는 진 또는 리큐르를 베이스로 하여 레몬주스, 설탕시럽, 소다수를 혼합하고 과일로 장식을 한 형태이다.

ex) Gin Fizz, Cacao Fizz, Sloe Gin Fizz, Galliano Fizz 등

3) Collins

Fizz의 일종으로 세법도 비슷하며, Collins Glass에 권하는 Fizz라고 할 수 있다.

ex) Tom Collins, John Collins 등

4) Sour

세계적으로 인기 있는 칵테일이며 레몬주스를 다량으로 사용한 음료로 Sour란 '시큼한'이란 뜻이다.

ex) Whisky Sour(Bourbon Sour, Scotch Sour), Gin Sour, Brandy Sour 등

5) Cooler

차갑고 청량감이 있는 음료로서 갈증해소에 좋으며, 와인쿨러가 대표적이다.

ex) Gin Cooler, Rum Cooler, Wine Cooler 등

6) Egg Nog

계란이나 우유가 함유된 영양가 높은 칵테일의 일종이다.

ex) Brandy Egg Nog, Whisky Egg Nog, Rum Egg Nog 등

7) Punch

큰 Punch Bowl에 덩어리 얼음을 넣고 두 가지 이상의 주스나 청량음료와 두 가지 이상의 술을 넣고 만드는 칵테일이다.

ex) Strawberry Punch, Sherry Punch, Champagne Punch, Brandy Champagne Punch, Planter's Punch 등

8) Tropical

열대성 칵테일을 의미하는 것으로서, 열대과일 등을 사용하여 달콤하고, 시원한 Long Drink Cocktail이다.

4. 맛에 의한 분류

1) 스위트 칵테일(Sweet Cocktail)

단맛이 강한 칵테일을 말한다.

ex) Pink Lady, Kalua Milk 등

2) 사워 칵테일(Sour Cocktail)

신맛이 강한 칵테일의 종류가 이에 속한다.

ex) Whisky Sour, Lemonade 등

3) 드라이 칵테일(Dry Cocktail)

담백한 맛이 강하며, 주정이 높은 칵테일을 말한다.

ex) Dry Martini, Gin Tonic 등

제5절 칵테일용 조주기구

1. 칵테일용 조주기구

1) 셰이커(Shaker)

칵테일과 바텐더를 떠올리는 가장 대표적인 기구 중에 하나이며, 셰이커 안에 얼음을 넣고 여러 가지 술이나 음료를 넣고 잘 섞이도록 쉐이킹하는 것이다. 구성요소는 캡(Cap), 스트레이너(Strainer), 바디(Body)의 세 부분으로 구성된다.

2) 믹싱 컵(Mixing Cup or Glass)

비중이 가벼운 것 등 비교적 혼합하기 쉬운 재료를 섞거나 칵테일을 투명하게 만들 때 사용한다. Bar Glass라고도 하며 두꺼운 유리로 된 제품을 사용하기도 한다.

3) 스트레이너(Strainer)

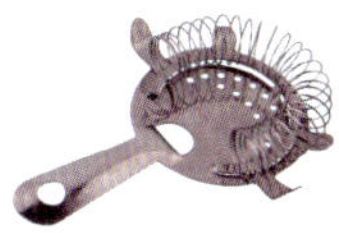

믹싱 글라스로 만든 칵테일을 글라스에 옮길 때 믹싱 글라스 가장자리에 대고 안에 든 얼음을 막는 역할을 한다. 동그랗게 된 원형철판에 용수철이 달려있고 손잡이가 달려있다. 셰이커에 부착되어져 있는 것도 있다.

4) 계량컵 또는 지거(Measure Cup or Jigger)

칵테일을 만들 때 술의 양을 정확하게 계량할 때 사용이 되며, 보통 양쪽으로 담을 수 있다. 작은 쪽은 1oz(약 30ml)이고, 큰 쪽은

1 1/2oz(약 45ml)이다.

5) 바 스푼(Bar Spoon)

빌딩기법을 사용할 때나 재료를 혼합시키기 위해 글라스에 직접 넣고 저을 때 사용한다. 보통의 스푼보다 손잡이 부분이 길고 그 부분이 나선형으로 되어 있어 내용물을 젓거나 섞을 때 편리하게 되어있다.

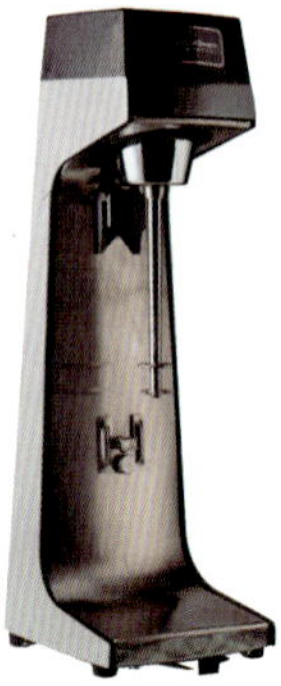

6) 전기 블랜더 또는 믹서(Electric Blender or Mixer)

주로 혼합하기 어려운 재료를 섞거나 트로피컬 칵테일(Tropical cocktail), 프로즌 스타일(Frozen style)의 칵테일을 만들 때 사용한다. 스테인레스 통 안에 주로 깨진 얼음을 넣고 쉐이킹으로는 잘 섞이지 않는 재료를 믹싱할 때 사용이 된다.

7) 스퀴저(Squeezer)

레몬이나 오렌지 등의 과일즙을 편리하게 짜낼 수 있는 도구이다. 스테인리스로 된 제품을 주로 사용한다.

8) 머들러(Muddler)

주로 롱 드링크에 곁들여 칵테일을 섞거나 또는, 글라스 안에든 레몬이나 과일 등의 가니쉬를 으깰 때 쓰는 막대모양의 것들을 총칭한다.

9) 아이스 픽(Ice Pick)

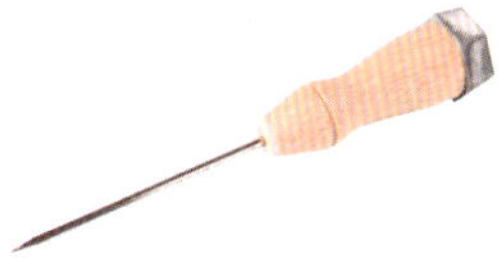

규모가 큰 얼음덩어리를 잘게 부술 때 사용하며 끝부분이 송곳으로 되어 있다.

10) 아이스 패일(Ice Pail)

얼음을 넣어두는 용기로서 아이스 버킷(Ice Bucket)이라고도 한다.

11) 아이스 텅(Ice Tongs)

얼음을 집기 쉽도록 끝이 톱니 모양으로 된 집게이다.

12) 아이스 스쿠퍼(Ice Scoop)

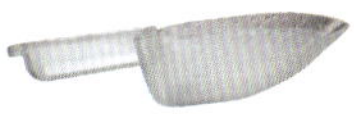

글라스나 세이커 또는 믹싱 글라스에 얼음을 담을 때 사용이 되는 작은 삽 모양이다.

13) 푸어러(Pourer)

병 입구에 끼우고 술을 글라스나 지거에 따를 때 정확하고 적당한 량을 따르기 위한 도구이다.

14) 스트로우(Straw)

장식용으로는 드링킹 스트로우(Drinking Straw)라고 하며, 짧고 가느다란 것은 칵테일을 혼합시키기 위한 것으로서 스터링 스트로우(Stirring Straw)라고도 부른다.

15) 칵테일 픽(Cocktail Pick)

장식으로서 쓰는 올리브나 체리 등을 꽂는 핀으로써 검(劍) 모양으로 생겼다고 해서 스워드 픽(Sword Pick)이라고도 한다.

16) 칵테일 우산(Cocktail Umbrella)

칵테일을 보다 아름답게 장식하기 위한 도구로서 예쁜 우산 모양의 장식용품이다.

17) 코르크 스크류(Cork Screw)

와인 등의 코르크 마개를 오픈하는 도구로서 와인 오프너(Wine opener)라고도 한다. 바 나이프(Bar Knife), 웨이터스 코르크 스크류(Waiter's Corks Crew), 소믈리에 코르크 스크류(Sommelier Corks Crew)라 불리기도 한다.

18) 코스터(Coaster)

코스터는 글라스의 받침대로 냉각된 글라스의 물기가 바닥에 흘러내리는 것을 방지할 수 있다.

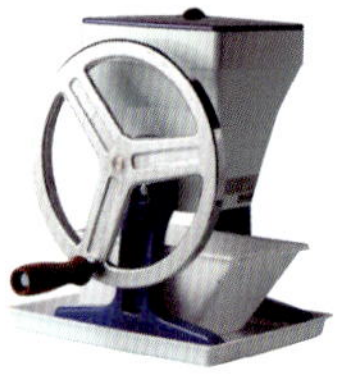

19) 아이스크러셔(Ice Crusher)

아이스 크러셔는 제빙기에서 만들어진 사각얼음을 잘게 으깨는 기구이다.

제6절 칵테일 글라스

1. 글라스의 명칭

1) 림(Rim) : 글라스의 가장자리 부분
2) 보올(Bowl, Face, Body) : 글라스의 몸체부분
3) 스템(Stem) : 글라스 보올에서 받침까지 이어주는 손잡이 부분
4) 베이스(Base, Bottom) : 글라스의 받침부분

2. 칵테일 글라스의 종류

1) Whisky Glass

위스키 글라스는 싱글과 더블이 있다. 싱글(Single)은 1oz, 더블(Double)은 2oz가 표준으로 되어있다.

2) Cocktail Glass

칵테일 글라스의 기본적인 형태는 역삼각형에 다리(Stem)가 있는데, 최근에는 다양한 변화의 형태가 있다. 표준용량은 3oz이다.

3) Sherry Wine Glass

쉐리와인 글라스는 리큐르글라스와 와인글라스의 중간크기이다. 용량은 2~3oz이다.

4) Sour Glass

샤워글라스는 칵테일을 마실때 사용하는 글라스로, 다리가 있고 용량은 5oz가 표준 크기이다.

5) Champagne Glass

샴페인글라스는 통상적으로 Saucer형과 Flute형 2가지로 분류한다. 통상적으로 표준용량 4oz이다.

6) Liqueur Glass

리큐르글라스는 Cordial Glass, Straight Glass라고도 하며, 통상적으로 1oz 표준용량이다.

7) Goblet

고블렛은 정찬파티에서 Table Setting시 물잔(Waer Glass)이라고도 하며, 물을 제공시 사용하는 글라스이다. 표준용량은 12oz이다.

8) Brandy Glass

브랜디글라스는 Snifter Glass, Cognac Glass라고도 하며, 입구가 좁은 튜립형의 글라스이다. 표준용량은 10oz로 통상적으로 마실때는 1oz용량으로 음미한다.

9) Highball Glass

하이볼글라스는 텀블러글라스(Tumbler Glass)라고도 하며, 표준용량은

8oz이다. 통상적으로 음료수를 제공시에 사용한다.

10) Collins Glass

칼린스 글라스는 톨글라스(Tall Glass)라고도 하며, 글라스의 표준용량은 10oz이다.

11) Old Fashioned Glass

올드패션 글라스는 On the Rocks Glass(온더락스)라고 하며, 위스키를 마실때 주로 널리 사용한다.

12) Pilsner Glass

필스너 글라스는 밑부분이 가늘고, 위쪽은 넓은 형태로 된것으로 맥주를 마실때 주로 사용된다.

제7절 칵테일의 부재료

1. 청량음료

1) 탄산음료(Carbonated Drinks)

(1) Cola

Cola는 미국을 대표하는 음료로, 칵테일의 보조재료로도 훌륭하며, Cola 엑기스에는 커피의 2배 정도의 카페인이 함유되어 있다.

(2) Soda Water

탄산가스와 무기염류를 포함한 천연광천수와 인공제품이 있으며, 주로 위스키와 배합하여 조주된다.

(3) Tonic Water

영국에서 처음 개발된 무색투명의 음료로 강장제로도 사용되며, 진과 같이 혼합하여 즐겨 마신다.

(4) Cider

구미에서의 Cider는 사과를 발효한 과실주로 알코올 성분이 1~6% 정도 함유되어 있는 청량음료를 말한다. 우리나라에서는 주로 구연산과 감미료 및 탄산가스를 함유시켜 만든다.

(5) Ginger Ale

생강(Ginger)의 향을 함유한 소다수로 식욕증진이나 소화제로 많이 마시고 있으나, 주로 진이나 브랜디와 혼합하여 마신다.

(6) Collins Mixer

Fizz나 Collins류를 만들 때 쓰이며 Soda수에 레몬주스와 당분을 섞어 만든 음료이다.

2) 무탄산음료(Non-Carbonated Drinks)

(1) Mineral Water

Mineral Water(광천수)란 칼슘, 인, 칼륨, 라듐, 염소, 마그네슘, 철 등의 무기질이 함유되어 있는 인공 광천수를 말한다.

(2) 기타

그 밖에 무탄산 음료로 천연 광천수로써 유명한 Vichy Water, Evian Water, Seltzer Water 등이 있다.

3) 기타 음료

기타 칵테일용 보조음료로는 Lemon Juice, Lime Juice, Orange Juice, Pineapple Juice, Tomato Juice, Grapefruit Juice 등의 주스류와 유성음료, 즉 우유와 Sweet Cream 등이 있다.

2. 기타 부재료

1) 시럽류(Syrups)

(1) Plain Syrup(Simple Syrup or Sugar Syrup)

설탕과 물을 1 : 1로 넣고 끓여서 적당한 농도의 시럽을 만든다.

(2) Grenadine Syrup

단맛이 강하며 붉은 색을 띄는 칵테일의 착색료로써 가장 많이 사용된다.

2) 장식용 과일류(Garnish Fruits)

조주된 칵테일을 예술적 작품으로서 보다 더 아름다워 보이기 위해서 장식하는 과일로는 레몬, 라임, 오렌지, 파인애플, 멜론, 바나나, 딸기, 사과 등이 쓰이고, Olive, Cherry, Onion 등의 열매도 사용한다.

3) Spice류

Cinnamon, Nutmeg, Mint, Pepper, Clove(정향), Worcestershire Sauce, Tabasco Sauce, 소금, 설탕 등 양념류와 향신료도 부재료로 사용된다.

4) Bitters류

(1) Angostura Bitters

Manhattan, Old Fashioned 등의 여러 칵테일에 향료로써 아주 적은 양을 사용한다. 앙고스트라 비터는 쓴맛이 나는 술로서 식욕증진의 효과가 있으며, 칵테일 조주시에 1~2방울의 앙고스트라비터는 칵테일의 향미와 함께 Aperitif Cocktail로 주로 사용되어진다. 알코올 도수는 40% 정도이다.

(2) Orange Bitters

오렌지를 사용한 Bitters의 일종으로 English Gin의 메이커가 만든 것이 최초로 이탈리아의 Campari사의 것이 유명하다.

캄파리(Campari) : 포도주에 여러 약초를 가미하며 만든 쓴맛이 강한 리큐르로서 각종 식물의 뿌리, 씨, 허브, 껍질 등 70여 가지가 섞여 만든 것으로서 식전주로 주로 사용된다.

ex) 캄파리 오렌지, 캄파리 소다, 캄파리 언더락스 등

5) 벌무스(Vermouth)류

여러 가지 약초, 색소, 감미재료 등을 첨가하여 만든 독특한 맛과 향기를 지

닌 혼성와인으로 백색의 드라이 벌무스(Dry Vermouth)와 적색의 스위트 벌무스(Sweet Vermouth) 등이 있다.

① 드라이 벌무스(Dry Vermouth) : 백포도주에 15종의 열매와 40여 가지의 약초와 브랜디를 혼합하여 만든 것으로서 무색(White)에 가까운 엷은 색을 지닌다. 알코올 도수는 18~21% 정도이다.

② 스위트 벌무스(Sweet Vermouth) : 적포도주와 캐러멜(Caramel)이 사용되어진다. 감미가 있고, 색이 암적색을 지닌다. 알코올 도수는 16~17% 정도이다.

6) 얼음(Ice)의 종류

① 쉐이브드 아이스(Shaved Ice) : 눈처럼 생긴 빙수용 쓰이는 것으로 프러즌이나 프라페 스타일의 칵테일에 주로 쓰이는 얼음이다.

② 크러쉬드 아이스(Crushed Ice) : 칵테일을 조주하기 위해서 잘게 깬 알갱이 얼음을 말한다.

③ 큐브 아이스(Cubed Ice) : 일반적으로 가장 많이 사용하는 얼음으로 하이볼글라스나 셰이커에 사용하기 좋게 네모 반듯한 모양이다.

④ 블럭 오브 아이스(Block of Ice) : 연회행사에서 주로 펀치볼에 넣어 사용하는 것으로 큰 덩어리 얼음이다.

제7장

비알코올성 음료

제1절 비알코올성 음료의 분류

제7장 비알코올성 음료

제1절 비알코올성 음료의 분류

1. 청량음료(Soft Drink)

청량음료는 상쾌하고 청량감을 주기위한 음료로서, 탄산가스의 주입여부에 따라서 탄산음료(Carbonated)와 비탄산음료(Non-Carbonated)로 분류한다. 탄산음료에는 콜라, 소다 워터, 진저엘, 토닉워터 등이 있으며, 비탄산음료에는 미네랄 워터, 에비앙 등이 있다.

2. 영양음료(Nutritious Drink)

영양음료는 크게 우유제품과 주스류로 구분할 수 있다. 우유의 주성분은 물(87.1%), 락토스(5.0%), 지방(3.9%), 단백질(3.3%), 기타(0.7%) 등으로 구성되어있다.

주스류는 레스토랑이나 바(Bar)에서 고객에게 판매할 수 있는 오렌지주스, 파인애플주스, 자몽주스, 토마토주스, 사과주스 인삼주스 등이 있고, 칵테일의 보조재료나 주류를 마실 때 사이드 음료로 마시는 레몬주스, 라임주스, 크랜베리주스 등이 있다.

3. 기호음료(Favorite Drink)

기호음료에는 크게 커피류와 차 종류로 양분할 수 있다. 우리나라의 경우는 세계 다른 나라의 경우와는 다르게 인스턴트커피가 절대적으로 많은 소비가 이루어지고 있으며, 근래에 커피전문점의 증가로 인해 아메리카노, 카푸치노와 같은 원두커피의 소비가 점차 증가하고 있다.

차는 차나무의 잎으로 만들며, 만드는 방법에 따라 크게 네 종류로 구분하는데 불 발효차(녹차), 반 발효차(오룡차, 자스민차), 완전 발효차(홍차), 후 발효차(보이차)로 나뉜다.

일반적으로 호텔의 레스토랑에서는 녹차, 홍차, 자스민차 등은 겨울철에 따뜻하게 고객에게 서비스하고 있다.

4. 기타음료

위와 같이 분류하는 비알코올성 음료 외에도 스포츠 활동 후 마시는 건강이온음료와 전통음료, 다이어트 음료 등이 있다.

PART

III

바(Bar) 실무

제8장

바(Bar)경영 실무

제8장 바(Bar)경영 실무

제1절 바(Bar)의 정의 및 종류

1. 바(Bar)의 정의

바(Bar)의 어원은 프랑스어의 'Bariere'에서 유래하였으며, 초기에는 고객과 바에서 근무하는 직원 사이에 놓여진 나무로 된 널판을 바(Bar)라고 하였으며, 이후 현대에 와서는 술을 파는 레스토랑이나 혹은 바(Bar)를 총칭하여 부른다.

김연선 · 곽강희 · 소국섭(2007)의 연구논문에 의하면, 바(Bar)의 정의를 다음과 같이 하고 있다. 바(Bar)는 "술을 마실 수 있는 분위기 즉, 조명 · 음악 · 서비스 · 아늑함 · 엔터테인먼트를 제공하며 숙련된 직원(바텐더)으로 하여금 고객에게 기분전환, 스트레스 해소, 여흥의 공간을 제공하는 사교의 장"으로 정의하고 있다.

2. 바(Bar)의 종류

바(Bar)의 종류를 다음과 같이 분류하고 있다. 바(Bar)의 형태는 호텔의 내부에서 영업하고 있는 호텔 바(Bar)와 호텔을 제외한 외식업체의 바(Bar)로 분류할 수 있다.

호텔에서 영업 중인 바(Bar)는 다음과 같은 종류가 있다.

① 메인 바(Main Bar)
② 스카이 라운지 바(Sky Lounge Bar)
③ 로비라운지 바(Lobby Lounge Bar)
④ 칵테일 바(Cocktail Bar)
⑤ 와인 바(Wine Bar)
⑥ 시가 바(Cigar Bar)
⑦ 외국인 전용 바(Foreigners Bar) 등으로 분류할 수 있다.

호텔 이외의 외식업체의 바(Bar)는 일반적으로 제공하는 메뉴품목에 따라 분류하는데,

① 와인 바(Wine Bar)
② 위스키 바(Whisky Bar)
③ 칵테일 바(Cocktail Bar)
④ 병맥주 전문바(Beer Bar)
⑤ 생맥주 전문바(Draft Beer Bar)
⑥ 소주 바(Soju Bar)
⑦ 전통막걸리 전문점 등으로 분류할 수 있다.

제2절 바(Bar)의 조직

1. 바(Bar)의 조직

일반적으로 바(Bar)의 조직은 호텔의 바와 외식업체의 바, 모두 동일한 조직의 형태를 띠고 있다. 과장이나 지배인을 중심으로 운영이 되며 레스토랑에 비해서 특이한 점은 바텐더와 소믈리에의 구성이 많으며, 이들의 직무는 독립적이라고 할 수 있다. 바(Bar)의 조직은 [그림 8-1]과 같이 구성되어져 있다.

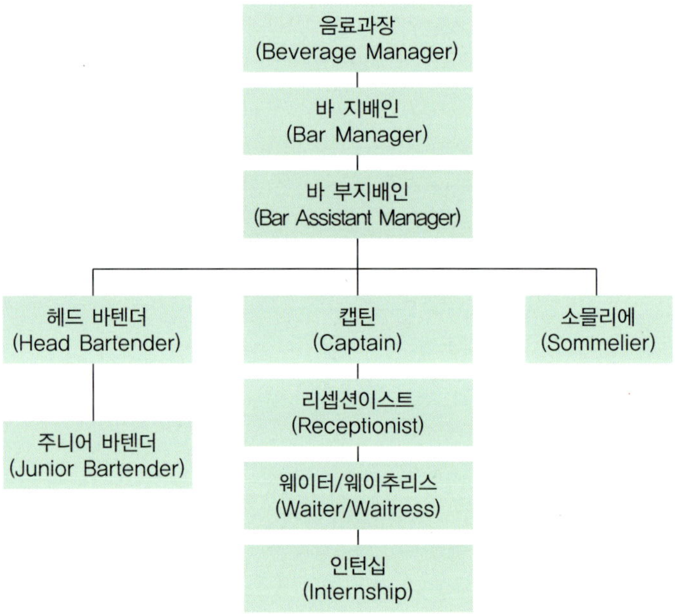

[그림 8-1] 바(Bar)의 조직도

제3절 바(Bar)의 직무

바(Bar)의 조직은 [그림 8-1]과 같으며, 조직도에 따른 직무분장은 아래와 같이 정리할 수 있다.

1. 음료과장(Beverage Manager)

음료과장은 바(Bar)의 운영에 전반적인 책임이 있으며, 또한 업장의 기능과 역량을 파악하여 호텔이나 매장의 이익을 도모하기 위해서 모든 노력을 다해야 하며, 부하 직원들의 서비스 교육 · 감독을 책임진다.

바(Bar)의 운영상태 및 문제점을 파악하고, 운영에 관한 책임을 지며, 직원의 인사관리, 서비스 강화 교육을 담당한다. 또한 바(Bar)에서 판매하고 있는 모든 주류의 관리 및 통제를 담당한다.

2. 바 지배인(Bar Manager)

바 지배인(Bar Manager)은 과장의 부재 시에 직무를 대행하며, 바(Bar)의 운영 및 고객관리, 직원의 인사관리, 교육훈련과 부서장 간의 직 · 간접적인 중계 역할을 한다.

(1) 바(Bar)의 업장관리

매출관리, 재고관리, 업장 환경 정돈, 원가관리, 특별행사 기획

(2) 고객관리

고객관리카드(Guest History Card), 고객불편(Complaints) 처리 및 예방,

사후조치

(3) 인사관리

직원의 근태관리 감독, OJT(On the Job Training) 실시 및 확인, 인사고과 및 교육훈련

(4) 재산관리

레스토랑의 집기, 비품관리, 자산관리 및 유지 관리

(5) 문서관리

레스토랑 운영상 필요한 문서의 기록, 보관

(6) 기타 세부 업무내용

① 업장의 운영에 전반적으로 책임을 진다.
②직원의 외모(머리, 구두)와 업장의 적절한 운영, 직원의 스케줄 관리 등을 책임진다.
③ 직원들의 서비스 교육을 담당한다.
④ 모든 고객을 정중히 맞이한다.
⑤ 직원의 제안과 의견을 주의 깊게 기록하고 분석하여 영업에 적극적으로 반영한다.
⑥ 회사 재산의 보호와 도난, 피해를 막기 위해 끊임없이 점검한다.
⑦ 직원의 직무 이행을 자세히 관찰 · 체크한다.
⑧ 주문 메뉴가 시간이 오래 걸리거나 누락되었을 경우 빠른 조치를 취한다.

3. 바 부지배인(Bar Assistant Manager)

지배인을 보좌하며, 지배인의 부재 시에 그 업무를 대행한다. 평상시 업무는 영업장의 운영 및 고객관리, 인사관리, 교육훈련, 고객서비스에 만전을 기한다. 또한 지배인 그리고 캡틴 및 일반직원과의 커뮤니케이션 역할을 수행한다.

4. 캡틴(Captain)

캡틴의 본래 의미는 큰 배의 선장 또는 우두머리라는 뜻이며, 레스토랑에서는 서비스하는 직원의 서비스 교육과 전반적인 고객서비스와 영업사항을 체크하며, 지배인을 보좌한다. 캡틴의 주요한 임무는 다음과 같이 정리할 수 있다.

① 영업 준비상태와 직원의 복장 및 용모를 점검한다.
② 고객을 영접하고 식음료의 주문과 서비스를 담당한다.
③ 주문전표와 계산서를 관리한다.
④ 할당된 스테이션과 직원들의 스케줄을 점검한다.
⑤ 고객을 영접하여 테이블로 안내한다.
⑥ 고객의 주문을 받는다(단순하게 주문만 받는 것이 아니라 고객에게 메뉴에 대한 설명과 제안을 할 수 있어야 한다).
⑦ 메뉴를 숙지해서(준비품목, 준비과정의 시간, 서비스 메뉴얼, 와인에 대한 지식 등) 적절한 품목의 판매를 해야 한다.
⑧ 테이블의 Set-up을 점검하여 잘못된 점을 시정한다.
⑨ 담당구역을 스텐바이(Stand-by)하며, 업장 청결에 관심을 갖고 부하직원들에게 청소의 업무를 부여한다.
⑩ 고객의 주문사항과 계산서를 정확히 관리한다.
⑪ 지배인에게 업장에서의 모든 내용을 즉각적으로 보고하고 업무와 관련하여 제안을 한다.

5. 웨이터(Waiter), 웨이추리스(Waitress)

웨이터(Waiter), 웨이추리스(Waitress)는 바(Bar)에서 고객서비스를 최우선으로 담당하며, Junior Waiter(Waitress), Senior Waiter(Waitress), Head Waiter(Waitress)라고 직급이 분리되기도 한다. 그 주요한 담당업무는 다음과 같이 요약할 수 있다.

① 캡틴을 보좌하며, 주문된 식음료를 직접 고객에게 제공한다.
② 바(Bar)의 영업 준비와 청소 상태를 확인한다.
③ 바(Bar)의 테이블 세팅과 소스류를 확인한다.
④ 모든 메뉴에 대한 지식(메뉴의 품목, 준비과정, 시간, 서비스 등)을 갖추어야 한다.
⑤ 지정된 업무장소와 해야 할 일, 그리고 테이블 번호를 반드시 알아야 한다.
⑥ 상황에 맞는 적절한 인사와 함께 고객을 영접한다.
⑦ 모든 서비스가 차질 없이 진행되는지 항상 신속하게 점검해야 한다.
⑧ 고객의 어떠한 불평이든 즉시 지배인이나 캡틴에게 보고하여 적절한 조치를 취한다.
⑨ 고객이 떠난 후 즉시 테이블 정리를 하며, 고객이 두고 간 물건이 있는지 확인한다.
⑩ 인턴십 직원이나 아르바이트에게 업무를 분장한다.

6. 리셉셔이스트(Receptionist)

리셉션이스트(Receptionist)는 바(Bar)의 입구에서 고객을 맞이하며, 모든 직원을 도와 업무를 원활하게 할 수 있도록 최선을 다한다. 모든 고객을 따뜻하게 맞이하며 진심으로 환영한다.

① 지배인, 부지배인의 업무를 보좌하며, 고객을 영접하고 지정된 좌석으로 안내한다.

② 바(Bar)의 예약업무를 담당한다.

③ 고객을 맞이하고 테이블로 안내한다.

④ 고객이 원할 시에는 겉옷을 받아 준다.

⑤ 고객이 원하는 것이 있으면 특별한 서비스를 한다.

⑥ 만일 웨이터, 웨이추리스의 업무가 많으면 그들의 업무를 도와주고 물도 따라드리며 고객의 요구시에는 메뉴도 가져다 드린다.

⑦ 항상 미소 띤 얼굴을 해야 하며 레스토랑의 입구에서 발생하는 문제들을 원만하게 처리한다. 예를 들면, 늦은 예약손님, 예약되지 않은 손님들의 접대 등 모든 문제들을 해결해야 한다.

⑧ 바(Bar)의 행정적인 업무를 담당한다.

7. 소믈리에(Sommelier)

소믈리에(Sommelier)는 바(Bar)에서 와인에 관한 지식뿐만 아니라 여러 분야의 다양한 기술과 지식을 갖추고 고객에게 와인에 관한 정보제공 및 추천을 하는데 있다. 소믈리에는 와인에 관한 다양한 지식뿐만 아니라 와인의 진열, 재고관리 능력, 구매관리, 판매적인 측면, 직원에 대한 교육 등 그 임무가 넓다.

1) 소믈리에(Sommelier)의 자격요건

① 소믈리에는 새로운 정보를 꾸준히 습득하고, 와인에 관한 지식도 갖추어야 한다.

② 소믈리에는 전통적이고 향토적인 것뿐만 아니라 국제적인 요리에 대한

수준은 미식가 수준이어야 한다.

③ 소믈리에는 와인과 음식과의 조화에 대해 폭넓은 지식을 갖추어야 한다.

④ 소믈리에는 2개국 이상의 외국어에도 유창해야 한다.

⑤ 소믈리에는 예의 바르고 품위와 교양을 갖추고 있어야 한다.

⑥ 소믈리에는 직원과의 관계뿐만 아니라 고객과의 원만한 대화 능력도 중요하다.

⑦ 소믈리에는 자만에 빠지지 않도록 항상 겸손해야 한다.

8. 바텐더(Bartender)

바텐더(Bartender)는 'Bar + Tender'의 합성어로 바를 부드럽게 만드는 사람이라는 의미로서, 바를 찾는 고객에게 편안함을 주며 고객이 요청하는 음료를 준비하고 특히 칵테일을 조주해 준다. 바텐더는 고객과 바(bar : 고객과 바텐더 사이의 넓은 판)를 사이에 두고 가장 근거리에서 서비스하는 직원이다.

따라서 고객의 요구를 가장 빨리 파악하여 준비해주고, 고객을 즐겁게 해드리며 고객과의 대화 상대로서의 책임을 다해야 한다. 또한 바텐더로서의 임무는 다음과 같다.

(1) Bar의 접객 책임자로서 영업 준비상태와 바 직원의 복장 및 용모를 점검한다.

(2) 음료의 적정재고를 파악하고 보급 및 관리를 한다.

(3) 영업 종료 후 매일매일 재고조사를 실시하여 Daily Inventory Sheet를 작성하며, Monthly Inventory Sheet, Yearly Inventory Sheet를 작성한다.

(4) 음료 및 부재료를 수령하며, 바(bar) 카운터를 청소한다.

(5) 바(bar)의 모든 집기류와 글라스류의 정리정돈 및 청결을 유지한다.

자세한 바텐더의 근무수칙은 다음과 같다.

① 바텐더는 레시피(Recipe)에 의한 칵테일 조주를 한다.

② 바텐더는 항상 명랑하고 즐거운 표정을 짓는다.
③ 바텐더는 근무 중에 절대 흡연을 금한다.
④ 바텐더는 Bar에서 정자세로 스텐바이(Stand-by) 한다.
⑤ 바텐더는 Host의 승낙 없이 빈 병을 다른 사람에게 주어서는 안 된다.
⑥ 바텐더는 남녀 동반 시 여성 고객의 주문을 우선으로 한다.
⑦ 바텐더는 Bar의 모든 고객에게 적절한 응대를 한다.
⑧ 바텐더는 취한 고객이 있으면 즉시 지배인에게 보고 후 적절한 조치를 하도록 한다.
⑨ 바텐더는 고객과의 대화에 간섭하거나 엿듣지 않는다.
⑩ 바텐더는 고객과 대화를 나눌 때 고객의 이야기를 많이 듣고, 본인은 적게 말한다.
⑪ 바텐더는 단골고객의 취향과 즐겨 마시는 음료를 기억한다.
⑫ 바텐더는 고객과의 대화 시 필요한 기본적인 정보와 시사 상식을 갖추도록 한다.
⑬ 바텐더는 칵테일을 조주할 때 얼굴이나 머리, 얼굴, 넥타이 등 신체의 일부를 만지지 않는다.
⑭ 바텐더는 고객과의 대화 시 절대로 다른 사람을 험담하지 않는다.
⑮ 바텐더는 Bar를 찾은 모든 고객에게 항상 동일한 서비스를 제공한다.
⑯ 바텐더는 항상 겸손하고 공손하게 고객을 응대한다.
⑰ 바텐더는 항상 자기계발에 노력한다.

9. 인턴십(Internship)

인턴십 사원은 레스토랑에서의 사소한 업무처리와 웨이터, 웨이추리스가 고객에게 양질의 서비스를 제공할 수 있도록 도움을 주는 업무가 주를 이룬다. 일반적으로 수습사원, 트레이닝(Training), 파트타이머(Part-timer) 등의 용어로 혼용하여 사용하고 있으나 맡은 임무는 비슷하다.

1) 인턴십의 업무

① 레스토랑에서 웨이터의 서비스를 도와준다.
② 서비스 스테이션에 필요한 소스류나 양념류를 준비한다.
③ 레스토랑의 테이블 넘버를 숙지한다.
④ 레스토랑에서의 테이블과 주변을 청소한다.
⑤ 변질되기 쉬운 품목 등을 영업이 끝난 후에 주방에 반납한다.
⑥ 레스토랑의 기물류를 정비한다.
⑦ 호텔 내의 모든 규정과 규칙을 숙지하고, 응급시 처리요령 등을 습득하여야 한다.
⑧ 고객이 테이블에 머무르는 동안 테이블에서의 불필요한 Set-Up을 정돈한다.
⑨ 수시로 고객의 물을 리필(refill)하며 부족한 부분을 채운다.
⑩ 주문 후에 필요한 세팅을 한다.
⑪ 항상 바쁘게 움직여야 하며 더러운 식기를 Pantry에 갖다 주고 깨끗한 식기를 채워 놓아야 한다.
⑫ 웨이터나 캡틴의 지시에 의해 고객에게 음식을 서비스한다.
⑬ Pantry Area에서 모든 Cup과 Saucer를 정리정돈해 놓아야 하며, Silver Ware와 China Ware 및 Glass Ware를 구분해 놓아야 한다.
⑭ 음식물 찌꺼기 및 쓰레기는 지정된 구역으로 보내고, Linen은 세탁실로 보내며, 매장 전체와 자기가 맡은 구역의 청소에 유념해야 한다.
⑮ 지배인이나 상사의 지시에 의해 다른 매장을 도와주고, 어느 때라도 최상의 서비스를 제공할 수 있도록 해야 한다.

PART

IV

국가기술자격검정 실기

제9장

조주기능사 실기시험

제9장 조주기능사 실기시험

자격명 : 조주기능사

영문명 : Craftsman Bartender

▶ 개요

조주에 관한 숙련기능을 가지고 조주작업과 관련되는 업무를 수행할 수 있는 전문 인력을 양성하고자 자격제도 제정

▶ 수행직무

주류, 음료류, 다류 등에 대한 재료 및 제법의 지식을 바탕으로 칵테일을 조주하고 호텔과 외식업체의 주장관리, 고객관리, 고객서비스, 경영관리, 케이터링 등의 업무를 수행

▶ 실시기관 홈페이지

산업인력관리공단(http : //www.q-net.or.kr / Tel. 02) 3271-9190~1)

▶ 실시기관명

한국산업인력공단

▶ 진로 및 전망

- 주류, 음료류, 다류 등을 서비스하는 칵테일바, 와인바, 호텔, 레스토랑 등의 외식업체에서 바텐더, 소믈리에, 바리스타 등으로 근무하며, 간혹 해외업체로 취업을 하기도 한다.
- 주류, 음료류, 다류 등에 관한 많은 지식을 가져야 함은 물론이고 고객과의 원만하고 폭넓은 대화를 나눌 수 있는 소양을 갖추어야 하며, 외국인을 대할 기회가 많기 때문에 간단한 외국어 회화능력을 갖추는 것이 유리하다.

※ 한국산업인력공단 지역본부 및 지사.

지 사 명	주소		검정안내 전화번호			
			DDD	필기시험	실기시험	자격증교부
서울지역본부	121-757	서울시 마포구 공덕동 370-4	02	3274-9631~4	3274-9641~6	3274-9651~3
	[상설검정팀]			3274-9661~4		
	[검정3팀](전문자격)			3274-9611~4		
서울동부지사	143-300	서울시 광진구 노유동 63-7	02	461-3283	461-3285	461-8643
서울남부지사	151-730	서울시 관악구 서원동 1638-32	02	876-8323	876-8324	876-8323
강원지사	200-882	강원도 춘천시 동내면 학곡리 101-24	033	248-8511~2	248-8521~2	248-8513
강릉지사	210-852	강원도 강릉시 사천면 방동리 649-2	033	650-5700	650-5700	650-5700
경인지역본부	405-817	인천시 남동구 고잔동 625-1	032	820-8600	820-8600	820-8600
	[상설검정팀]			820-8600		
경기지사	441-440	경기도 수원시 권선구 탑동 906	031	249-1201	249-1201	249-1201
	[상설검정팀]			249-1201		
경기북부지사	480-070	경기도 의정부시 신곡동 801-1	031	853-4285	853-4285	853-4285
성남지사	461-180	경기도 성남시 수정구 수진동 4554	031	750-6215	750-6223	750-6214
대전지역본부	301-748	대전시 중구 문화동 165	042	580-9100	580-9100	580-9100
	[검정3팀](전문자격)			580-9100		
충북지사	361-839	충북 청주시 흥덕구 신봉동 244-3	043	279-9031	279-9041	279-9031
충남지사	331-280	충남 천안시 서북구 신당동 434-2	041	620-7635	620-7603	620-7638
부산지역본부	616-740	부산시 북구 금곡동 1877	051	330-1910	330-1910	330-1910
	[상설검정팀]			330-1910		
부산남부지사	608-830	부산시 남구 용당동 546-2	051	620-1910	620-1910	620-1910
울산지사	680-801	울산시 남구 달동 572-4	052	276-9031	276-9032	276-9031
경남지사	641-843	경남 창원시 교육단지1길 69	055	212-7200	212-7200	212-7200
대구지역본부	704-901	대구시 달서구 갈산동 971-5	053	586-7601	586-7602	586-7601
	[상설검정팀]			586-7604		
경북지사	760-820	경북 안동시 서후면 명리 406-1	054	855-2121	855-2122	855-2121
포항지사	790-822	경북 포항시 남구 대도동 120-2	054	278-7702	278-7702	278-7703
광주지역본부	500-470	광주시 북구 대촌동 958-18	062	970-1761~4	970-1771~5	970-1768~9
전북지사	561-844	전북 전주시 덕진구 팔복동2가 750-3	063	210-9200	210-9200	210-9200
전남지사	540-968	전남 순천시 조례동 480	061	720-8500	720-8500	720-8500
목포지사	530-410	전남 목포시 대양동 514-4	061	282-8671~2	282-8671~2	282-8671~2
제주지사	690-833	제주 제주시 일도2동 361-22	064	729-0701~2	729-0701~2	729-0701~2

※ 일부 지사의 청사가 이전될 경우 주소 및 전화번호가 변경될 수 있음

국가기술 자격시험

(조주기능사 자격검정 실기시험 2009년 6월부터 변경됨)

번호	칵테일명	번호	칵테일명
1	Angel's Kiss	26	Kiss of Fire
2	**Apple Martini(신규)**	27	Irish Coffee
3	Apricot	28	**Long Island Iced Tea(신규)**
4	Brandy Alexander	29	Manhattan
5	Bloody Mary	30	Moscow Mule
6	Brandy Eggnog	31	Mai – Tai
7	Black Russian	32	Margarita
8	Brandy Sour	33	Negroni
9	**B-52 (신규)**	34	New York
10	Bacardi	35	Old Fashioned
11	**Blue Hawaiian(신규)**	36	Olympic
12	**Cosmopoitan(신규)**	37	Orange Blossom
13	Cuba Libre	38	Pink Lady
14	Dry Martini	39	Paradise
15	Daiquiri	40	**Pina Colada(신규)**
16	**Emerald Martini(신규)**	41	Rusty Nail
17	Gimlet	42	Rob Roy
18	Golden Cadillac	43	Stinger
19	Grasshopper	44	Singapore Sling
20	Gibson	45	Sloe Gin Fizz
21	Harvey Wallbanger	46	**Seebreeze (신규)**
22	Honeymoon	47	Side Car
23	**June Bug(신규)**	48	Screw Driver
24	**Jagermeister Cooler(신규)**	49	Tequila Sunrise
25	**Kir(신규)**	50	Tom Collins

1. 조주실기 요구사항

◎ 다음의 칵테일중 감독위원이 제시한 3가지 작품을 제한시간 7분안에 작품을 조주하여 제출한다.

2. 수험자 요구사항

가. 감독위원이 요구한 3가지 작품을 7분 내에 조주하여 제출한다.

나. 검정상 시설과 지급재료 이외의 다른 도구 및 재료를 사용할 수 없다.

다. 시설은 파손되지 않도록하며, 실기시험이 끝난 수험자는 본인이 사용한 기물을 3분 이내 세척, 정리하여 원위치에 놓고 퇴장한다.

라. 실격되는 경우는 다음과 같다.

- 오작품 : 3가지 모두의 주재료(주류) 선택이 잘못된 경우
- 미완성 : 요구된 작품 3가지 중 1가지라도 제출하지 못한 경우

조주기능사 자격증을 취득하는 방법

▶ 실기시험 개요

◎ 실기시험 시간 : 7분

◎ **시험방법** : 예상공개문제 50문제에서 출제하며, 3명씩 1조를 이루어 임의로 선택된 칵테일 3가지를 만들도록 시험관이 요구한다.

그때 7분 안에 만들어야 하며, 채점 후에 3분 동안 주변시설물을 정리한 후 퇴실한다.

◎ 채점기준

- 칵테일에 맞는 올바른 글라스 선택
- 레시피에 맞는 주재료, 부재료 선택

◎ 주재료 주입

- 상표가 고객에게 보이는 방향으로 잡았는가?

- 따를때 흘리지는 않았는가?(숙련도 파악)

◎ 부재료의 주입

- 오렌지와 레몬장식을 잘하는가?(숙련도 파악)
- 장식방법이 적절한가?
- 소다수를 넣고 셰이커를 흔드는 실수를 하는가?

◎ 칵테일 조주방법

- 각종 주재료의 주입량과 순서가 정확한가?
- 칵테일조주기법(Shake, Build, Stir, Floating, Rimming 등)을 칵테일에 맞게 하는가?
- 각종 기구 사용이 정확한가?

◎ 위생 및 청결

- 위생에 신경쓰면서 하는가?
  (손으로 얼음을 집는 행위, 글라스의 테두리를 잡는 행위)
- 복장, 두발, 손톱 등이 깨끗한가?
  (메니큐어, 반지착용 금지)

◎ 유의사항

- 긍정적인 서비스 마인드 자세로 시험에 임하며, 시험관의 질문에 명확하게 답변한다.
- 시설은 지정해 준 것만 사용한다.
- 지정된 장소이탈시 감독위원의 승인을 받는다.
- 완성된 칵테일을 신속히 제출한다.
- 시설 및 기구가 파손되지 않도록 주의한다.
- 실기시험이 끝나면 본인 기물을 세척한 뒤 원위치에 놓고 퇴장한다.

◎ 원서접수 교부 및 접수 방법

- 수검원서 교부 및 접수

한국산업인력관리공단 4개 지역본부 및 14개 지방사무소

- 수검원서 교부 및 접수기간

  평일 : 오전 9시~오후 6시

  토요일 : 오전 9시~오후 1시

※ 단, 공휴일과 일요일은 접수를 하지 않습니다.

(기타 자세한 일정 및 문의는 한국산업인력관리공단 홈페이지 참조요망)

◎ 검정수수료

- 필기시험

  수검원서 1통(공단 내 소정약식),

  3.5cm×4.5cm 의 증명사진 2매(탈모 상반신)

- 검정수수료

  필기시험 : 9,000원

  실기시험 : 22,000원(시행비 14,500원, 재료비 7,500원)

◎ 합격기준

- 필기시험

  과목 : 양주학개론, 주장관리개론, 기초영어

  100만점에 60점 이상(객관식 4지 택일형, 60문항 / 60분)

- 실기시험

  방법 : 7분 내외 3가지 작품 조주 후 평가

  문제 : 50가지 칵테일 공개문제 제시 후 임의선택

  100만점에 60점 이상(작업형)

◎ 시험장 수검자 지참 준비물

- 필기시험 : 주민등록증, 수검표, 컴퓨터용 사인펜(흑색)
- 실기시험 : 주민등록증, 수검표, 필기구(볼펜)

◎ 응시자격 : 제한 없음

조주기능사 실기채점 기준표

※ 채점기준 : 100점 만점에 60점 이상이면 합격입니다.

항목	세부항목	No	항목별 채점방법	배점
칵테일 조주방법	각종재료 및 기구 선택법	1	글라스를 작품에 따라 정확하게 선택해야 한다. (3작품 × 3점 = 총점 9점)	9
		2	주재료를 작품에 따라 정확하게 선택해야 한다. (3작품 × 5점 = 총점 15점)	15
		3	부재료를 작품에 따라 정확하게 선택해야 한다. (3작품 × 3점 = 총점 9점)	9
	주재료 주입법	4	상표가 고객에게 보이는 방향으로 술병을 잡아야 한다. (3작품 × 1점 = 총점 3점)	3
		5	술을 따를 때에 술을 흘리는지 여부의 숙련도를 본다. (3작품 × 2점 = 총점 6점)	6
	칵테일의 방법	6	각종 주재료의 주입량이 정확해야 한다. (3작품 × 4점 = 총점 12점)	12
		7	각종 재료의 주입순서와 사용법이 정확해야 한다. • 주입순서 : 채점시 유의사항 참조 (3작품 × 2점 = 6점) • 사용방법 : 각 재료의 사용방법이 정확해야 한다. (3작품 × 2점 = 6점) 예) 소다수 사용방법, 장식 숙련도, 얼음 사용방법, 소금/설탕 묻히는 방법 등	12
		8	칵테일의 혼합법, 휘젓기법, 흔들기법, 띄우는 법을 작품에 맞게 활용해야 한다. (3작품 × 2점 = 6점)	6
		9	만든 작품의 양은 해당 글라스에 8부 정도가 되어야 한다. (3작품 × 2점 = 6점)	6
		10	각종 기구의 취급법이 정확해야 한다. (3작품 × 2점 = 6점)	6
	위생상태	11	각종 기구를 깨끗하게 유지하면서 작품을 만들어야 한다. (3작품 × 2점 = 6점)	6
		12	복장, 두발, 손 및 손톱 등의 위생상태를 본다.	4
	조주 서비스	13	바 냅킨을 반드시 사용해야 한다. (3작품 × 1점 = 3점)	3
		14	글라스 잡는 방법과 서브하는 방법을 올바르게 해야 한다. (3작품 × 1점 = 3점)	3

제10장

조주기능사 칵테일 실기시험 50선

Angel's kiss
엔젤스 키스

칵테일 재료(Recipe)

Creme de Cacao(Brown) 1/4oz
Sloe Gin 1/4oz
Light Cream(우유) 1/4oz
Brandy 1/4oz

- **칵테일 기법** : 띄우기(Float)
- **Glass** : Liqueur Glass
- **Garnish** : Cherry

칵테일 만들기

1. 리큐르 글라스를 준비한다.
2. 먼저 리큐르 글라스에 Creme de Cacao(Brown)를 조심해서 따른다.
3. Sloe Gin, Light Cream(우유), Brandy를 차례대로 조심스럽게 쌓는다.

Angel' s Kiss유래

엔젤스 키스는 사랑을 전달하는 로맨틱한 칵테일이다. 체리를 장식하는 칵테일 픽은 마치 사랑의 하트모양을 큐피트의 화살로 통과시킨 모습을 담고 있다.

Apple Martini
애플 마티니

● **칵테일 재료(Recipe)**

Vodka ································· 1 1/2oz
Apple pucker ····························· 1oz
Lime Juice ······························ 1/2oz

- **칵테일 기법** : 흔들기(shake)
- **Glass** : Cocktail Glass
- **Garnish** : A Slice of Apple

● **칵테일 만들기** 

1. 칵테일 글라스에 큐브 아이스를 넣어 차갑게 만든다.
2. 셰이커에 얼음을 3~4개 넣는다.
3. 위의 재료를 셰이커에 넣고 흔들어 준다.
4. 칵테일 글라스에 얼음을 걸러서 따른다.

● **Apple Martini 특징**

애플 마티니 칵테일은 연두색 사과를 곱게 갈아서 만든 듯 한 연초록 물이 보기에도 유혹적인 칵테일로서 글라스에 코를 가까이 하면 향긋한 사과향이 입에 침이 고일 정도로 향긋한 애플향의 칵테일로서 마지막 혀에 남는 맛은 쓰고 독하므로 조금씩 음미하면서 마시는 칵테일이다.

Apricot Cocktail
에프리콧 칵테일

칵테일 재료(Recipe)

Apricot Brandy ······················ 1 1/2oz
Dry Gin ···································· 1tsp
Lemon juice ···························· 1/2oz
Orange juice ··························· 1/4oz

- **칵테일 기법** : 흔들기(shake)
- **Glass** : Cocktail Glass
- **Garnish** : 없음

칵테일 만들기

1. 칵테일 글라스를 준비하고 글라스에 큐브 아이스를 넣어 차갑게 만든다.
2. 셰이커에 얼음을 3~4개 넣는다.
3. 위의 재료를 셰이커에 차례대로 넣고 잘 흔든다.
4. 칵테일 글라스에 얼음을 걸러서 따른다.

Apricot Cocktail 특징

에프리콧 칵테일은 살구브랜디의 맛과 과일주스의 혼합으로 가볍게 마실 수 있는 All Day Type의 칵테일이다.

Brandy Alexander
브랜디 알렉산더

칵테일 재료(Recipe)

Brandy ································ 1 1/2oz
Creme de cacao(Brown) ············ 1/2oz
Heavy Cream(우유) ················· 1/2oz

- **칵테일 기법** : 흔들기(shake)
- **Glass** : Cocktail Glass
- **Garnish** : 없음

칵테일 만들기

1. 칵테일 글라스를 준비하고 글라스에 큐브 아이스를 넣어 차갑게 만든다.
2. 셰이커에 얼음을 3~4개 넣는다.
3. 위의 재료를 셰이커에 차례대로 넣고 잘 흔든다.
4. 칵테일 글라스에 얼음을 걸러서 따른다.

Blandy Alexander응용

위 Recipe에 Brandy 대신에 Gin을 사용하면 Gin Alexander이고, Gin Alexander의 Recipe에서 Creme de cacao(Brown) 대신 Creme de Menthe(Green)을 사용하면 Alexander's sister가 된다. Alexander's sister, Gin Alexander는 장식으로 Sprinkle Nutmeg on top을 해주지만 Brandy Alexander는 Nutmeg을 뿌려주지 않는다.

Blood Mary
블러드 메리

칵테일 재료(Recipe)

Vodka ································· 1 1/2oz
Worcestershire sauce ················ 1dash
Tabasco sauce ···················· 2~3drops
Salt ··· 약간
Pepper ···································· 약간
Fill with tomato Juice

- **칵테일 기법** : 직접넣기(build)
- **Glass** : Highball Glass
- **Garnish** : Lemon + Celery

칵테일 만들기

1. 하이볼 글라스에 타바스코소스, 소금, 간장, 약간의 소다를 조금 넣는다.
2. 하이볼 글라스에 얼음을 넣고 보드카를 넣는다.
3. 토마토주스로 나머지 8부를 채운다.
4. 레몬슬라이스와 샐러리를 장식한다.

Bloody Mary 유래

블러드 메리 칵테일은 16세기 중반 스코틀랜드 여왕 Mary Stuart 1세(1542~1587)의 여러 번에 걸친 신교도 학살로 얻어진 별칭을 붙여서 만든 칵테일이라는 설이 있다.

Brandy Eggnog
브랜디 에그넛

● **칵테일 재료(Recipe)**

Brandy 1oz
Whole Egg 1ea
Powered Sugar 1tsp
Fill with Milk

- **칵테일 기법** : 흔들기(Shake)
- **Glass** : Cocktail Glass
- **Garnish** : 너트맥(Nutmeg) on top

● **칵테일 만들기**

1. 칵테일 글라스를 준비하고 글라스에 큐브 아이스를 넣어 차갑게 만든다.
2. 셰이커에 얼음을 3~4개 넣는다.
3. 재료를 셰이커에 차례대로 넣고 15회 이상 잘 흔들어 준다.
4. 마지막으로 Nutmeg가루를 뿌려준다.

● **Brandy Eggnog 유래**

브랜디 에그넛 칵테일은 북유럽의 추운 겨울에 감기를 예방하고자 술에 계란을 타서 마시는데서 유래되었다고 한다. 이 칵테일은 1850년 12월 영국 Norfolk지방에서 생산하는 알코올 도수가 높은 술에 날계란을 넣어 마신 것이 시초이며, 시점이 크리스마스 즈음해서 크리스마스 율 드링크(Christmas Yule Drink)라고 하였다.

Black Russian
블랙 러시안

칵테일 재료(Recipe)

Vodka 1 1/2oz
Coffee Liqueur(Kahlua) 1/2oz

- **칵테일 기법** : 직접넣기(build)
- **Glass** : Old Fashioned Glass
- **Garnish** : Cherry

칵테일 만들기

1. 올드패션 글라스를 준비하고 글라스에 큐브드 아이스를 넣어 차갑게 만든다.
2. 보드카를 먼저 글라스에 직접 따른다.
3. 나머지 칼루아를 글라스에 따른다.
4. 잘 저어 제공한다.

Black Russian 유래

블랙러시안 칵테일은 검은 러시안이란 뜻으로, 구 소련의 암흑과 장막 및 자유의 구속 등을 암시하는 의미로 1933년 미국의 금주령 해제 후 보드카가 미국에서 유행할 때 만들어진 칵테일로 칼루아의 독특한 향과 보드카의 조화를 느낄 수 있는 칵테일이다.

Brandy Sour
브랜디 샤워

칵테일 재료(Recipe)

Brandy 1oz
Lemon juice 1/2oz
Powdered sugar 1tsp
Soda Water

- **칵테일 기법** : 흔들기(shake)
- **Glass** : Sour Glass
- **Garnish** : Lemon and Cherry

칵테일 만들기

1. 샤워 글라스를 준비하고 글라스에 큐브 아이스를 넣어 차갑게 만든다.
2. 셰이커에 얼음을 3~4개 넣는다.
3. 위의 재료를 셰이커에 차례대로 넣고 잘 흔든다.
4. 샤워 글라스에 얼음을 걸러서 따른다.
5. 클럽소다로 8부 따른 후 Lemon slice와 Cherry로 장식한다.

Brandy Sour Cocktail 유래

브랜디 샤워 칵테일은 브랜디의 특유의 달콤한 향과 레몬주스의 신맛의 감칠 맛과 좋은 향기가 어우러진 칵테일이다. 소다수를 첨가시 셰이커를 하지 않는다.

B-52
비-52

칵테일 재료(Recipe)

Kahlua 1/3oz
Baily's Irish Cream 1/3oz
Grand Marnier 1/3oz

- **칵테일 기법** : 띄우기(Float)
- **Glass** : Liqueur Glass
- **Garnish** : 없음

칵테일 만들기 

1. 리큐르 글라스를 준비한다.
2. 위의 재료를 바 스푼의 뒷면을 이용하여 차례대로 띄운다.

B-52 칵테일의 유래

B-52 칵테일은 깔루아의 단맛과 베일리스의 부드러운 맛 그리고 그랑마니에의 짜릿함과 오렌지향이 느껴지는 칵테일이다. 한 번에 마시는 경우가 대부분이지만 B-52 위에 바카디 151°의 높은 도수의 술을 조금 띄워서 불을 붙이는 경우(Flaming B-52 Cocktail)도 있다.
B-53(B-52에 Vodka추가)
B-54(B-52에 Amareto추가)
B-55(B-52에 Absinte추가)
B-57(B-52에 Sambuca추가)
B-61(B-52에 Creme de cacao추가) 등 다양하게 이루어진다.

Barcardi
바카디

칵테일 재료(Recipe)

Bacardi Rum 1 1/2oz
Lime Juice 1/2oz
Grenadine syrup 1/2tsp

- **칵테일 기법** : 흔들기(shake)
- **Glass** : Cocktail Glass
- **Garnish** : 없음

칵테일 만들기

1. 칵테일 글라스를 준비하고 글라스에 큐브 아이스를 넣어 차갑게 만든다.
2. 셰이커에 얼음을 3~4개 넣는다.
3. 위의 재료를 셰이커에 차례대로 넣고 잘 흔든다.
4. 칵테일 글라스에 얼음을 걸러서 따른다.

Bacardi Cocktail 유래

바카디 칵테일은 쿠바의 바카디 회사가 자기회사의 럼과 회사를 홍보하기 위해서 만든 칵테일과 1936년 미국에서는 바카디 칵테일과 관련하여 법정소송이 제기되었는데, 결국 판결문에서 바카디 칵테일은 꼭 바카디 럼을 사용해야 한다라고 판결하여 더욱 유명해진 칵테일이다.

Blue Hawaiian
블루 하와이안

칵테일 재료(Recipe)

Light Rum ································· 1oz
Blue Curacao ····························· 1oz
Coconut Flavored Rum ················· 1oz
Pineapple Juice ······················ 2 1/2oz

- **칵테일 기법** : 혼합하기(Blending)
- **Glass** : Pilsner Glass
- **Garnish** : A Wedge of Pineapple and Cherry

칵테일 만들기 

1. 필스너 글라스에 큐브 아이스를 넣어 차갑게 만든다.
2. 셰이커에 얼음을 3~4개 넣는다.
3. 위의 재료를 셰이커에 넣고 섞는다.
4. 필스너 글라스에 얼음을 넣고 내용물을 따른다.

Blue Hawaiian Cocktail의 유래

블루 하와이안 칵테일은 사계절이 여름인 하와이 섬을 연상하여 이미지로 만들어진 칵테일로서 Tropical Cocktail에서 유래한 것이다.

Cosmopolitan
코스모폴리탄

칵테일 재료(Recipe)

Vodka 1oz
Triple Sec 1/2oz
Lime Juice 1/2oz
Cranberry Juice 1/2oz

- **기법** : 흔들기(shake)
- **Glass** : Cocktail Glass
- **장식** : Twist of Lemon peel

칵테일 만들기

1. 칵테일 글라스에 큐브 아이스를 넣어 차갑게 만든다.
2. 셰이커에 얼음을 3~4개 넣는다.
3. 위의 재료를 셰이커에 넣고 흔들어 준다.
4. 칵테일 글라스에 얼음을 걸러서 따른다.

Cosmopolitan Cocktail 유래

코스모폴리탄 칵테일은 세계인, 국제인, 전 세계적인이라는 넓은 의미를 가진 칵테일이다. 드라마 '섹스&시티'에서 파티를 할 때 많이 등장한 칵테일이다.

Cuba Libre
쿠바 리브레

칵테일 재료(Recipe)

Light Rum 1/2oz
Lime Juice 1/2oz
Fill with cola

- **칵테일 기법** : 직접넣기(Build)
- **Glass** : Highball Glass
- **Garnish** : Slice of Lemon

칵테일 만들기 

1. 하이볼 글라스를 준비하고 글라스에 큐브 아이스를 넣어 차갑게 만든다.
2. 라이트 럼과 라임주스를 차례로 넣는다.
3. 콜라로 나머지 8부를 채운다.
4. Lemon Slice를 띄워서 장식한다.

Cuba Libre의 유래

1902년 스페인의 식민지로부터 독립을 맞은 쿠바에서 당시 민족투쟁의 구호 "자유세(viva Cuba Liber)"를 외치며 환호하던 감격을 축복하며 마시던 칵테일로, 쿠바산 약간의 Lime Juice 그리고 콜라를 넣어서 만드는 칵테일로 조주하기가 비교적 쉬운 편이다.

Dry Martini
드라이 마티니

● **칵테일 재료(Recipe)**

Dry Gin 2oz
Dry Vermouth 1/2oz

- **칵테일 기법** : 휘젓기(stir)
- **Glass** : Cocktail Glass
- **Garnish** : Olive

● **칵테일 만들기** 

1. 칵테일 글라스를 준비하고 글라스에 큐브 아이스를 넣어 차갑게 만든다.
2. 컵에 얼음을 3~4개 넣는다.
3. 위의 재료를 컵에 차례대로 넣고 바스푼으로 잘 저어준다.
4. 칵테일 글라스에 얼음을 걸러서 따른다.
5. 올리브를 칵테일에 꽂아 글라스에 장식한다.

● **Martini 유래**

마티니는 "칵테일의 왕자"라고 애주가들로부터 애용되는 식전주(Aperitif Cocktail)로 유명한 칵테일이다. 마티니 칵테일에서 올리브(Olive)를 대신하여 어니언(Onion)을 장식하면 깁슨(Gibson) 칵테일이 된다.

Daiquiri
다이퀴리

칵테일 재료(Recipe)

Light Rum 1 1/2oz
Lime Juice 1/2oz
Powdered sugar 1tsp

- **칵테일 기법** : 흔들기(shake)
- **Glass** : Cocktail Glass
- **Garnish** : 없음

칵테일 만들기

1. 칵테일 글라스를 준비하고 글라스에 큐브 아이스를 넣어 차갑게 만든다.
2. 셰이커에 얼음을 3~4개 넣는다.
3. 위의 재료를 셰이커에 차례대로 넣고 잘 흔든다.
4. 칵테일 글라스에 얼음을 걸러서 따른다.

Daiquiri 유래

스페인으로부터 독립을 한 쿠바는 미국으로부터 여러 가지 기술원조를 받던 1922년 Daiquiri 광산에서 근무하던 미국인 기술자 제니스 콕스가 쿠바산 럼주에 라임주스와 넣고 만들어 마신 것이 시초이다. Rum을 Base로 하여 만드는 Daiquiri 는 부재료에 따라 다양하게 만들 수 있는 cocktail이다.

Emerald Martini
에메랄드 마티니

칵테일 재료(Recipe)

Vodka 1oz
Melon Liqueur 1oz
Dry Vermouth 1/2oz

- **기법** : 흔들기(shake)
- **Glass** : Cocktail Glass
- **장식** : 없음

칵테일 만들기

1. 칵테일 글라스에 큐브 아이스를 넣어 차갑게 만든다.
2. 셰이커에 얼음을 3~4개 넣는다.
3. 위의 재료를 셰이커에 넣고 흔들어 준다.
4. 칵테일 글라스에 얼음을 걸러서 따른다.

Emerald Martini 유래

에메랄드 마티니 칵테일은 탄생석 칵테일로서 에메랄드(Emerald : 밝은, 초록빛, 청순)의 5월의 탄생석 칵테일이다. 이 칵테일은 사랑과 행운을 상징하며, 눈이 밝아지고 건강이 좋아진다는 보석의 의미를 지닌 칵테일이다.

Gimlet
김렛

● **칵테일 재료(Recipe)**

Dry Gin ································ 1 1/2oz
Lime juice ································ 1/2oz
Powdered sugar ························· 1tsp

- **칵테일기법** : 흔들기(shake)
- **Glass** : Cocktail Glass
- **Garnish** : 없음

● **칵테일 만들기**

1. 칵테일 글라스를 준비하고 글라스에 큐브 아이스를 넣어 차갑게 만든다.
2. 셰이커에 얼음을 3~4개 넣는다.
3. 위의 재료를 셰이커에 차례대로 넣고 잘 흔들어 준다.
4. 칵테일 글라스에 얼음을 걸러서 따른다.

● **Gimlet 유래**

김렛(Gimlet)이란 목공도구의 하나로 송곳의 일종이다. 샤프한 느낌을 준다하여 붙여진 이 칵테일은 영국인이 만들어 낸 것으로 알려져 있으며, 뒷맛이 산뜻하고 개운한 맛을 즐길 수 있는 칵테일이다.

Golden Cadillac
골든 캐딜락

● 칵테일 재료(Recipe)

Galliano ······································ 1oz
Creme de cacao(White) ·············· 1/2oz
Light cream(우유) ························ 1oz

- 칵테일 기법 : 흔들기(shake)
- Glass : Cocktail Glass
- Garnish : 없음

● 칵테일 만들기

1. 칵테일 글라스를 준비하고 글라스에 큐브 아이스를 넣어 차갑게 만든다.
2. 셰이커에 얼음을 3~4개 넣는다.
3. 위의 재료를 셰이커에 차례대로 넣고 잘 흔들어 준다.
4. 샴페인 글라스에 얼음을 걸러서 따른다.

● Golden Cadillac 유래

이탈리아에 Galliano를 생산하는 회사에서 갈리아노를 판매하기 위한 판촉의 일환으로 만든 cocktail로 여성들이 즐겨 마시는 대표적인 cocktail이다.

Grasshopper
그래스 하퍼

칵테일 재료(Recipe)

Creme de Menthe(Green) 1oz
Creme de Cacao(White) 1/2oz
Light Cream(우유) 1oz

- **칵테일 기법** : 흔들기(shake)
- **Glass** : Cocktail Glass
- **Garnish** : 없음

칵테일 만들기

1. 칵테일 글라스를 준비하고 글라스에 큐브 아이스를 넣어 차갑게 만든다.
2. 셰이커에 얼음을 3~4개 넣는다.
3. 위의 재료를 셰이커에 차례대로 넣고 잘 흔들어 준다.
4. 칵테일 글라스에 얼음을 걸러서 따른다.

Grasshopper 유래

메뚜기라는 이름의 이 칵테일은 박하맛이 나는 peppermint Green과 초콜릿맛이 나는 cacao (White)의 조화를 이루어 마치 가을 하늘을 연상하게 하며, 여성들이 즐겨 마시는 cocktail이다.

이 칵테일은 처음 만들었을 때는 쉐이킹한 것이 아니라 층층이 쌓아서 만드는 플로팅 스타일이었다. 카카오와 생크림 사이에 초록색의 크림 드 민트가 마치 메뚜기를 연상시켜서 이와 같이 이름을 붙이게 되었다.

Gibson
깁슨

● **칵테일 재료(Recipe)**

Dry Gin ································ 1 1/2oz
Dry Vermouth ·························· 1/2oz

- **칵테일 기법** : 휘젓기(stir)
- **Glass** : Cocktail glass
- **Garnish** : 양파(Onion)

● **칵테일 만들기**

1. 칵테일 글라스를 준비하고 글라스에 큐브 아이스를 넣어 차갑게 만든다.
2. 셰이커에 얼음을 3~4개 넣는다.
3. 위의 재료를 셰이커에 차례대로 넣고 바 스푼으로 잘 저어준다,
4. 칵테일 글라스에 얼음을 걸러서 따른다.
5. 어니언을 칵테일 픽에 꽂아 글라스에 장식한다.

● **Gibson 유래**

Gibson 칵테일은 미국에서 1890년대 인기가 있었던 화가 찰스 디너 깁슨이 뉴욕의 플레이스 클럽에서 즐겨 마셨던 칵테일로 깁슨이 만들었던 설과 미국대사 깁슨이 파티석상에서 웨이터에게 술이 아닌 물과 칵테일 어니언을 넣어 가져오라고 해서 마시는 시늉을 했다는 설이 있다.

Harvey Wallbanger
하베이 웰빙거

칵테일 재료(Recipe)

Vodca 1oz
Fill with Orange Juice 4oz
Galliano(Floating) 1/2oz

- **칵테일 기법** : 직접넣기(Build) + 띄우기(Float)
- **Glass** : Collins Glass
- **Garnish** : Orange Slice

칵테일 만들기

1. 칼린스 글라스를 준비하고 글라스에 큐브드 아이스를 넣어 차갑게 만든다.
2. 칼린스 글라스에 보드카를 넣는다.
3. 오렌지주스로 나머지 8부를 채운다.
4. 갈리아노 1/2oz를 띄워준다.

Harvey Wallbanger 유래

하베이 웰빙거의 유래는 1948년 미국 뉴욕의 Galliano회사 영업사원인 하베이 웰빙거가 판매실적이 부진하자 갈리아노의 판매실적을 향상시키고자 홍보수단으로 만든 칵테일이다.

Honeymoon
허니문

칵테일 재료(Recipe)

Apple Brandy ························· 3/4oz
Benedictine D.O.M ··················· 3/4oz
Lemon Juice ··························· 1/2oz
Triple sec ································ 1tsp

- **칵테일 기법** : 흔들기(shake)
- **Glass** : Cocktail Glass
- **Garnish** : 없음

칵테일 만들기

1. 칵테일 글라스를 준비하고 글라스에 큐브 아이스를 넣어 차갑게 만든다.
2. 셰이커에 얼음을 3~4개 넣는다.
3. 위의 재료를 셰이커에 차례대로 넣고 잘 흔든다.
4. 칵테일 글라스에 얼음을 걸러서 따른다.

Honeymoon Cocktail 유래

허니문 칵테일은 신혼시절의 사랑과 행복을 영원히 간직할 수 있기를 바라는 마음으로 미국에서 만들어졌다고 한다. 신에게 받친다는 Benedictine을 혼합함으로서 칵테일의 맛과 향이 우수하여 여성들이 좋아하는 칵테일이다.

June Bug
준벅

칵테일 재료(Recipe)

Melon Liqueur 1oz
Coconut Flavored Rum 1/2oz
Banana Liqueur 1/2oz
Pineapple Juice 2oz
Sweet & Sour Mix 2oz

- **칵테일 기법** : 흔들기(shake)
- **Glass** : Collins Glass
- **장식** : A Wedge of Pineapple and Cherry

칵테일 만들기

1. 칼린스 글라스를 준비하고 글라스에 큐브 아이스를 넣어 차갑게 만든다.
2. 셰이커에 얼음을 3~4개 넣는다.
3. 위의 재료를 셰이커에 넣고 흔들어 준다.
4. 칼린스 글라스에 얼음을 4~5개 넣고 따른다.
5. 파인애플 슬라이스와 체리로 장식한다.

June Bug 유래

준벅(June Bug) 칵테일은 많은 여성 분들이 여름에 좋아하는 칵테일이다. 의미로는 여름의 벌레라는 뜻으로서 연두색 때문에 청 메뚜기와 유사하다 하여 붙여진 이름이다. 멜론 리큐르(미도리)와 파인애플주스를 첨가하여 많은 사람들에게 사랑받는 칵테일 중에 하나이다.

Jagermeister Cooler
예거마이스터 쿨러

칵테일 재료(Recipe)

Jagermeister ································ 2oz
Iced Tea ································ 1 1/2oz
Fill with Sprite or Cider

- **칵테일 기법** : 흔들기(Shake) + 직접넣기(Build)
- **Glass** : Collins Glass
- **장식** : A Slice of Lemon

칵테일 만들기

1. 칼린스 글라스에 큐브 아이스를 넣어 차갑게 만든다.
2. 셰이커에 얼음을 3~4개 넣는다.
3. 위의 재료를 셰이커에 넣고 흔들어 준다.
4. 칼린스 글라스에 얼음을 4~5개 넣고 따른다.
5. 슬라이스 레몬으로 장식한다.

Jaegermeister Cocktail 유래

예거마이스터 칵테일은 독일어로 Hunting master를 뜻하는 예거마이스터는 도전적이고 모험을 좋아하는 젊은이들에게 어울리는 술이다. 독일, 미국 등 서양에서는 맥주를 마시는 중간에 혹은 마지막에 술이 당길 때 스트레이트로 마시는 비어 체이서로 사랑받고 있으며, 일본에서는 오렌지, 콜라, 토닉과 섞어 마시는 칵테일로 애용된다.

Kir
끼르

● **칵테일 재료(Recipe)**

White Wine ································· 3oz
Creme de Cassis ························ 1/2oz

- **기법** : 직접넣기(build)
- **Glass** : White Wine Glass
- **장식** : Twist of Lemon peel

● **칵테일 만들기** 

1. 화이트와인 글라스에 화이트와인 3oz를 붓고 크림드 민트 그린을 1/2oz를 따른다.
2. 레몬 껍질을 트위스트해서 위에 올린다.

● **Kir 유래**

끼르는 알리고떼로 만든 화이트와인과 블랙커런트로 만든 혼성주 Creme de Casis를 혼합하여 만든 술이다. 식전주로서 인기가 좋으며, 이 술은 디종(Dijon)의 시장이었던 까농 끼르(Canon Kir)가 처음 개발한 술로서 술 이름도 그의 이름에서 유래된 것이다.

Kiss Of Fire
키스오브 화이어

칵테일 재료(Recipe)

Vodka 1oz
Sloe Gin 1/2oz
Dry Vermouth 1/2oz
Lemon Juice 1tsp

- **칵테일 기법** : 흔들기(shake)
- **Glass** : Cocktail Glass
- **Garnish** : Rimming with sugar

칵테일 만들기 

1. 칵테일 글라스 립에 레몬즙을 바르고 설탕을 묻혀둔다.
2. 셰이커에 얼음을 3~4개 넣는다.
3. 위의 재료를 셰이커에 차례대로 넣고 잘 흔들어 준다.
4. 칵테일 글라스에 얼음을 걸러서 따른다.

Kiss Of Fire Cocktail 유래

1953년 일본에서 제 5회 "Japan Drinks" 콩쿠르에서 1위에 입상한 작품이다.

Irish Coffee
아이리쉬 커피

칵테일 재료(Recipe)

Irish whiskey 1oz
Sugar 1tsp
Hot Coffee Fill
Whipped cream

- **칵테일 기법** : 직접넣기(Build)
- **Glass** : Irish Coffee Glass
- **Garnish** : Rimming with sugar

칵테일 만들기 

1. Glass의 가장자리에 Lemon즙을 묻힌다.
2. Glass를 돌리면서 Sugar를 가장자리에 골고루 묻힌다.
3. Sugar를 1tsp넣고 Irish whiskey를 붓는다.
4. 뜨거운 커피를 넣고 후에 설탕을 녹인다.
5. 뜨거운 커피로 잔에 80%를 채운 다음 크림을 띄운다.

Irish Coffee Cocktail 유래

아이리쉬 커피 칵테일은 겨울철에 추위를 녹여 줄 수 있는 칵테일로서 Hot Drink에 속하며, 아일랜드 더블린에 있는 샤논공항의 칵테일 라운지에서 일하는 바텐더 조 세리던이 추운 겨울철 승객들을 위한 칵테일을 제공하였다는 설이 있다.

Long Island Iced Tea
롱 아일랜드 아이스티

칵테일 재료(Recipe)

Vodka ···················· 1/2oz
Tequila ···················· 1/2oz
Gin ···················· 1/2oz
Light Rum ···················· 1/2oz
Triple Sec ···················· 1/2oz
Sweet & Sour Mix ···················· 1 1/2oz
Top with Cola

- **기법** : 직접넣기(Build)
- **Glass** : Collins Glass
- **장식** : A Wedge of Lemon

칵테일 만들기 

1. 칼린스 글라스를 준비하고 글라스에 큐브 아이스를 넣는다.
2. 위의 재료를 차례대로 넣는다.
3. 레몬 슬라이스로 장식한다.

Long Island Ice Tea 유래

롱 아일랜드 아이스티 칵테일은 1970년대 로버트 로즈버드라는 바텐더에 의해 개발된 칵테일로서 뉴욕 롱 아일랜드에 위치한 오크 비치 인(Oak Beach Inn)에서 개발한 칵테일로서 롱아일랜드는 맨하튼 옆에 큰 섬이며, 이곳에서 유래된 칵테일로서 롱 아일랜드 아이스티라 하였으며 무더운 여름 열대야에 어울리는 칵테일이다.

Manhattan
맨하튼

칵테일 재료(Recipe)

Bourbon whiskey 1 1/2oz
Sweet vermouth 3/4oz
Angostra Bitter 1dash

- **칵테일 기법** : 휘젓기(stir)
- **Glass** : Cocktail Glass
- **Garnish** : Cherry

칵테일 만들기

1. 칵테일 글라스를 준비하고 글라스에 큐브 아이스를 넣어 차갑게 만든다.
2. 컵에 얼음을 3~4개 넣는다.
3. 위의 재료를 컵에 차례대로 넣고 잘 저어 준다.
4. 칵테일 글라스에 얼음을 걸러서 따른다.
5. 체리로 장식한다.

Manhattan Cocktail 유래

맨하튼 칵테일은 뉴욕시의 중심이 된 맨하튼 섬 이름이며, 그곳에 살던 인디언 말로 고주망태, 주정뱅이, 술에 취한 땅이란 뜻으로서 맨하튼 시가 메트로폴리탄으로 승격한 것을 축하하는 뜻으로 1890년 맨하튼의 한 바에서 만들었다는 설이 있다.

Moscow Mule
모스코 뮬

칵테일 재료(Recipe)

Vodka ································ 1 1/2oz
Lime Juice ······························ 1/2oz
Fill with Gingerale

- 칵테일 기법 : 직접넣기(build)
- Glass : Highball Glass
- Garnish : Slice Lemon

칵테일 만들기 

1. 하이볼 글라스를 준비하고 글라스에 큐브 아이스를 넣어 차갑게 만든다.
2. 하이볼 글라스에 보드카를 넣는다.
3. 진저엘로 나머지 8부를 채운다.
4. 레몬 슬라이스로 장식한다.

Moscow Mule 유래

모스코 뮬 칵테일은 모스크바의 노새라는 뜻으로, 1946년 스미노프(Smirnoff) 보드카의 판매촉진을 위해 만든 칵테일이다.

Mai-tai
마이타이

칵테일 재료(Recipe)

Light Rum 1oz
Triple sec 1/2oz
Powderd sugar 1tsp
Orange Juice 1tsp
Pineapple Juice 1tsp
Lime Juice 1tsp
Grenadine syrup 1tsp
Dark Rum 1dash

- **칵테일 기법** : 흔들기(shake)
- **Glass** : Lager old Fashioned
- **Garnish** : Cherry and wedge Pineapple

칵테일 만들기

1. 올드패션 글라스를 준비하고 글라스에 큐브 아이스를 넣어 차갑게 만든다.
2. 셰이커에 얼음을 3~4개 넣는다.
3. Dark Rum을 제외한 위의 재료를 셰이커에 차례대로 넣고 잘 흔들어 준다.
4. 올드패션 글라스에 얼음을 걸러서 따른다.
5. Rum 1dash를 띄워준다.
6. 파인애플과 체리로 장식한다.

Mai-Tai 유래

마이타이 칵테일은 닉슨 대통령이 모택동에게 대접받은 칵테일이다. 마이타이란 타이티(Tihiti)어로 '최고의 환상 같다(Mai Tai Roa Ae)'는 뜻으로, 미국인이 타이티 친구를 초대하여 칵테일을 주문하여 대접한 것이 시초이다. 후에 마이타이 칵테일은 Tropical Cocktail의 여왕으로 불리어지고 있다.

Margarita
마가리티타

● **칵테일 재료(Recipe)**

Tequila ································ 1 1/2oz
Triple sec ································ 1/2oz
Lime Juice ································ 1/2oz

- **기법** : 흔들기(shake)
- **Glass** : Cocktail Glass
- **장식** : Salt Rimming

● **칵테일 만들기** 

1. 칵테일 글라스 립에 레몬즙을 바르고 소금을 묻혀준다.
2. 셰이커에 얼음을 3~4개 넣는다.
3. 위의 재료를 셰이커에 넣고 잘 흔들어준다.
4. 칵테일 글라스에 얼음을 걸러서 잘 따른다.

● **Margarita 유래**

마가리타는 1949년 칵테일 콘테스트에서 우승한 바텐더 존 듀렛사가 만들었다. 마가리타는 바텐더 애인의 이름으로서 1926년 네바다주에 있는 사냥터에 사냥하러 갔다가 오발탄에 의해 마가리타가 죽자, 죽은 애인을 잊지 못해서 바텐더가 애인의 이름을 붙여서 만든 칵테일이다.

Negroni
네그로니

칵테일 재료(Recipe)

Dry Gin ········ 3/4oz
Campari ········ 3/4oz
Sweet Vermouth ········ 3/4oz

- **기법** : 직접넣기(Build)
- **Glass** : Old Fashioned Glass
- **Garnish** : 없음

칵테일 만들기

1. 올드패션 글라스를 준비하고 글라스에 큐브 아이스를 넣는다.
2. 위의 재료를 올드 패션 글라스에 차례대로 넣고 잘 저어준다.

Negroni 유래

네그로니 칵테일은 이탈리아 피렌체에 카소오니라는 레스토랑의 단골 손님인 키미이로 네그로니 백작이 좋아하는 칵테일이다.

캄파리와 스위트 벌무스를 넣어서 만든 이 칵테일은 유명한 아메리카노(Americano)에서 변형된 것으로, 식전주(Aperitif Cocktail)로도 유명하다.

New York
뉴욕

● **칵테일 재료(Recipe)**

Bourbon whiskey ………………… 1 1/2oz
Lime Juice ……………………………… 1/2oz
Powdered sugar ……………………… 1tsp
Grenadine Syrup …………………… 1/2tsp

- **칵테일 기법** : 흔들기(shake)
- **Glass** : Cocktail Glass
- **Garnish** : Twist of Lemon peel

● **칵테일 만들기**

1. 칵테일 글라스를 준비하고 글라스에 큐브 아이스를 넣어 차갑게 만든다.
2. 셰이커에 얼음을 3~4개 넣는다.
3. 위의 재료를 셰이커에 차례대로 넣고 잘 흔들어 준다.
4. 칵테일 글라스에 얼음을 걸러서 따른다.
5. 레몬껍질을 비틀어서 장식한다.

● **New York 유래**

뉴욕 칵테일은 위스키와 라임으로 이루어진 칵테일로 신맛과 단맛의 적절한 조화로 이루어진 식전주(Aperitif Cocktail)이다. 뉴욕의 밤을 장식하는 불빛을 연상시키는 칵테일이다.

Old Fashioned
올드패션

칵테일 재료(Recipe)

Bourbon whiskey 1oz
Sugar .... 1 cube
Angostura Bitter 1dash
soda water 1/2oz

- **칵테일 기법** : 직접 넣기(Build)
- **Glass** : Old Fashioned Glass
- **Garnish** : Orange and Cherry

칵테일 만들기

1. 올드패션글라스에 각설탕과 앙고 스트라 비터, 소다수를 차례로 넣고 잘 용해시킨다.
2. 글라스에 얼음을 3~4개를 넣는다.
3. Bourbon whiskey를 넣고 젓는다.
4. 오렌지, 체리로 장식한다.

Old Fashioned 유래

올드패션 칵테일은 1880년 미국 켄터키주 루이스 빌(louisville)에 있는 Pendennis Bar에서 장년의 단골 고객이 바텐더에게 고전미가 풍기는 칵테일을 만들어 달라고 부탁하였을 때 바텐더가 즉석에서 Bourbon과 Angostura 비터와 설탕을 넣고 만든 것이 시초이다.

응용

Bourbon whiskey 대신 Scotch Whisky를 사용하면 Scotch old Fashioned cocktail이 된다.

Olympic
올림픽 칵테일

● **칵테일 재료(Recipe)**

Brandy 3/4oz
Triple sec 3/4oz
Orange Juice 3/4oz

- **칵테일 기법** : 흔들기(shake)
- **Glass** : Cocktail Glass
- **Garnish** : 없음

● **칵테일 만들기**

1. 칵테일 글라스를 준비하고 글라스에 큐브 아이스를 넣어 차갑게 만든다.
2. 셰이커에 얼음을 3~4개 넣는다.
3. 위의 재료를 셰이커에 차례대로 넣고 잘 흔든다.
4. 칵테일 글라스에 얼음을 걸러서 따른다.

● **Olympic Cocktail 유래**

올림픽 칵테일은 1900년 제2회 프랑스 파리올림픽을 기념해서 파리에 있는 리츠 호텔의 바텐더에 의해 만들어졌다는 설과, 미국 피츠버그의 바텐더 비리 마로이가 당시 금주령으로 인해 술을 위장해서 마시기 위해 만들어졌다는 이야기가 있다.

Orange Blossom
오렌지 블러섬

칵테일 재료(Recipe)

Dry Gin ································ 1 1/2oz
Orange juice ································ 1oz
Powdered sugar ························· 1tsp

- **칵테일 기법** : 흔들기(shake)
- **Glass** : Cocktail Glass
- **Garnish** : 없음

칵테일 만들기

1. 칵테일 글라스를 준비하고 글라스에 큐브 아이스를 넣어 차갑게 만든다.
2. 셰이커에 얼음을 3~4개 넣는다.
3. 위의 재료를 셰이커에 차례대로 넣고 잘 흔들어 준다.
4. 칵테일 글라스에 얼음을 걸러서 따른다.

Orange Blossom 유래

오렌지 블러섬은 1892년 미국 뉴올리언스의 한 결혼식장 피로연에서 하객들을 접대하기 위해 만들어진 칵테일로 결혼하는 신부가 제2의 인생을 출발한다는 뜻으로 피로연에 잘 어울리는 칵테일이다. 오렌지 블러섬은 '오렌지 꽃'이라는 뜻으로 꽃말은 '순결'이다.

Pink Lady
핑크레이디

● **칵테일 재료(Recipe)**

Dry Gin 1oz
Light cream(우유) 2oz
Grenadine Syrup 1tsp

- **칵테일 기법** : 흔들기(Shake)
- **Glass** : Cocktail Glass
- **Garnish** : 없음

● **칵테일 만들기** 

1. 칵테일 글라스를 준비하고 글라스에 큐브 아이스를 넣어 차갑게 만든다.
2. 셰이커에 얼음을 3~4개 넣는다.
3. 위의 재료를 셰이커에 차례대로 넣고 잘 흔들어 준다.
4. 칵테일 글라스에 얼음을 걸러서 따른다.

● **Pink Lady의 유래**

1912년 런던의 한 극장에서 핑크레이디라는 연극이 공연되었는데 크게 히트하였다. 마지막 공연이 끝나고 개최한 파티석상에서 주연을 맡은 헤이즐 돈양에게 바친 칵테일로 여성들로부터 대단히 사랑을 받아온 칵테일이다. 핑크레이디가 처음 만들어졌을 때는 드라이 진에 계란흰자와 그레나딘 시럽만 넣고 있으나 지금은 미국식으로 라이트 크림을 더 첨가하여 만든다.

Paradise
파라다이스

칵테일 재료(Recipe)

Dry Gin 1 1/2oz
Orange juice 1oz

- **칵테일 기법** : 흔들기(shake)
- **Glass** : Cocktail Glass
- **Garnish** : 없음

칵테일 만들기

1. 칵테일 글라스를 준비하고 글라스에 큐브 아이스를 넣어 차갑게 만든다.
2. 셰이커에 얼음을 3~4개 넣는다.
3. 위의 재료를 셰이커에 차례대로 넣고 잘 흔들어 준다.
4. 칵테일 글라스에 얼음을 걸러서 따른다.

Paradise 유래

파라다이스 칵테일은 낙원이라는 뜻을 가진 칵테일이다. 살구와 오렌지를 즐길 수 있고, 중간 정도의 단맛을 가진 올데이 타입(All Day Type)의 여성용 칵테일이다.

Pina Colada
피나 콜라다

칵테일 재료(Recipe)

Rum 1 1/2oz
Pineapple Juice 2oz
Coconut Cream 2oz

- 칵테일 기법 : 혼합하기(Blending)
- Glass : Highball Glass
- Garnish : Pineapple and Cherry

칵테일 만들기

1. 하이볼글라스를 준비하고 글라스에 큐브 아이스를 차갑게 만든다.
2. 셰이커에 얼음을 3~4개 준비한다.
3. 위의 재료를 셰이커에 차례대로 넣고 잘 흔들어 준다.
4. 하이볼글라스에 얼음을 걸러서 따른다.
5. 파인애플과 체리를 장식한다.

Pina Colada Cocktail 특징

피나 콜라다(Pina Colada)는 스페인어로 '파인애플이 무성한 언덕'이라는 의미를 지니고 있으며 1970년대 카리브해에서 유래하였다. 코코넛향이 진하며 매년 2월 중순 브라질에서 열리는 리오 카니발 때에 많이 사용되고 있으며, 현재는 Tropical Cocktail로 널리 애음되고 있다. Base를 White Rum을 Vodka로 바꾸면 하와이에서 탄생한 '치치(Chi Chi)'라는 Tropical Cocktail이 된다.

Rusty Nail
러스티 네일

칵테일 재료(Recipe)

Scotch Whisky 1 1/2oz
Drambuie 1/2oz

- **칵테일 기법** : 직접넣기(Build)
- **Glass** : Old Fashioned Glass
- **Garnish** : 없음

칵테일 만들기

1. 올드패션 글라스를 준비하고 글라스에 큐브 아이스를 넣는다.
2. 올드패션 글라스에 Scotch Whisky 1 1/2oz 따른다.
3. Drambuie 1/2oz를 띄운다.

Rusty nail 유래

녹슨 못이라는 뜻과는 달리 영국 신사들이 즐겨 마시는 고급스러운 칵테일이다. 러스티 네일의 칵테일은 스코틀랜드의 바텐더가 미국인 고객들에게 칵테일을 제공하기 전에 녹슨 못으로 칵테일을 저었다는데서 유래되었다는 설과, 칵테일의 색깔 때문에 이런 이름이 붙었다고 생각된다. 이름과는 달리 영국 신사들이 즐겨 마시는 고급스러운 칵테일이다.

Rob Roy
롭 로이

칵테일 재료(Recipe)

Scotch Whisky 1 1/2oz
Sweet vermouth 3/4oz
Angostra Bitter 1dash

- **칵테일 기법** : 휘젓기(Stir)
- **Glass** : Cocktail Glass
- **Garnish** : Cherry

칵테일 만들기

1. 칵테일 글라스를 준비하고 글라스에 큐브 아이스를 넣어 차갑게 만든다.
2. 믹싱글라스에 얼음을 3~4개 넣는다.
3. 위의 재료를 믹싱글라스에 차례대로 넣고 잘 저어준다.
4. 칵테일 글라스에 얼음을 걸러서 따른다.
5. 체리로 장식한다.

Rob Roy 유래

롭 로이 칵테일은 영국 런던의 사보이 호텔에서 근무하는 바텐더가 만든 것으로서 국가적으로 명성이 높았던 Robert Roy라는 사람이 자신의 명예와 영광을 다 버리고 평민의 여인을 사랑하였다는 설이 있다.

Stinger
스팅거

칵테일 재료(Recipe)

Brandy ································ 1 1/2oz
Creme de Menthe(White) ·········· 1/2oz

- **칵테일 기법** : 흔들기(shake)
- **Glass** : Cocktail Glass
- **Garnish** : 없음

칵테일 만들기

1. 칵테일 글라스를 준비하고 글라스에 큐브 아이스를 넣어 차갑게 만든다.
2. 셰이커에 얼음을 3~4개 넣는다.
3. 위의 재료를 셰이커에 차례대로 넣고 잘 흔든다.
4. 칵테일 글라스에 얼음을 걸러서 따른다.

Stinger Cocktail 유래

Stinger는 브랜디를 사용하여 씁쓸한 cocktail의 일종으로 "찌르는 바늘"이라는 뜻처럼 브랜디와 박하의 맛이 입 안에서 매우 자극적이다.

Singapore Sling
싱가폴 슬링

칵테일 재료(Recipe)

Dry Gin 1oz
Lemon Juice 1/2oz
Powdered sugar 1tsp
Fill with club soda
Cherry Brandy 1/2oz

- **칵테일 기법** : 흔들기(shake) + 직접넣기(Build)
- **Glass** : Collins Glass
- **Garnish** : Orange and Cherry

칵테일 만들기

1. 칼린스 글라스를 준비하고 글라스에 큐브 아이스를 넣어 차갑게 만든다.
2. 셰이커에 얼음을 3~4개 넣는다.
3. 진, 레몬주스를 셰이커에 차례대로 넣고 잘 흔들어 준다.
4. 칼린스 글라스에 새로 얼음을 넣고 따른다.

Singapore Sling 유래

싱가포르에 있는 라플즈 호텔의 Bar에서 1910년에 한 바텐더가 아름다운 석양을 바라보며 만들었다. 1900년 초반에 여러 종류의 Recipe가 알려지기 시작하여 Singapore 내에서 대단한 인기를 차지하게 되었다.

Sloe Gin Fizz
슬로우진 피즈

칵테일 재료(Recipe)

Creme de Menthe(White) ·········· 1/2oz
Sloe Gin ································ 1 1/2oz
Lemon juice ···························· 1/2oz
Powdered sugar ························ 1tsp
Fill with club soda

- **칵테일 기법** : 흔들기(shake) + 직접넣기(build)
- **Glass** : Highball Glass
- **Garnish** : Slice Lemon + Cherry

칵테일 만들기 

1. 하이볼 글라스를 준비하고 글라스에 큐브 아이스를 넣어 차갑게 만든다.
2. 셰이커에 얼음을 3~4개 넣는다.
3. 위의 재료를 셰이커에 차례대로 넣고 잘 흔들어 준다.
4. 하이볼 글라스에 얼음을 걸러서 따른다.
5. 소다워터 80% 채우고 잘 저어준다.
6. 레몬슬라이스와 체리를 장식한다.

Sloe Gin Fizz 유래

이 칵테일은 1963년 워커힐이 개관하였을 때 만들어졌다. 내국인은 출입이 금지되고 미국인들만이 워커힐을 이용할 당시 미국과 동반하여 오는 여성들을 위해 순하고 맛이 좋은 칵테일로 만든 것이 시초이다.

Sea breeze
시 브리즈

● 칵테일 재료(Recipe)

Vodka ·································· 1 1/2oz
Cranberry Juice ···························· 3oz
Grapefruit Juice ···························· 2oz

- 기법 : 직접넣기(build)
- Glass : Highball Glass
- 장식 : A Wedge of Lemon

● 칵테일 만들기 

1. 하이볼 글라스를 준비하고 글라스에 큐브 아이스를 넣어 차갑게 만든다.
2. 하이볼 글라스에 위의 재료를 넣고 바스푼으로 젓는다.

● Sea breeze 유래

시 브리즈 칵테일은 '바다에서 부는 산들바람'이란 뜻으로 시 브리즈 칵테일은 영화'프렌치 키스'에서 주인공이 프랑스 해변을 거닐면서 마셨다는 설이 있다. 크랜베리주스와 자몽주스의 시원한 칵테일로 보드카의 특유의 독함이 어우러진 Tropical Cocktail의 한 종류이다.

Side car
사이드 카

칵테일 재료(Recipe)

Brandy 1oz
Triple sec 1oz
Lemon Juice 1/4oz

- **칵테일 기법** : 흔들기(shake)
- **Glass** : Cocktail Glass
- **Garnish** : 없음

칵테일 만들기

1. 칵테일 글라스를 준비하고 글라스에 큐브 아이스를 넣어 차갑게 만든다.
2. 셰이커에 얼음을 3~4개 넣는다.
3. 위의 재료를 셰이커에 차례대로 넣고 잘 흔든다.
4. 칵테일 글라스에 얼음을 걸러서 따른다.

Side Car Cocktail 유래

사이드카 칵테일은 제1차 세계대전 당시 파리에서 목로주점 거리를 항상 사이드카를 타고 비스트로(Bistro, 선술집)를 다니던 독일군 장교의 주문에 의해서 바텐더 프랭크가 만들었다는 이야기가 있다.

Screw Driver
스크루 드라이버

● **칵테일 재료(Recipe)**

Vodka 1 1/2oz
Fill with Orange Juice

- **칵테일 기법** : 직접 넣기(Build)
- **Glass** : Highball Glass
- **Garnish** : 없음

● **칵테일 만들기** 

1. 하이볼 글라스를 준비하고 글라스에 큐브 아이스를 넣어 차갑게 만든다.
2. 하이볼 글라스에 보드카를 넣는다.
3. 오렌지주스로 나머지 8부를 채운다.

● **Screw Driver Cocktail 유래**

미국의 유전 개발하는 기술자가 일을 하다 갈증을 해소하기 위해 얼음에 보드카와 오렌지주스를 섞고 자기가 가지고 있던 스크루 드라이버로 저어서 마셨다고 하여 붙여진 이름이다.

Tequila sunrise
데킬라 선라이즈

칵테일 재료(Recipe)

Tequila 1 1/2oz
Fill with Orange Juice
Grenadine Syrup 1/2oz

- **칵테일 기법** : 직접넣기(build), 띄우기(Float)
- **Glass** : Highball Glass
- **Garnish** : Slice Orange + Cherry

칵테일 만들기

1. 하이볼 글라스를 준비하고 글라스에 큐브 아이스를 넣어 차갑게 만든다.
2. 하이볼 글라스에 데킬라를 넣는다.
3. 오렌지주스로 나머지 8부를 채운다.
4. 그레나딘 시럽 1/2oz를 띄워준다.

Tequila sunrise(데킬라 선라이즈) 유래

1960년대 멕시코에서 처음으로 만들어진 것으로 잘 알려져 있으며 멕시코산 Tequlia에 주스를 배합한 후 붉은색의 석류시럽을 위에 뿌려주는데, 마치 석류시럽이 가라앉는 태양의 현상이 아침의 일출을 연상케 한다고 해서 붙여진 이름이다.

Tom collins
톰 칼린스

칵테일 재료(Recipe)

Dry Gin 2oz
Lemon juice 1/2oz
Powdered sugar 1tsp
Fill with Club Soda

- **칵테일 기법** : 흔들기(shake) + 직접넣기(build)
- **Glass** : Collins Glass
- **Garnish** : Lemon and cherry

칵테일 만들기

1. 칼린스 글라스를 준비하고 글라스에 큐브 아이스를 넣어 차갑게 만든다.
2. 셰이커에 얼음을 3~4개 넣는다.
3. 진, 레몬주스를 셰이커에 차례대로 넣고 잘 흔들어 준다.
4. 칼린스 글라스에 얼음을 넣고 따른다.

Tom Collins 유래

톰 칼린스는 19세기 말 런던 시 하노버가 콜턴트 거리의 리머즈 코너 술집에서 근무하는 존 콜린즈라는 헤드웨이터가 고안했다. 처음에는 네덜란드 진을 사용하였으나 후에는 영국산 Old Tom Gin을 사용한 것이 인기를 얻게되자 이름을 톰 칼린스라고 부르게 되었다.

제11장

테마 칵테일 50선
(Tropical Cocktail, Party Cocktail)

Zoom
줌 칵테일

칵테일 재료(Recipe)

Brandy 1 1/2oz
Honey 1/3oz
Light Cream(우유) 1/2oz

- **칵테일 기법** : 흔들기(Shake)
- **Glass** : Cocktail Glass
- **Garnish** : 없음

칵테일 만들기

1. 칵테일 글라스를 준비하고 글라스에 큐브 아이스를 넣어 차갑게 만든다.
2. 셰이커에 얼음을 3~4개 넣는다.
3. 위의 재료를 셰이커에 넣고 잘 흔든다.
4. 칵테일 글라스에 얼음을 걸러서 따른다.

Zoom Cocktail 특징

줌(Zoom) 칵테일은 물체가 급상승할 때 나는 의성어로서 특히, 꿀을 사용하여 벌이 움직이면서 날개소리를 뜻하는 것을 의미한다. 줌 칵테일은 식후주에 적합한 칵테일이다.

Chi Chi
치치

칵테일 재료(Recipe)

Vodka ········ 1oz
Pinacolada mix ········ 2oz
Pineapple Juice ········ 2oz

- **칵테일 기법** : 흔들기(Shake)
- **Glass** : Collins Glass
- **Garnish** : Slice Pineapple + Cherry

칵테일 만들기

1. 칼린스 글라스를 준비하고 글라스에 큐브 아이스를 넣어 차갑게 만든다.
2. 셰이커에 얼음을 3~4개 넣는다.
3. 위의 재료를 셰이커에 넣고 흔들어 준다.
4. 칼린스 글라스에 얼음을 걸러서 따른다.
5. Pineapple과 Cherry로 장식한다.

Chi Chi 유래

치치 칵테일은 하와이에서 태어난 Tropical Cocktail로서 치치라는 뜻은 미국의 속어로서 "세련된", 멋진"이라는 뜻으로서 파인애플주스와 코코넛 밀크를 사용해서 파인애플향이 강한 우유맛을 자아낸다. 특히, 보드카를 럼으로 변경하면 피나콜라다 칵테일이 된다.

Wine Cooler
와인 쿨러

칵테일 재료(Recipe)

Red Wine 3oz
Fill with Gingerale

- **칵테일 기법** : 직접넣기(Build)
- **Glass** : Red Wine Glass
- **Garnish** : 없음

칵테일 만들기 

1. 먼저 Red Wine Glass에 얼음을 3~4개 넣는다.
2. Red Wine 을 따른다.
3. Gingerale로 채운다.

Wine Cooler Cocktail 특징

와인을 기주로 만든 롱드링크 칵테일로서, 청량감이 있으며 무더운 여름날씨에 어울리는 Tropical Cocktail이다.

Gin Fizz
진 피즈

칵테일 재료(Recipe)

Dry Gin 1 1/2oz
Lemon Juice 1/2oz
Powdered sugar 1tsp
Fill with Club Soda

- **칵테일 기법** : 흔들기(Shake) + 직접넣기(Build)
- **Glass** : Highball Glass
- **Garnish** : Slice Lemon

칵테일 만들기

1. 하이볼 글라스를 준비하고 글라스에 큐브 아이스를 넣어 차갑게 만든다.
2. 셰이커에 얼음을 3~4개 넣는다.
3. 위의 재료를 셰이커에 넣고 잘 흔들어 준다.
4. 하이볼 글라스에 얼음을 걸러서 따른다.
5. 소다수로 8부 채운 후 레몬 슬라이스로 장식한다.

Gin Fizz Cocktail 특징

진피즈(Gin Fizz) 칵테일은 레몬의 신맛과 설탕의 단맛이 조화롭게 어울어진 칵테일로서 1888년 미국의 뉴올리언즈에 있는 임페리얼 케비넷 사롱에서 헨리 라모스 씨에 의해 탄생했다는 설이 있다.

Spritzer
스피릿처

칵테일 재료(Recipe)

White Wine 3oz
Soda Water Fill

- **칵테일 기법** : 직접넣기(Build)
- **Glass** : Highball Glass
- **Garnish** : Lemon Slice

칵테일 만들기

1. 하이볼글라스를 준비하고 글라스에 큐브 아이스를 넣어 차갑게 만든다.
2. 얼음이 담긴 하이볼글라스에 화이트와인을 직접넣는다.
3. 화이트와인을 넣은 후 소다수를 8부 채운다.
4. Lemon Slice를 장식한다.

Spritzer Cocktail 특징

스피릿처(Spritzer) 칵테일은 독일어 슈피리첸(톡톡 튄다)에서 유래된 말로서, 화이트와인에 소다수를 혼합한 칵테일로서 알코올 도수가 낮고 가벼운 건강음료이다.

Million Dollar
밀리언 달러

칵테일 재료(Recipe)

Dry Gin ········· 1oz
Sweet vermouth ········· 1/2oz
Grenadine Syrup ········· 1tsp
pineapple juice ········· 2tsp
Egg white ········· 1ea

- **칵테일 기법** : 흔들기(Shake)
- **Glass** : Champagne Glass
- **Garnish** : 없음

칵테일 만들기

1. 샴페인 글라스를 준비하고 글라스에 큐브 아이스를 넣어 차갑게 만든다.
2. 셰이커에 얼음을 3~4개 넣는다.
3. 위의 재료를 셰이커에 넣고 10회 이상 정도 잘 흔들어 준다.
4. 샴페인 글라스에 얼음을 걸러서 따른다.

Million Dollar Cocktail 특징

'백만장자' 라는 이름이 붙여진 칵테일로서, 1922년 일본의 불경기가 지속되었을 때 경기가 회복되길 바라는 마음에서 일본에서 처음 만들어진 칵테일이다. 계란흰자를 사용하기 때문에 충분히 흔들어 주어야 하며, 색상이 아름답고 부드러운 맛의 칵테일이다.

Hawaiian
화와이언

칵테일 재료(Recipe)

Dry Gin 1oz
Triple Sec 1/2oz
Pineapple juice 1/2oz

- **칵테일 기법** : 흔들기(Shake)
- **Glass** : Cocktail Glass
- **Garnish** : 없음

칵테일 만들기

1. 칵테일 글라스를 준비하고 글라스에 큐브 아이스를 넣어 차갑게 만든다.
2. 셰이커에 얼음을 3~4개 넣는다.
3. 위의 재료를 셰이커에 넣고 잘 흔들어 준다.
4. 칵테일 글라스에 얼음을 걸러서 따른다.

Hawaiian Cocktail 특징

화와이안(Hawaiian) 칵테일은 하와이 해변의 시원함을 주제로 만들어진 칵테일로서 1961년 개봉된 영화 엘비스 플레스리 주연의 하와이에서 유래되었다는 설이 있다.

Peach Punch
피치 펀치

칵테일 재료(Recipe)

Vodka 1oz
Peach Slice with Syrup 2oz
Peach Schnapps 1oz
Sweet & Sour Mix 1oz
Grenadine Syrup 1dash

- **칵테일 기법** : 혼합하기(Blending)
- **Glass** : Pilsner Glass
- **Garnish** : Slice Apple

칵테일 만들기

1. 믹서기에 Crushed Ice와 재료를 함께 넣어 만든다.
2. 필스너 글라스에 재료를 넣는다.
3. 사과슬라이스를 장식한다.

Peach Punch 칵테일 특징

Punch의 어원은 인도어의 '폰추'라고 하며, 인도에서 유럽으로 전해지면서 일반적으로 파티나 연회 등에서 많이 이용된다. 주로 과일주스와 과일을 넣어 만든 다양한 과일펀치(Fruit Punch) 등 무알코올 펀치와 와인과 보드카 등 술을 넣어서 만든 알코올 펀치까지 드시는 분들의 취향에 따라 다르다.

Red Eye
레드아이

칵테일 재료(Recipe)

Beer 1/2Half
Tomato Juice 1/2Half

- **칵테일 기법** : 직접넣기(Build)
- **Glass** : Highball Glass
- **Garnish** : 없음

칵테일 만들기 

1. 하이볼 글라스를 준비하고 글라스에 큐브 아이스를 넣는다.
2. 재료를 글라스에 직접 넣는다.

Red Eye 유래

레드아이 칵테일은 숙취시에 "충혈된 눈"을 의미하는 것으로서 블러드 메리와 함께 해장술로 유명한 칵테일이다. 재료를 시원하게 하여 마시면 좋다. 레드아이는 맥주칵테일로서 맥주를 기본주로 하여 모나코, 블랙벨벳, 도그 노즈 등 다양하게 만들 수 있다.

Frappe(Mint)
민트 프라페

칵테일 재료(Recipe)

Creme de Minthe(Green) 1oz
1/2 Scoop Crushed Ice

- **칵테일 기법** : 직접넣기(Build)
- **Glass** : Cocktail Glass
- **Garnish** : Cherry

칵테일 만들기 

1. 칵테일 글라스를 준비하고 글라스에 큐브 아이스를 넣어 차갑게 만든다.
2. 얼음을 갈아서 글라스에 넣는다.
3. Creme de Menth Green을 얼음 위에 넣고 체리를 장식한다.

Frappe(Mint) 유래

Menthe Frappe는 더운 여름 시원하게 즐기는 칵테일로서 차가운 얼음과 시원하고 향긋한 박하향이 피로한 몸을 회복시켜드리는 역할을 하는 칵테일이다. 민트프라페는 여성칵테일로서 여름철에 즐기는 칵테일이다. 재료에 따라 갈리아노 프라페, 카시스 프라페 등 다양하다.

Pousse Cafe
푸스 카페

칵테일 재료(Recipe)

Grenadine Syrup ·················· 1/6Glass
Creme de Cacao(Brown) ········ 1/6Glass
Creme de Menthe(Green) ······· 1/6Glass
Blue Curacao ························ 1/6Glass
Galliano ······························· 1/6Glass
Brandy ································ 1/6Glass

- **칵테일 기법** : 띄우기(Floating)
- **Glass** : Liqueur glass
- **Garnish** : 없음

칵테일 만들기

1. 리큐르 글라스를 준비한다.
2. 재료를 상기와 같이 그레나딘시럽부터 브랜드까지 띄워준다.

Pusse Cafe 칵테일 특징

Pusse Cafe 칵테일은 프랑스의 Pousse Cafe에서 당시에 일하던 바텐더에 의해 고안된 칵테일로서 칵테일 기법 중 띄우기(Float)로서 가장 화려한 칵테일이다. 푸스 카페 재료는 꼭 정해져 있지 않으나 색깔과 비중을 참고해야 하며, 일반적으로 5 Step(그레나딘시럽, 깔루아, 크림드 민트그린, 갈리아노, 블루큐라소) 등의 방법도 있다.
참고로 Rainbow칵테일은(그레나딘시럽, 깔루아, 아마레토, 멜론리큐르, 블루큐라소, 슬로우진, 바카디 151℃) 등 7 Step으로 이루어진다.

P.S I Love You
피.에스 아일러브유

칵테일 재료(Recipe)

Bailey's Irish Cream ………………… 1/2oz
Rum ………………………………… 1/2oz
Amaretto …………………………… 1/2oz
Kahlua ……………………………… 1/2oz
Milk ………………………………… 1/2oz

- **칵테일 기법** : 흔들기(shake)
- **Glass** : On the Rocks Glass
- **Garnish** : 없음

칵테일 만들기

1. 온더락스 글라스를 준비하고 글라스에 큐브 아이스를 넣어 차갑게 만든다.
2. 셰이커에 얼음을 3~4개 넣고 흔든다.
3. 얼음과 함께 글라스에 재료를 넣는다.

P.S I Love You 칵테일 특징

PS. I Love You 칵테일은 "추신. 당신을 사랑합니다"라는 뜻의 칵테일로서 연인에게 프로포즈를 할 때 사용되는 칵테일로서 감미로운 칵테일 중의 하나이다.

Blue Sapphire
블루 사파이어

칵테일 재료(Recipe)

Blue Curacao 1/2oz
Peach Tree 1/2oz
Malibu Rum 1/2oz
Lime Juice 1/2oz
Cider Fill

- **칵테일 기법** : 직접넣기(Build)
- **Glass** : Wine Glass
- **Garnish** : Lemon Slice

칵테일 만들기

1. 와인 글라스를 준비하고 글라스에 얼음을 넣어준다.
2. 재료를 레시피에 의해 글라스에 직접 넣어준다.
3. 재료를 잘 섞어 고객에게 제공한다.
4. 레몬으로 장식한다.

블루 사파이어 유래

블루사파이어는 복숭아, 오렌지, 코코넛의 복합적인 맛을 느낄 수 있으며, 푸른 하늘색의 사파이어 빛을 내는 칵테일이다. 블루큐라소(Blue Curaso)로 만들어진 칵테일은 블루하와이, 블루사파이어, 블루스카이, 스카이 다이빙, 그랑블루 등이 있다.

Gin Rickey
진 릭키

칵테일 재료(Recipe)

Dry Gin ································ 1 1/2oz
Lime Juice ································ 1/2oz
Fill with Club Soda

- **칵테일 기법** : 직접넣기(Build)
- **Glass** : Highball Glass
- **Garnish** : Slice Lemon

칵테일 만들기

1. Cocktail Glass를 준비하고 글라스에 큐브 아이스를 넣어 차갑게 만든다.
2. 얼음이 담긴 하이볼 글라스에 진, 라임주스를 넣는다.
3. 소다수로 8부 채운다.
4. Lemon Slice로 장식한다.

Gin Rickey Cocktail 특징

워싱턴 DC 로비스트인 조 리키가 좋아했던 칵테일로서 슈메카즈 레스토랑에서 창안했던 칵테일로서 신맛이 독특하지만 깔끔한 맛의 칵테일이다. 당분이 첨가하지 않은 칵테일로서 다이어트를 좋아하는 사람들에게 적합한 칵테일이다.

Melon Fizz
멜론 피즈

칵테일 재료(Recipe)

Melon Liqueur ························ 1 1/2oz
Lemon juice ······························ 1/2oz
Powdered sugar ·························· 1tsp
Fill with Club Soda

- **칵테일 기법** : 흔들기(shake) + 직접넣기(build)
- **Glass** : Highball Glass
- **Garnish** : Lemon and cherry

칵테일 만들기 

1. 하이볼 글라스를 준비하고 셰이커에 소다수를 제외하고 얼음을 넣고 흔들어 준다.
2. 하이볼 글라스에 얼음을 넣어준다.
3. 재료를 흔들어준 후에 재료를 글라스에 넣고 마지막에 소다수를 채워준다.
4. 레몬과 체리를 장식한다.

Melon Fizz 특징

Fizz는 슬로우진 피즈(Sloe Gin Fizz), 진피즈(Gin Fizz), 블랙베리 피즈(Black Berry Fizz) 등 다양하게 이루어진다.

X.Y.Z
엑스 와이 제트

● 칵테일 재료(Recipe)

Rum 1oz
Triple Sec 1/2oz
Lemon Juice 1/2oz

- **칵테일 기법** : 흔들기(Shake)
- **Glass** : Cocktail Glass
- **Garnish** : 없음

● 칵테일 만들기

1. 칵테일 글라스를 준비하고 글라스에 큐브 아이스를 넣어 차갑게 만든다.
2. 셰이커에 얼음을 3~4개 넣는다.
3. 재료를 셰이커에 차례대로 넣고 잘 흔들어 준다.
4. 칵테일 글라스에 얼음을 걸러서 붓는다.

● X.Y.Z 유래

X.Y.Z 칵테일은 알파벳의 마지막이란 뜻으로서 더 이상의 칵테일은 없으며, 이것이 마지막이다라는 뜻으로서 최후의 칵테일을 의미한다. Bar의 폐점 시간까지 있는 손님에게 이 한 잔의 칵테일은 오늘은 이만~으로 재치있게 대처하는 칵테일이다. 이별, 작별의 뜻과도 통하는 칵테일이다. 바텐더에게는 굿바이로 알려진 칵테일이다. X.Y.Z 칵테일은 미국 플로리다에 위치한 비치 리조트지대인 마이애미의 이름을 붙여서 마이애미라고도 칵테일 이름이 붙여진다.

French Kiss
프렌치 키스

칵테일 재료(Recipe)

Rum ·· 1/2oz
Malibu Rum ································ 1/2oz
Peach Tree ································ 1/2oz
Crenadine Syrup ························ 1/2oz
Cranberry Juice ·························· 2oz
Sweet & Sour Mix ························ 2oz

- **칵테일 기법** : 흔들기(Shake)
- **Glass** : Pilsner Glass
- **Garnish** : Orange Slice + Cherry

칵테일 만들기

1. 필스너 글라스를 준비하고 글라스에 큐브 아이스를 넣어 차갑게 만든다.
2. 셰이커에 얼음을 3~4개 넣고, 흔들어 준다.
3. 오렌지와 체리장식을 한다.

French Kiss 유래

프렌치 키스 칵테일은 영화 "프렌치 키스"에서 맥라이언이 남자친구와 함께 프랑스 해변에서 바다바람을 맞으며 즐겨 마셨던 칵테일로 유명하다.

Campari & Orange
캄파리 & 오렌지

칵테일 재료(Recipe)

Campari 1 1/2oz
Fill with Orange

- **칵테일 기법** : 직접넣기(Build)
- **Glass** : Highball Glass
- **Garnish** : Slice of Orange

칵테일 만들기 

1. 하이볼 글라스를 준비하고 글라스에 큐브 아이스를 넣어 차갑게 만든다.
2. 글라스에 캄파리를 넣고, 오렌지주스를 부어주며 바 스푼으로 저어준다.
4. 오렌지 슬라이스로 장식이 이루어진다.

Campari Orange Cocktail 특징

Campari는 이탈리아의 대표적인 리큐르 중의 하나로서 약초를 넣어서 특유의 쓴맛과 오렌지주스의 새콤달콤한 맛이 조화를 이루어 식전 칵테일로 널리 사랑을 받고 있다. 캄파리에 소다수를 가미하면 캄파리 앤 소다 칵테일로도 이용되고 있다.

Peach Blossom
복숭아꽃(도화)

칵테일 재료(Recipe)

Peach Tree ………… 1oz
Triple Sec ………… 1/2oz
Sweet & Sour Mix ………… 1oz
Apple Juice ………… 1oz
Grenadine Syrup ………… 1dash
Fill with Cider

- **칵테일 기법** : 흔들기(shake) + 직접넣기(build)
- **Glass** : Wine Glass
- **Garnish** : 없음

칵테일 만들기 

1. 와인 글라스를 준비하고 글라스에 큐브 아이스를 넣어 차갑게 만든다.
2. 셰이커에 재료를 넣고 흔들어준다. 이 때 사이다는 제외한다.
3. 글라스에 재료를 붓고, 사이다로 잔을 채운다.

Peach Blossom Cocktail 특징

Peach Blossom 칵테일은 "복숭아 꽃"이라는 뜻으로서 달콤하면서 시원한 칵테일이다.

Bronx
브롱스

● **칵테일 재료(Recipe)**

Dry Gin 1oz
Dry Vermouth 1/2oz
Sweet Vermouth 1/2oz
Orange Juice 1/2oz

- **칵테일 기법** : 젓기(Stir)
- **Glass** : Cocktail Glass
- **Garnish** : 없음

● **칵테일 만들기** 

1. 칵테일 글라스를 준비하고 글라스에 큐브 아이스를 넣어 차갑게 만든다.
2. Mixing Glass에 얼음을 3~4개 넣는다.
3. 재료를 차례대로 넣고 잘 저어 준다.
4. 칵테일 글라스에 재료를 따른다.

● **Bronx Cocktail 유래**

1919년 미국 뉴욕의 한 호텔의 바텐더가 마티니를 변형하여 만든 것으로서 뉴욕시의 브롱스에서 명명하여 만든 칵테일이다. 칵테일 이름에서 뉴욕과 관련 있는 칵테일들이 버번위스키를 사용하는데 비해서 브롱스는 진을 사용한다.

Flamingo
플라밍고

칵테일 재료(Recipe)

Dry Gin 1oz
Apricot Brandy 1/2oz
Lime Juice 1/2oz
Grenadine Syrup 1tsp

- **칵테일 기법** : 흔들기(Shake)
- **Glass** : Pilsner Glass
- **Garnish** : Pineapple and cherry

칵테일 만들기

1. 필스너 글라스를 준비하고 글라스에 큐브 아이스를 넣어 차갑게 만든다.
2. 셰이커에 얼음을 3~4개 넣는다.
3. 셰이커에 재료를 넣고 잘 흔든 후 얼음을 담은 글라스에 재료를 따른다.

Flamingo Cocktail 유래

플라밍고 칵테일은 약간의 단맛과 Tropical Cocktail의 한 종류로서 춤추는 홍학의 붉은 색깔과 코코넛의 향기가 매력적인 칵테일이다.

Salty Dog
솔티 독

칵테일 재료(Recipe)

Vodka 1oz
Grapefruit Juice Fill

- **칵테일 기법** : 직접넣기(Build)
- **Glass** : Highball Glass
- **Garnish** : Lemon 껍질

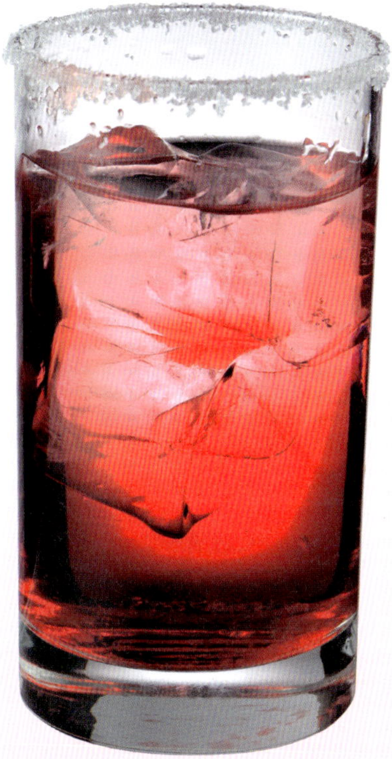

칵테일 만들기 

1. 하이볼 글라스를 준비하고 글라스에 레몬 즙을 묻여 소금으로 Rimming 후 큐브 아이스를 넣어 차갑게 만든다.
2. 재료를 Glass에 직접넣고 잘 젓는다.
3. 레몬 껍질로 장식한다.

Salty Dog Cocktail 유래

Salty Dog은 "짠 개"라는 뜻으로서 개성적인 사람을 상징하는 영국 선박의 갑판원을 지칭하는 속어이다. Grapefruit의 신맛과 Snow Style 소금의 짠맛이 보드카와 어울려져 독특한 맛을 내주는 효과가 있다.

Black Velvet
블랙 벨벳

칵테일 재료(Recipe)

Black Beer 1/2Glass
Champagne 1/2Glass

- **칵테일 기법** : 직접넣기(Build)
- **Glass** : Pilsner Glass
- **Garnish** : 없음

칵테일 만들기

1. 필스너 글라스를 준비하고 글라스에 큐브 아이스를 넣어 차갑게 만든다.
2. 재료를 Glass에 각각 1/2씩 직접넣고 잘 젓는다.

Black Velvet 유래

블랙벨벳 칵테일은 차게 만든 글라스에 아일랜드 흑맥주인 기네스 오리지널과 샴페인을 절반씩 부으면 칵테일이 완성된다. 블랙 벨벳이라는 이름은 "검은 빌로드"라는 의미로 흑맥주와 샴페인의 색의 혼합에서 유래하였다.

Kami Kaze
가미 가제

칵테일 재료(Recipe)

Vodka 1 1/2oz
Triple Sec 1/2oz
Lime Juice 1/2oz

- **칵테일 기법** : 흔들기(Shake)
- **Glass** : Cocktail Glass
- **Garnish** : 없음

칵테일 만들기

1. 칵테일 글라스를 준비하고, 글라스에 큐브 아이스를 넣어 차갑게 만든다.
2. 셰이커에 얼음을 3~4개 넣는다.
3. 셰이커에 차례대로 넣고 잘 흔들어 준 후에 글라스에 재료를 따른다.

Kami kaze Cocktail 유래

가미가제 칵테일은 제2차 세계대전 중 자살공격으로 유명한 일본공군을 말하는 것으로서 미국에서 만들어 졌지만, 톡 쏘는 맛이 가미가제 같다고 붙여졌다고 한다. 약간 시큼하면서도 쓴맛의 칵테일로서 보드카의 깔끔한 맛과 신맛의 라임을 좋아하시는 칵테일이다.

Rum Coke
럼 콕

칵테일 재료(Recipe)

Rum 1oz
Fill of Coke

- **칵테일 기법** : 직접넣기(Build)
- **Glass** : Highball Glass
- **Garnish** : 없음

칵테일 만들기

1. 하이볼 글라스를 준비하고, 글라스에 큐브 아이스를 넣어 차갑게 만든다.
2. 글라스에 직접 재료를 차례대로 넣고 잘 저어준다.

Rum Cock Cocktail 특징

럼콕 칵테일은 시원하면서 콜라의 톡 쏘는 맛과 단맛이 어우러진 All day Type의 칵테일이다. 럼은 어떠한 음료와도 잘 어울리며 특히, 탄산음료로는 콜라가 가장 잘 어울린다.

God Father
갓 파더

칵테일 재료(Recipe)

Scotch Whisky 1 1/2oz
Amaretto 1/2oz

- **칵테일 기법** : 직접넣기(Build)
- **Glass** : On the Rocks Glass
- **Garnish** : 없음

칵테일 만들기 

1. On the Rocks Glass를 준비하고, 글라스에 큐브 아이스를 넣어 차갑게 만든다.
2. 올드패션글라스(온더락스 글라스)에 재료를 넣고 젓는다.

God Father Cocktail 특징

갓 파더(God Father)란 가톨릭에서 영세받을 남자의 후견인(대부)을 말하는 것으로서 영화 대부의 원제 God Father가 연상되는 칵테일이다. 또한 영화에서처럼 대부, 돈, 어두운 뒷거래를 의미하는 것으로서 사용된다. 이 칵테일은 아마렛토의 아몬드의 향이 어우러져 식후에 많이 사용되는 칵테일이다. 위스키 대신에 보드카를 넣으면 God Mather Cocktail이 된다.

Mimosa
미모사

칵테일 재료(Recipe)

Champagne 1/2Glass
Orange Juice 1/2Glass

- **칵테일 기법** : 직접넣기(Build)
- **Glass** : Champagne Glass
- **Garnish** : Slice Orange

칵테일 만들기

1. 샴페인 글라스를 준비하고, 글라스에 큐브 아이스를 넣어 차갑게 만든다.
2. 차가운 글라스에 시원한 샴페인과 오렌지 주스를 같은 비율로 따른 후에 가볍게 저어서 오렌지장식을 한다.

Mimosa Cocktail 특징

미모사 칵테일은 Mimosa꽃과 유사한 것에서 붙여진 이름으로서 입 안에서 톡 쏘는 샴페인의 청량감과 오렌지주스의 맛이 잘 어울리는 파티 칵테일이다.

American Lemonade
아메리칸 레몬에이드

칵테일 재료(Recipe)

Lemon Juice 1/2Glass
Red Wine 1/2Glass

- **칵테일 기법** : 띄우기(Floating)
- **Glass** : Highball Glass
- **Garnish** : 없음

칵테일 만들기 

1. 하이볼글라스를 준비하고, 글라스에 큐브 아이스를 넣어 차갑게 만든다.
2. 먼저 레몬주스를 채우고, 레드와인을 살짝 띄워주면 붉은 색의 와인 층이 아름답게 이루어진다.

American Lemonade Cocktail 특징

레몬주스와 레드와인을 사용하여 아름다운 2개의 층이 이루는 매력적인 여성용의 칵테일이다. 알코올 도수가 낮아서 술에 약한 사람들에게 적당하며 사랑하는 여인에게 프로포즈할 때 사용하면 좋을 듯한 칵테일이다.

Sexy Mild
섹시 마일드

● 칵테일 재료(Recipe)

Blue Curacao 1/2oz
Pina Colada Mix 2oz
Sweet & Sour Mix 1oz
Milk 1oz

- **칵테일 기법** : 흔들기(Shake)
- **Glass** : Collins Glass
- **Garnish** : 없음

● 칵테일 만들기

1. 칼린스 글라스를 준비하고, 글라스에 큐브 아이스를 넣어 차갑게 만든다.
2. 셰이커에 재료를 넣고 10회 정도 흔들어 준다.
3. 재료를 글라스에 따른 후 제공한다.

● Sexy Mild Cocktail 특징

모던스타일의 섹시 마일드 칵테일은 코코넛과 우유의 부드러움이 조화를 이루는 칵테일이다. 특히, 코코넛을 좋아하는 여성들의 칵테일용으로 많이 이용된다.

Bamboo Cocktail
뱀부 칵테일

칵테일 재료(Recipe)

Dry Sherry Wine 2oz
Dry Vermouth 1oz

- **칵테일 기법** : 젓기(Stir)
- **Glass** : Cocktail Glass
- **Garnish** : 없음

칵테일 만들기

1. 칵테일 글라스를 준비하고, 글라스에 큐브 아이스를 넣어 차갑게 만든다.
2. 셰이커에 재료를 넣고 저어준다.
3. 재료를 글라스에 따른 후 제공한다.

Bamboo Cocktail 특징

뱀부 칵테일은 "대나무"라는 뜻으로 동양적인 느낌의 칵테일이다. 뱀부 칵테일은 1889년 일본 요코하마에서 만들어진 칵테일로서, 후에 유럽을 거치면서 전 세계에 알려진 칵테일이다. 스페인의 주정강화 와인의 Sherry Wine을 Base로 한 독특한 향미가 인상적인 칵테일이다.

Adonis
아도니스

칵테일 재료(Recipe)

Dry Sherry Wine ·························· 3oz
Sweet Vermouth ·························· 1oz

- **칵테일 기법** : 젓기(Stir)
- Glass : Wine Glass
- Garnish : 없음

칵테일 만들기

1. 와인글라스를 준비하고, 글라스에 큐브 아이스를 넣어 차갑게 만든다.
2. 셰이커에 재료를 넣고 저어준다.
3. 재료를 글라스에 따른 후 제공한다.

Adonis Cocktail 특징

아도니스(Adonis) 칵테일은 그리스 신화에 등장하는 한 아름다운 청년의 이름이며, 청년이 죽은 후에 다시 태어나게 되었다는 이야기 속의 주인공입니다. 칵테일의 맛은 세리와인의 특유한 맛과 스위트 베리뭇의 향기로운 맛과의 조화를 이루며, 알코올 도수가 낮아서 가볍게 마실 수 있는 테마 칵테일이다.

Tequila Sunset
데킬라 선셋

칵테일 재료(Recipe)

Tequila ·· 1oz
Lemon Juice ······························ 1/2oz
Orange Juice Fill
Grenadine Syrup ························· 2tsp

- 칵테일 기법 : 혼합하기(Blending) + 띄우기(Floating)
- Glass : Highball Glass
- Garnish : Lemon

칵테일 만들기 

1. 하이볼 글라스를 준비하고, 글라스에 큐브 아이스를 넣어 차갑게 만든다.
2. 셰이커에 재료를 넣고 Blending을 해준다.
3. 재료를 글라스에 따른 후 레몬으로 장식한다.

Tequila Sunset Cocktail 특징

Tequila Sunrise 칵테일에서 레몬주스를 첨가한 칵테일이다. 그레나딘 시럽의 얇은 핑크색과 레몬주스의 신맛을 통해서 상쾌함을 느낄 수 있으며, 레몬으로 장식한다.

Cherry Blossom
체리 블로섬

- **칵테일 재료(Recipe)**

Brandy ································· 1/2oz
Cherry Brandy ························ 1/2oz
Triple Sec ······························ 1/2oz
Grenadine Syrup ····················· 1/2oz
Lemon Juice ··························· 1/2oz
Sugar Syrup ···························· 1/2oz

- **칵테일 기법** : 흔들기(Shake)
- **Glass** : Cocktail Glass
- **Garnish** : 없음

- **칵테일 만들기**

1. 칵테일 글라스를 준비하고, 글라스에 큐브 아이스를 넣어 차갑게 만든다.
2. 셰이커에 재료를 넣고 셰이커 해준다.
3. 재료를 글라스에 따른다.

- **Cherry Blossom Cocktail 특징**

체리 블로섬 칵테일은 벚꽃을 이미지화하여 만든 칵테일로서 일본에서 유래한 칵테일이다.

Shandy Gaff
샌디 개프

칵테일 재료(Recipe)

Beer(Black) 1/2Glass
Gingerale 1/2Glass
(진저엘을 대신하여 사이다로 대체하기도 함)

- **칵테일 기법** : 직접넣기(Build)
- **Glass** : Pilsner Glass
- **Garnish** : 없음

칵테일 만들기

1. 필스너 글라스를 준비하고, 글라스에 큐브 아이스를 넣어 차갑게 만든다.
2. 글라스에 직접 재료를 넣고 잘 저어준다.

Shandy Gaff Cocktail 특징

샌디개프 칵테일은 맥주에 사이다(진저엘)를 타서 마시는 경우이며, 더운 여름 한낮에 시원한 칵테일로 즐겨 마실 수 있는 칵테일이다. 흔히 골프장 폭탄주라고도 하며, 맥주의 상큼함이 한여름의 시원함을 달래 줄 수 있는 칵테일이다.

Matador
마타도르

칵테일 재료(Recipe)

Tequila 1oz
Pineapple Juice 11/2oz
Lime Juice 1/2oz

- **칵테일 기법** : 흔들기(Shake)
- **Glass** : On the Rocks Glass
- **Garnish** : Lemon Slice

칵테일 만들기

1. 온더락스 글라스를 준비하고, 글라스에 큐브 아이스를 넣어 차갑게 만든다.
2. 셰이커에 재료를 넣고 5~6회 정도 잘 흔들어 준다.
3. 재료를 글라스에 넣고, 레몬슬라이스로 장식한다.

Matador Cocktail 특징

마타도로 칵테일은 테킬라를 베이스로 만든 칵테일로서 파인애플과 라임향이 그윽하고 달콤함 칵테일로서 투우경기 때 최후에 등장하여 소에게 마지막 일격을 가하는 투우장의 주역이라는 뜻으로 칵테일의 이름과는 반대로 지극히 상쾌하고 여성적인 칵테일이다.

Sky Lark
스카이 락

칵테일 재료(Recipe)

Vodka 1oz
Midori Liqueur(Melon Liqueur) 1/2oz
Lime Juice 1/2oz
Sugar Syrup 1tsp

- **칵테일 기법** : 흔들기(Shake)
- **Glass** : Cocktail Glass
- **Garnish** : Cherry

칵테일 만들기

1. 칵테일 글라스를 준비하고, 글라스에 큐브 아이스를 넣어 차갑게 만든다.
2. 셰이커에 재료를 넣고 5~6회 정도 잘 흔들어 준다.
3. 재료를 글라스에 넣고, 체리로 장식한다.

Sky Lark Cocktail 특징

스카이락 칵테일은 보드카를 베이스로 만든 칵테일로서, 봄에 어울리는 칵테일이다. 보드카와 미도리가 잘 어울려 시각적으로도 그린색의 아름다운 칵테일로서 글라스 테두리에 체리를 장식해 주면 된다.

Old Pal
올드 팔

칵테일 재료(Recipe)

Burboun Whisky 1 1/2oz
Dry Vermouth 1/2oz
Campari 1/2oz

- **칵테일 기법** : 젓기(Stir)
- **Glass** : Cocktail Glass
- **Garnish** : 없음

칵테일 만들기

1. 칵테일 글라스를 준비하고, 글라스에 큐브 아이스를 넣어 차갑게 만든다.
2. 셰이커에 재료를 넣고 잘 저어준다.
3. 재료를 글라스에 넣어준다.

Old Pal Cocktail 특징

올드 팔 칵테일은 아메리칸 위스키를 베이스로 하여 위스키에 드라이 벌무스와 캄파리를 혼합하여 만들 칵테일로 "오래된 친구"라는 뜻이다. 오랜 전부터 사람들이 마셔온 친숙한 칵테일로서 화려한 붉은색이 친한 친구의 우정과 어울리는 맛이라고 할 수 있다.

Black Hole
블랙 홀

칵테일 재료(Recipe)

Peach Brandy 1oz
Creme de Casis 1/2oz
Kahlua 1/2oz
Sweet & Sour Mix 2oz
Fill with Cider

- **칵테일 기법** : 흔들기(Shake)
- **Glass** : Pilsner Glass
- **Garnish** : Lemon & Cherry

칵테일 만들기 

1. 필스너 글라스를 준비하고, 글라스에 큐브 아이스를 넣어 차갑게 만든다.
2. 셰이커에 사이다를 제외하고, 재료를 넣고 잘 흔들어 준다.
3. 글라스에 재료를 넣어주고, 사이다로 잔을 채운 후에 레몬과 체리를 장식한다.

Black Hole Cocktail 특징

블랙홀 칵테일은 깔루아에 우유를 혼합하여 만든 칵테일로서 칵테일의 맛과 향을 더해 준다.

Tango
탱고

칵테일 재료(Recipe)

Dry Gin 1oz
Dry Vermouth 1/2oz
Sweet Vermouth 1/2oz
Triple Sec 1/2oz
Orange Juice 2dash

- **칵테일 기법** : 흔들기(Shake)
- Glass : Cocktail Glass
- Garnish : 없음

칵테일 만들기

1. 칵테일 글라스를 준비하고, 글라스에 큐브 아이스를 넣어 차갑게 만든다.
2. 셰이커에 재료를 넣고 잘 흔들어 준다.
3. 글라스에 재료를 넣어준다.

Tango Cocktail 특징

탱고 칵테일은 댄스 스텝의 하나로서 표현되며, 스텝의 복잡함을 5가지 재료를 이용하여 표현된 칵테일이다. 진을 베이스로 드라이와 스위트한 벌무스 등을 첨가한 맛이 훌륭하게 조화롭게 이루어진 칵테일이다.

Around the World
어라운드 더 월드

칵테일 재료(Recipe)

Dry Gin ································ 1 1/2oz
Creme de Mint(Green) ··············· 1/2oz
Pineapple Juice ······················· 1/2oz

- **칵테일 기법** : 흔들기(Shake)
- **Glass** : Cocktail Glass
- **Garnish** : 없음

칵테일 만들기

1. 칵테일 글라스를 준비하고, 글라스에 큐브 아이스를 넣어 차갑게 만든다.
2. 셰이커에 재료를 넣고 잘 흔들어 준다.
3. 글라스에 재료를 넣어준다.

Around the World Cocktail 특징

어라운드 더 월드 칵테일은 "세계일주"라는 뜻으로서, 초록색의 시원한 색이 특징이다. 파인애플주스의 달콤한 맛과 민트의 상쾌한 맛이 입 안을 개운하게 해주며, 아름다운 색으로 여성들의 칵테일이기도 하다.

East Sea
동해

칵테일 재료(Recipe)

Blue Curacao 1/2oz
Banana Liqueur 1/2oz
Peach Tree 1/2oz
Malibu Rum 1/2oz
Sweet & Sour Mix 2oz
(Sweet & Sour Mix 분말은 물과 희석비율을 3 : 1로 섞는다)

- **칵테일 기법** : 흔들기(Shake)
- **Glass** : Wine Glass
- **Garnish** : Orange and Cherry

칵테일 만들기

1. 와인 글라스를 준비하고, 글라스에 큐브 아이스를 넣어 차갑게 만든다.
2. 셰이커에 재료를 넣고 잘 흔들어 준다.
3. 글라스에 재료를 넣어준다.

East Sea Cocktail 특징

동해 칵테일은 일본과 통상적으로 논란이 되고 있는 동해(East Sea)와 일본해(Sea of Japan) 표기문제로 인해서 유명해진 칵테일로서 달콤한 향이 특징인 칵테일이다.

Fruit Punch
프루트 펀치

● **칵테일 재료(Recipe)**

Orange Juice 1 1/2oz
Pineapple Juice 1 1/2oz
Lemon Juice 1 1/2oz
Grenadine Syrup 1/2oz
Cider 소량.

- **칵테일 기법** : 혼합하기(Blending)
- **Glass** : Pilsner Glass
- **Garnish** : Orange and Cherry

● **칵테일 만들기** 

1. 필스너 글라스를 준비하고, 글라스에 큐브 아이스를 넣어 차갑게 만든다.
2. Blender에 재료를 넣고 갈아준다.
3. 글라스에 재료를 넣어준다.

● **Fruit Punch Cocktail 특징**

오렌지, 파인애플, 레몬주스 등으로 이루어진 무알코올 칵테일로서, 과즙과 탄산음료의 청량감이 살아있는 칵테일이다.

Bahama Mama
바하마 마마

칵테일 재료(Recipe)

Gold Rum 2oz
Malibu Rum 1/2oz
Creme de banana 1/2oz
Kahlua 1oz
Orange Juice 1 1/2oz
Pineapple Juice 1 1/2oz

- **칵테일 기법** : 흔들기(Shake)
- **Glass** : Collins Glass
- **Garnish** : Pineapple and Cherry

칵테일 만들기

1. 칼린스 글라스를 준비하고, 글라스에 큐브 아이스를 넣어 차갑게 만든다.
2. 셰이커에 재료를 넣고 잘 흔들어준다.
3. 글라스에 재료를 넣어준 후 파인애플과 체리로 장식해 준다.

Bahama Mama Cocktail 특징

바하마 마마 칵테일은 Tropical Cocktail로서 상큼한 맛이 특징이며, 캘리포니아 지역에서 1960년 만들어진 칵테일이다. 사탕수수의 재료인 럼과 코코넛, 바나나, 석류, 오렌지, 파인애플 등의 복합된 맛이 특징이다.

Kir Royal
키르 로얄

칵테일 재료(Recipe)

Creme de Casis 1/2Glass
Champagne 1/2Glass

- **칵테일 기법** : 직접넣기(Build)
- **Glass** : Champagne Glass(Flute형)
- **Garnish** : 없음

칵테일 만들기

1. 샴페인 글라스를 준비하고, 글라스에 큐브 아이스를 넣어 차갑게 만든다.
2. 글라스에 재료를 넣어 준다.

Kir Royal Cocktail 특징

Kir Royal Cocktail은 생일축하를 위한 칵테일로서, Kir에는 White Wine 대신에 샴페인을 기주로 이용된다.

Bellini
벨리니

● 칵테일 재료(Recipe)

Champagne 4oz
Peach Necta 1oz
Grenadine Syrup 1dash

- **칵테일 기법** : 직접넣기(Build)
- **Glass** : Champagne Glass(Flute형)
- **Garnish** : 없음

● 칵테일 만들기 

1. 샴페인 글라스를 준비하고, 글라스에 큐브 아이스를 넣어 차갑게 만든다.
2. 글라스에 재료를 넣어 준다.

● Bellini Cocktail 특징

벨리니 칵테일은 1948년 이탈리아의 베니스의 하리즈 Bar의 사장 주세페 치볼리아니씨가 만든 칵테일로서 샴페인과 복숭아 넥타의 달콤함이 어우러진 식후 칵테일이다.

California Lemonade
캘리포니아 레몬에이드

칵테일 재료(Recipe)

Bourbon Whisky ········ 1 1/2oz
Lemon Juice ········ 1/2oz
Lime Juice ········ 1/3oz
Grenadine Syrup ········ 1tsp
Sugar Syrup ········ 1tsp
Club Soda Fill

- **칵테일 기법** : 흔들기(Shake)
- **Glass** : Cocktail Glass
- **Garnish** : Cherry

칵테일 만들기

1. 하이볼 글라스를 준비하고, 글라스에 큐브 아이스를 넣어 차갑게 만든다.
2. 셰이커에 재료와 얼음을 넣고, 잘 흔든다.
3. 재료를 글라스에 따른 후 클럽 소다를 채운 후 체리장식이 이루어진다.

California Lemonade 특징

캘리포니아 칵테일은 호박색의 아름다운 칵테일로서 맛이 매우 좋고 건조한 공기에 적당한 파티 칵테일이다.

Gin Buck
진 벅

● **칵테일 재료(Recipe)**

Dry Gin ································ 1 1/2oz
Lemon Juice ···························· 1/2oz
Fill with Gingerale

- **칵테일 기법** : 직접넣기(Build)
- **Glass** : Highball Glass
- **Garnish** : Slice Lemon

● **칵테일 만들기**

1. 하이볼 글라스를 준비하고, 글라스에 큐브 아이스를 넣어 차갑게 만든다.
2. 글라스에 재료를 직접 넣는다.
3. 재료를 넣은 후 레몬장식이 이루어진다.

● **Gin Buck Cocktail 특징**

진벅(Gin Buck) 칵테일은 진의 향긋한 맛과 진저에일의 맛이 어울어진 독특한 향이 어울어진 칵테일이다. 진을 좋아하는 사람들이 즐겨찾는 칵테일 중의 하나이다.

Gin & It
진 앤 잇

칵테일 재료(Recipe)

Dry Gin 1 1/2oz
Sweet Vermouth 1 1/2oz

- **칵테일 기법** : 젓기(Stir)
- **Glass** : Cocktail Glass
- **Garnish** : 없음

칵테일 만들기

1. 칵테일 글라스를 준비하고, 글라스에 큐브 아이스를 넣어 차갑게 만든다.
2. 믹싱글라스에 직접 재료를 넣고 잘 저어 글라스에 칵테일을 붓는다.

Gin & It Cocktail 특징

진앤잇 칵테일에서 It은 스위트 벌무스의 이탈리안 벌무스의 약어이다. 드라이진과 단맛이 나는 스위트 벌무스를 사용하여 이루어진 칵테일이다.

Straw Hat
스트로우 햇

칵테일 재료(Recipe)

Tequila 1 1/2oz
Tomato Juice 3oz

- **칵테일 기법** : 직접넣기(Build)
- **Glass** : Highball Glass
- **Garnish** : Celery & Slice Lemon

칵테일 만들기

1. 하이볼 글라스를 준비하고, 글라스에 큐브 아이스를 넣어 차갑게 만든다.
2. 믹싱글라스에 직접 재료를 넣고 잘 저어서 글라스에 재료를 붓는다.

Straw Hat Cocktail 특징

Straw Hat 칵테일은 블러디 메리와 비슷한 칵테일이다. 마실 때는 레몬을 짜서 취향에 따라서 타바스코를 희석하여 마시면 맛의 변화를 즐기면서 드실 수 있다.

Sexy No.1
섹시 넘버원

칵테일 재료(Recipe)

Brandy ································· 1 1/2oz
Peach Tree ······························ 1/2oz
Triple Sec ································ 1/2oz
Grenadine Syrup ······················ 1/2oz
Sweet & Sour Mix ························ 1oz

- **칵테일 기법** : 흔들기(Shake)
- **Glass** : On the Rocks Glass
- **Garnish** : Lemon Slice

칵테일 만들기

1. On the Rocks Glass를 준비하고, 글라스에 큐브 아이스를 넣어 차갑게 만든다.
2. 셰이커에 재료를 넣고 잘 흔들어서 글라스에 재료를 붓는다.
3. 글라스에 레몬슬라이스를 장식한다.

Sexy No. 1 Cocktail 특징

모든 여성들이 닮고 싶어 하는 세상에서 가장 섹시한 몸매를 자랑하는 제니퍼 로페즈를 연상시키는 칵테일로서 부드러운 맛이 특징이며, 여성들이 즐겨 마시는 칵테일 중의 하나이다.

제12장

조주기능사 필기시험 예상문제

조주기능사 필기시험 예상문제

1. 제조법에 따른 알코올성 음료의 3가지 분류에 속하지 않은 것은?
   가. 증류주　　나. 혼합주
   다. 양조주　　라. 혼성주

2. 영국에서 발명한 무색, 투명한 음료로서 키니네가 함유된 청량음료는?
   가. Cider　　나. Cola
   다. Tonic Water　　라. Soda Water

3. 다음 중 증류주가 아닌 것은?
   가. Whisky　　나. Eau-de-vie
   다. Aquavit　　라. Grand Marnier

4. 다음 중 American Whisky가 아닌 것은?
   가. Johnnie Walker
   나. I.W. Harper
   다. Jack Danniel's
   라. Wild Turkey

5. 다음 칵테일중 계란이 들어가는 칵테일은?
   가. Brandy Egg Nog
   나. Black Russian
   다. Brandy Alexander
   라. Daiquiri

6. 술의 저장장소의 환경으로 적합한 것은?
   가. 따뜻하고 햇볕이 잘 드는 곳
   나. 습기가 많고 진동이 많은 곳
   다. 서늘하고 온도변화가 적은 곳
   라. 따뜻하고 온도변화가 많은 곳

7. 다음 중 Long drink가 아닌 것은?
   가. Pina Colada　　나. Manhattan
   다. Singapore Sling　　라. Punch

8. 로제와인(Rose wine)에 대한 설명으로 틀린 것은?
   가. 대체로 붉은 포도로 만든다.
   나. 제조 시 포도껍질을 같이 넣고 발효시킨다.
   다. 오래 숙성시키지 않고 마시는 것이 좋다.
   라. 일반적으로 상온(17~18℃) 정도로 해서 마신다.

9. 프랑스에서의 스파클링 와인 명칭은?
   가. Vin Mousseux　　나. Sekt
   다. Spumante　　라. Perlwein

10. 탄산음료나 샴페인을 사용하고 남은 일부를 보관할 때 사용되는 기구는?
    가. Coaster　　나. Stopper
    다. Pourer　　라. Cork

11. 다음 중 얼음(on the rocks)을 넣어서 마실 수 있는 것은?
    가. Champagne　　나. Vermouth
    다. White Wine　　라. Red Wine

12. White Wine은 주로 어느 식사에 많이 제공되는가?
    가. 육류　　나. 생선류
    다. 과일류　　라. 후식류

13. 다음 중 식사 전의 음료로서 적합하지 못한 것은?
가. Dry Sherry 나. Vermouth
다. Martini 라. Brandy

14. 다음 중 작품 완성 후 Nutmeg을 뿌려 제공하는 것은?
가. Egg Nog 나. Tom collins
다. Sloe Gin Fizz 라. Paradise

15. 다음 중 비탄산성 음료는?
가. Mineral water 나. Soda water
다. Tonic water 라. Cidre

16. 다음 중 Tequila와 관계가 없는 것은?
가. 용설란 나. 풀케
다. 멕시코 라. 사탕수수

17. Liqueur에 적혀있는 D.O.M의 의미는?
가. 이탈리아어의 약자로 최고의 리큐르 라는 뜻이다.
나. 라틴어로서 베네딕틴 술을 말하며, '최선, 최대의 신에게'라는 뜻이다.
다. 15년 이상 숙성된 약술을 의미한다.
라. 프랑스 샹빠뉴 지방에서 생산된 리큐르를 의미한다.

18. 일반적으로 Old fashioned glass를 가장 많이 사용해서 마시는 것은?
가. Whisky 나. Beer
다. Champagne 라. Red Eye

19. 클라레(Claret)는 어떤 와인인가?
가. 레드와인 나. 화이트와인
다. 로제와인 다. 옐로와인

20. 다음 중 Brandy의 숙성 연수가 가장 긴 것은?
가. V.O 나. V.S.O
다. V.S.O.P 라. X.O

21. 조주시 셰이커를 사용하는 칵테일은?
가. Manhattan 나. Cuba Libre
다. Rob Roy 라. Whiskey Sour

22. 다음 중 Irish Whiskey는?
가. Johnnie Walker Blue
나. John Jameson
다. Wild Turkey
라. Crown Royal

23. 감자를 주원료로 해서 만드는 북유럽의 스칸디나비아 술로 유명한 것은?
가. Aquavit 나. Calvados
다. Steinhager 라. Grappa

24. 다음 중 양조주가 아닌 것은?
가. 소주 나. 레드와인
다. 맥주 라. 청주

25. 경우에 따라 고객에게 제공할 때 미리 병마개를 따놓는 것은?
가. 샴페인 나. 레드와인
다. 맥주 라. 위스키

26. 칵테일 장식과 그 용도가 적합하지 않은 것은?
가. 체리 - 가미타입 칵테일
나. 올리브 - 쌉쌀한 맛의 칵테일
다. 오렌지 - 오렌지주스를 사용한 롱 드링크
라. 셀러리 - 달콤한 칵테일

27. 다음 중 1pony의 액체 분량과 다른 것은?
가. 1oz 나. 30mL
다. 1pint 라. 1shot

28. Wood muddler의 용도는?
가. 스파이스나 향료를 으깰 때 사용한다.
나. 레몬을 스퀴즈 할 때 사용한다.
다. 칵테일을 휘저을 때 사용한다.
라. 브랜디를 띄울 때 사용한다.

29. 재고가 적정재고 수준 이상으로 과도할 경우 나타나는 현상이 아닌 것은?
가. 필요 이상의 유지 관리비가 요구된다.
나. 기회 이익이 상실된다.
다. 판매기회가 상실된다.
라. 과다한 자본이 재고에 묶이게 된다.

30. Dispenser용 Soft Drink 보관방법으로 맞는 것은?
가. 온도차가 큰 곳에 보관한다.
나. 시원하고 그늘진 곳에 보관한다.
다. 햇볕이 들어오는 창가에 보관한다.
라. 열기가 많은 주방에 보관한다.

31. 바(Bar) 영업을 하기 위한 Bartender의 역할이 아닌 것은?
가. 음료에 대한 충분한 지식을 숙지하여야 한다.
나. 칵테일에 필요한 Garnish를 준비한다.
다. Bar Counter 내의 청결을 수시로 관리한다.
라. 영업장의 책임자로서 모든 영업에 책임을 진다.

32. 주장관리에서 핵심적인 원가의 3요소는?
가. 재료비, 인건비, 주장경비
나. 세금, 봉사료, 인건비
다. 인건비, 주세, 재료비
라. 재료비, 세금, 주장경비

33. 저장관리 방법 중 FIFO란?
가. 선입선출 나. 선입후출
다. 후입선출 라. 임의불출

34. 다음 중 세균이 침투하기에 가장 용이한 기물로 위생관리에 철저를 기해야 하는 것은?
가. Lemon Squeezer
나. Jigger
다. Ice Scooper
라. Kitchen Board

35. 실제원가가 표준원가를 초과하게 되는 원인이 아닌 것은?
가. 재료의 과도한 변질 발생
나. 도난 발생
다. 계획대비 소량 생산
라. 잔여분의 식사재 활용 미숙

36. Standard recipe란?
가. 펴준 판매가 나. 표준 제조표
다. 표준 조직표 라. 표준 구매가

37. 다음 중 After Dinner Cocktail은?
가. Campari Soda 나. Dry Martini
다. Negroni 라. Pousse Cafe

38. 일드 테스트(Yield test)란?
가. 산출량 실험
나. 종사원들의 양보성향 조사
다. 알코올 도수 실험
라. 재고 조사

39. 맥주의 재료 중 맛과 잡균번식 억제에 관여하며, 약리작용의 역할을 하는 것은?
가. 맥아 나. 효모
다. 보리 라. 호프

40. 다음 중 Floating하는 칵테일은?
가. Rob Roy 나. Angle's kiss
다. Margarita 라. Screw Driver

41. 칵테일에 관련된 각 용어의 설명이 틀린 것은?
가. Cocktail pick - 장식에 사용하는 핀이다.
나. Peel - 과일 껍질이다.
다. Decanter - 신맛이라는 뜻을 가지고 있다.
라. Fix - 약간 달고, 맛이 강한 칵테일의 종류이다.

42. 아래에서 설명하는 Glass는?

위스키 사워, 브랜디 사워 등의 사워 칵테일에 주로 사용되며 3~5oz를 담기에 적당한 크기이다. Stem이 길고 위가 좁고 밑이 깊어 거의 평형으로 생겼다.

가. Goblet 나. Wine glass
다. Sour glass 라. Cocktail glass

43. 셰이커의 사용방법으로 가장 적합한 것은?
가. 사용하기 전에 씻어서 사용한다.
나. 술을 먼저 넣고 그 다음에 얼음을 채운다.
다. 얼음을 채운 후에 술을 따른다.
라. 부재료를 넣고 술을 넣은 후에 얼음을 채운다.

44. Scotch Whisky가 아닌 것은?
가. Ballentine 30Y 나. J & B
다. Jack Daniel 라. Cutty Sark

45. 칵테일을 만드는 기법 중 "Stirring"에서 사용하는 도구와 거리가 먼 것은?
가. Mixing Glass 나. Bar Spoon
다. Shaker 라. Strainer

46. 다음 중 서로 연결이 잘못된 것은?
가. 이탈리아 - 벌무스
나. 스페인 - 쉐리와인
다. 독일 - 레드와인
라. 프랑스 - 브랜디

47. Fortified Wine으로 적합한 것은?
가. 프랑스의 지방와인.
나. 발포성 와인
다. 가향와인
라. 브랜디를 첨가한 와인

48. 다음 중 박하 향미의 혼성주는?
가. Benedictine D.O.M
나. Cream de menthe
다. Drambuie
라. Perlwein

49. 다음 중 칵테일의 맛과 색에 영향을 미치는 것은?
가. 리큐르 나. 브랜디
다. 보드카 라. 위스키

50. 다음 중 Still Wine에 대해 바르게 설명한 것은?
가. 발포성와인 나. 식사전 와인
다. 비발포성 와인 라. 식사후 와인

51. 다음 중 Wine base 칵테일이 아닌 것은?
가. Kir 나. Blue hawaiian
다. Spritzer 라. Mimosa

52. 다음 중 용량이 가장 적은 것은?
가. 올드패션글라스(Old Fashioned)
나. 하이볼(Highball)
다. 칵테일 글라스(Cocktail)
라. 샷 글라스(Shot Glass)

53. 다음 중 Bar에서 사용되는 기물이 아닌 것은?
가. Stirrer
나. Shaker
다. Bar Table Cloth
라. Jigger

54. Martini의 Glass로 적합한 것은?
가. 하이볼 글라스
나. 위스키사워 글라스
다. 칵테일 글라스
라. 올드패션 글라스

55. Cubed Ice란 무엇인가?
가. 부순 얼음 나. 가루 얼음
다. 각 얼음 라. 깬 얼음

56. 일반적으로 On the Rocks glass를 가장 많이 사용하는 것은?
가. Whisky 나. Beer
다. Champagne 라. Red Eye

57. 다음 중 연결이 잘못된 것은?
가. Calvados - 사과브랜디
나. Campari - 식전주의 이탈리아 리큐르
다. Chianti - 이탈리아 리큐르
라. Chartreuse - 리큐르

58. 증류주의 설명 중 맞는 것은?
가. 과실주의 당분을 발표시켜 만든다.
나. 주정에 향료를 첨가한 것이다.
다. 단식증류기나 연속식증류기에 의해 제조된다.
라. 설탕이나 시럽 또는 향료가 함유되어 있다.

59. 다음 중 Floating하는 칵테일은?
가. Rob Roy 나. B-52
다. Margarita 라. Screw Driver

60. 칵테일에 관련된 각 용어의 설명이 틀린 것은?
가. Cocktail pick - 장식에 사용하는 핀이다.
나. Peel - 과일 껍질이다.
다. Decanter - 신맛이라는 뜻을 가지고 있다.
라. Fix - 약간 달고, 맛이 강한 칵테일의 종류이다.

61. 셰이커의 사용방법으로 가장 적합한 것은?
가. 사용하기 전에 씻어서 사용한다.
나. 술을 먼저 넣고 그 다음에 얼음을 채운다.
다. 얼음을 채운 후에 술을 따른다.
라. 부재료를 넣고 술을 넣은 후에 얼음을 채운다.

62. 다음 중 증류주에 속하는 것은?
가. Sherry Wine 나. Champagne
다. Vodka 라. Kir

63. 생맥주(Draft Beer) 취급요령 중 잘못된 설명은?
가. 2~3℃의 온도를 유지할 수 있는 저장시설을 갖추어야 한다.
나. 술통속의 압력은 12~14pound로 일정하게 유지해야 한다.
다. 신선도를 유지하기 위해 입고 순서와 관계없이 좋은 상태의 것을 먼저 사용한다.

라. 재고순환(Stock Rotation)을 철저히 실행해야 한다.

64. 위스키의 종류 중 증류방법에 의한 분류는?
가. 몰트 위스키(malt whisky)
나. 그레인 위스키(grain whisky)
다. 블랜디드 위스키(blended whisky)
라. 페이턴트 위스키(patent whisky)

65. 브랜디 글라스의 입구가 좁은 이유는?
가. 브랜디의 향미를 한곳에 모이게 하기 위하여
나. 술의 출렁임을 방지하기 위하여
다. 아름다운 술을 마시기 위한 글라스의 데코레이션
라. 양손에 쥐기에 편리하도록 하기 위해

66. 곡물(Grain)을 원료로 만든 무색투명한 증류주에 두송자(Juniper berry)의 향을 착미시킨 술은?
가. Tequila
나. Rum
다. Vodka
라. Gin

67. 스페인 헤레스(Jerez)지방에서 생산되는 세계적인 식전음료 Aperitif Wine은?
가. Dry Martini
나. Midium dry Sherry
다. Dry Sherry
라. Cream Sherry

68. 포도주 저장(Aging of wines)을 처음 시도한 나라는?
가. 프랑스(France)
나. 포르투갈(Portugal)
다. 스페인(Spain)
라. 그리스(Greece)

69. 하이볼 글라스(Highball Glass) 용량으로 가장 많이 사용되는 것은?
가. 6온스(Ounce) 나. 7온스(Ounce)
다. 8온스(Ounce) 라. 9온스(Ounce)

70. 음료 주문 받는 요령을 설명한 것 중 틀린 것은?
가. 상냥하게 인사한다.
나. 시계 방향으로 여성을 먼저 받는다.
다. 메뉴를 보여준다.
라. 음료 주문전에 음식 주문을 받는다.

71. 다음 중 칵테일용 향신료와 거리가 먼 것은?
가. 시나먼(cinamon)
나. 너트멕(nutmeg)
다. 민트(mint)
라. 크림(cream)

72. 다음 중 롱 드링크(long drink)에 해당하는 것은?
가. 사이트 카(Side car)
나. 스팅거(Stinger)
다. 로얄 피즈(Royal fizz)
라. 맨하탄(Manhattan)

73. "생명의 물"이라고 지칭되는 술이 아닌 것은?
가. 위스키 나. 브랜디
다. 보드카 라. 진

74. Bartender의 준수사항 중 틀린 것은?
가. 조주는 규정된 기준 양목(Recipe)에 의해 만들어야 한다.

나. 비번시에는 업장 근처에 서성거려서는 안 된다.
다. 근무시간 중에는 대기상태로 항상 서서 근무에 임한다.
라. 빈병은 고객이나 동료에게 줄 수 있다.

75. 표준 조주법(standard recipes)을 설정하는 목적에 대한 설명 중 틀린 것은?
가. 품질과 맛의 계속적인 유지
나. 원가계산을 위한 기초 제공
다. 표준 조주법 이용은 노무비 절감 기여
라. 특정인에 대한 의존도를 높임

76. 일과 업무시작 전에 바(Bar)에서 판매 가능한 양만큼 준비해 두는 각종의 재료를 무엇이라고 하는가?
가. Bar Stock　나. Par Stock
다. Pre-Product　라. Ordering Product

77. 샴페인 제조시 당분의 첨가량 표시를 설명한 것 중 틀린 것은?
가. 도우(Doux) : 12% 이상
나. 데미 섹(Demi Sec) : 9~10%
다. 섹(Sec) : 8%
라. 엑스트라 섹(Extra Sec) : 1~2%

78. Borubon Whiskey의 80Proof는 우리나라 주정도수로 몇도인가?
가. 35도　나. 40도
다. 45도　라. 50도

79. 다음 중 포도주의 산지로 유명한 곳은?
가. Pilsner　나. Bordeaux
다. Staut　라. Mousseux

80. Irish Coffee Cocktail의 재료에 해당하지 않는 것은?
가. Coffee　나. Whisky
다. Vodka　라. Sugar

81. 다음 중 증류주에 속하지 않는 술은?
가. Wine　나. Whisky
다. Cognac　라. Tequila

82. 중요한 연회시 그 행사에 관한 모든 내용이나 협조사항을 호텔 각 부서에 알리는 행사 지시서를 무엇이라 부르는가?
가. Event order
나. Check-up list
다. Reseration sheet
라. Banquet Memorandum

83. 바에서 사용하는 하우스 브랜드(House brand)란 무엇을 뜻하는가?
가. 널리 알려진 술 종류
나. 지정 주문이 아닐 때 쓰는 술 종류
다. 상품(上品)에 해당하는 술 종류
라. 조리용으로 사용하는 술 종류

84. 다음 중 Sherry Wine에 관하여 알맞은 것은?
가. 스페인 Wine
나. 독일 Wine
다. 프랑스산 Wine
라. 이탈리아 Wine

85. 맥주의 제조과정중 비살균상태로 저장되는 것은?
가. Black Beer　나. Draft Beer
다. Porter Beer　라. Lager Beer

86. 식욕촉진제로 마시는 칵테일(Cocktail)로서 드라이(Dry)한 칵테일에 사용하는 고명(Garnish)은?

가. Cherry　　나. Orange
다. Olive　　라. Pineapple

87. 다음 Rum의 종류에 해당되지 않는 것은?

가. Heavy Rum　　나. Gold Rum
다. Rose Rum　　라. Light Rum

88. 머들러(Muddler) 사용방법 중 맞는 것은?

가. Garnish를 꽂아 제공한다.
나. 주류 용량을 재는 막대기이다.
다. 롱 드링크(Long Drink)서비스 및 칵테일 제공시 고객이 직접 휘젓기 할 수 있게 음료와 함께 제공한다.
라. 오렌지나 레몬주스를 짤 때 사용하는 Squeezer이다.

89. 영업을 위한 준비작업 중 틀린 것은?

가. 바 시설 및 기물작동 점검
나. 일일 보급 수령
다. 고명장식 준비
라. 영업일보 작성

90. 다음 중 가장 오래 숙성된 술은 어느 것인가?

가. Vodka　　나. Cognac
다. Gin　　라. Borubon whiskey

91. 그레이트 와인(Great Wine)은 몇 년간 저장하여 숙성시킨 것인가?

가. 5년 이하　　나. 10년 이하
다. 5년~15년　　라. 15년 이상

92. 적색 포도주(Red Wine)병의 바닥이 요철로 된 이유는?

가. 보기가 좋게 위해서
나. 안전하게 세우기 위하여
다. 용량표시를 쉽게 하기 위하여
라. 찌꺼기가 이동하는 것을 방지

93. 다음 중 리큐르는 어떤 것인가?

가. Burgundy　　나. Bacardi Rum
다. Cherry Brandy　　라. Canadian club

94. 칵테일 파티를 준비하는 요소로서 적합하지 못한 사항은?

가. 초대 인원 파악　　나. 개최일시와 장소
다. 파티의 매너　　라. 메뉴의 결정

95. 올드 패션(old fashioned) 칵테일의 장식은?

가. 아몬드 스터프드 올리브
나. 마라시토 체리(Maraschino Cherry)
다. 레몬 슬라이스, 오렌지 슬라이스
라. 체리와 오렌지 슬라이스

96. 주류판매에 있어 재무와 창고관리가 양호하다면 가격결정의 이익은 다음 중 어느 것을 선택해야 하는가?

가. FIFO 방법
나. LIFO 방법
다. 구매와 동시 판매방법
라. 포도주나 브랜디는 창고에 오래 저장하여 판매할수록 좋다.

97. 와인 스튜어드(wine steward)의 주된 임무는?

가. 와인 구매　　나. 와인 저장
다. 와인 판매　　라. 와인 검수

98. 물품 검수시 주문내용과 차이가 발견될 때 반품하기 위하여 작성하는 서류는?
   가. 송장(invoice)
   나. 견적서(price quotation sheet)
   다. 크레디트 메모(credit memo)
   라. 검수보고서(receiving sheet)

99. 레드와인을 서비스시 가장 적정한 온도는?
   가. 5~10℃　　나 12~15℃
   다. 17~19℃　　라. 20~25℃

100. 다음 품목 중 청량음료(Soft drink)에 속하는 것은?
   가. 탄산수(Sparkling Water)
   나. 생맥주(Draft Beer)
   다. 톰 칼린스(Tom Collins)
   라. 진 피즈(Gin Fizz)

1	2	3	4	5	6	7	8	9	10
나	다	라	가	가	다	나	라	가	나
11	12	13	14	15	16	17	18	19	20
나	나	라	가	가	라	가	가	가	라
21	22	23	24	25	26	27	28	29	30
라	나	가	가	나	라	다	가	다	나
31	32	33	34	35	36	37	38	39	40
라	가	가	라	다	나	라	가	라	나
41	42	43	44	45	46	47	48	49	50
다	다	다	다	다	다	라	나	가	다
51	52	53	54	55	56	57	58	59	60
나	라	다	다	다	가	다	다	나	다
61	62	63	64	65	66	67	68	69	70
다	다	다	라	가	라	다	라	다	라
71	72	73	74	75	76	77	78	79	80
라	다	라	라	라	나	다	나	나	다
81	82	83	84	85	86	87	88	89	90
가	가	나	라	나	다	다	다	라	나
91	92	93	94	95	96	97	98	99	100
라	라	다	다	라	가	다	다	다	가

조주기능사 필기시험 예상문제(B)

1. 발포성 와인(Sparkling Wine)과 거리가 먼 것은?
   가. sparkling burgundy
   나. cold duck
   다. dry sherry
   라. champagne

2. After drink로 적당한 것은?
   가. 코냑(Cognac)
   나. 드라이 세리(Dry Sherry)
   다. 드라이 진(Dry Gin)
   라. 벌머스(Vermouth)

3. 미국에서 발명한 갈색 청량음료로서 카페인이 커피의 두배가 함유된 음료는?
   가. 사이다(Cider)
   나. 콜라(Cola)
   다. 토닉워터(Tonic water)
   라. 소다워터(Soda water)

4. 영국에서 발명한 무색 투명한 음료로서 키니네가 함유된 청량음료는?
   가. Cider　　나. Cola
   다. Tonic water　　라. Soda water

5. 다음 중 양조주는 어떤 것인가?
   가. 맥주
   나. 위스키
   다. 브랜디
   라. 리큐르

6. 브랜디드 위스키(Blended Whisky)에 대한 설명 중 틀린 것은?
   가. 스트레이트 위스키에 다른 위스키나 중성 곡류주정을 섞는다.
   나. 스트레이트 위스키에 적어도 5% 이상의 브랜디를 섞어야 한다.
   다. 기본인 스트레이트 위스키는 20% 이상 포함되어야 한다.
   라. 일반적으로 80proof 이상으로 병에 담아 시판된다.

7. 다음 중 멕시코산 증류주는?
   가. Cognac　　나. Johnnie walker
   다. Tequila　　라. Cutty sark

8. 천연향료나 인조향료를 사용하며 그외에 계란 노른자나 동물의 모유 등을 사용하여 만드는 혼성주 제조법은?
   가. Distillation Process
   나. Infusion Process
   다. Filtration Process
   라. Essence Process

9. 다음 중 포트와인(Port wine)을 가장 잘 설명한 사항은?
   가. 붉은 포도주를 총칭한다.
   나. 포르투갈의 도우루(Douro) 지방산 포도주를 말한다.
   다. 항구에서 노역을 일삼는 서민들의 포도주를 일컫는다.
   라. 백포도주로서 식사 전에 흔히 마신다.

10. 다음 사항 중 원료와 제법의 관계가 일치하지 못하는 것은?
가. Grain - Canadian whisky
나. Malt - Scotch whisky
다. Corn - Canadian whisky
라. Rye - Canadian whisky

11. 조주서비스에서 체이서(Chaser)의 의미 중 옳은 것은?
가. 독한 술이나 칵테일을 내놓을 때 다른 글라스에 물을 담아 놓는 것
나. 인간의 체온보다 높여 약 62~67℃로 해서 서빙하는 것
다. 조주하지 않고 생으로 마시는 것
라. 서로 다른 두 가지 종류의 술을 소요량이 반분씩 따라 담는 것

12. 1 Fifth는 몇 Ounce(oz)인가?
가. 75oz　　나. 25.6oz
다. 33.3oz　　라. 32oz

13. 다음 중 노 믹싱(No Mixing)의 방법으로 만들어지는 칵테일은?
가. Highball　　나. Gin Fizz
다. Pousse cafe　　라. Flip

14. 다음 중 올리브(Olive)로 장식되는 칵테일은?
가. Million Dollar
나. Manhattan
다. Martini
라. Margarita

15. 다음 중 Garnish가 아닌 것은?
가. Cherry　　나. Olive
다. Pineapple　　라. Daisy

16. 다음 중 비터나 리큐르를 비터병에 넣어 정해진 양만을 비터병을 거꾸로 해서 뿌리거나 끼얹는 것은?
가. Drop　　나. Double
다. Dry　　라. Dash

17. 일반적인 라거맥주(lager beer)의 알코올 도수로 가장 적당한 것은?
가. 2도　　나. 4도
다. 6도　　라. 12도

18. 진(Gin)베이스로 들어가는 칵테일 중 틀린 것은?
가. Gin Fizz　　나. Screw driver
다. Dry Martini　　라. Gibson

19. 바 스푼(Bar Spoon)의 용도가 틀린 것은?
가. Floating Cocktail을 만들 때 사용한다.
나. 믹싱 글라스를 이용하여 칵테일을 만들때 휘젓는용으로 사용한다.
다. 칵테일을 만들 때 글라스의 내용물을 섞을 때 사용한다.
라. 얼음을 잘게 부술 때 사용한다.

20. 정찬식사에서 테이블 코스의 육류요리에 잘 어울리는 것은?
가. White Wine　　나. Red Wine
다. Vermouth　　라. Champagne

21. 다음 재료 중 칵테일 조주시 많이 사용하는 붉은 색의 시럽은 무엇인가?
가. Maple Syrup
나. Honey
다. Plain Syrup
라. Grenadine Syrup

22. 칵테일은 얼음에 잘 냉각되어 있지 않으면 안 된다. 따라서 손에서 체온이 전해지지 않도록 이용하여 제공하는 글라스는?
가. 스템드 글라스
나. 하이볼 글라스
다. 실린더리컬 글라스
라. 믹싱 글라스

23. 마티니 칵테일을 서브할 때의 글라스(Glass)로 올바른 선택은?
가. 하이볼 글라스
나. 위스키샤워 글라스
다. 칵테일 글라스
라. 올드패션 글라스

24. 조주시 주류의 분량을 측정하기 위하여 사용되는 기물은?
가. 바 스푼 나. 지거
다. 믹싱글라스 라. 폴러

25. 다음 중 혼합하기 어려운 재료를 섞거나 프로즌 드링크를 만들 때 쓰는 기구 중 가장 적합한 것은?
가. 셰이커 나. 브랜더
다. 믹싱글라스 라. 믹서

26. 칵테일 조주시 술의 양을 계량할 때 사용하는 기구는?
가. Squeezer 나. Measure cup
다. Cork screw 라. Ice pick

27. 바(Bar) 접객원의 접객방법 중 잘못 설명된 것은?
가. 주문은 복창(repeat)하여 주문내용을 재확인한다.
나. Second Round 주문은 고객이 요청할 때까지 기다린다.
다. 음료를 제공하기 전에 식탁위에 코스터(Coaster)를 먼저 놓는다.
라. 한 잔의 주문일지라도 반드시 쟁반(Tray)을 사용하여 제공한다.

28. 위생적인 주장기물 세척시간은?
가. 가능한 한 사용한 후 즉시
나. 영업시간 종료 후
다. 기물을 전부 씻은 후
라. 비교적 깨끗한 것은 재사용해도 무방

29. 글라스(Glass)의 올바른 취급방법이 아닌 것은?
가. 환기가 잘되는 장소에 보관한다.
나. 평평한 표면에 타월을 깔고 보관한다.
다. 글라스를 냉각(서리가 있는 것)시킬 때 냄새가 없는 냉장고를 사용한다.
라. 글라스는 식료보관 냉장고에 넣어 보관한다.

30. 연회(Banquet)석상에서 각 고객들이 마신(소비한)만큼 계산을 별도로 하는 바(Bar)를 무엇이라고 하는가?
가. Banquet Bar 나. Host-Bar
다. No-Host Bar 라. Paid Bar

31. 차게 냉각하여 제공하는 포도주(Wine)의 적당한 서브 온도는?
가. 0~3℃ 나. 4~7℃
다. 8~11℃ 라. 12~15℃

32. 파티 때 디저트(Dessert) 코스로 서브하기에 부적당한 것은?
가. 코인트루(Cointreau)
나. 크렘 드 카카오(Creme de cacao)

다. 슬로우 진(Sloe gin)
라. 비어(Beer)

33. 바(Bar)의 구성 중 3가지 기능에 포함되지 않은 것은?
가. 프론트 바(Front Bar)
나. 사이드 바(Side Bar)
다. 백 바(Back Bar)
라. 언더 바(Under Bar)

34. 키박스(Key Box)나 바틀 멤버(Bottle Member)제도의 잘못된 설명은?
가. 자기 술병을 가지고 있으므로 음료의 판매 회전이 저조하다.
나. 고정고객을 확보할 수 있어 고정수입이 확보된다.
다. 선불이기 때문에 회수가 정확하며 자금운영이 원활하다.
라. 회원에게 특별요금으로 병채 판매하며 청량음료의 무료서비스 혜택을 준다.

35. 영업종료 후 Inventory 작업은 누가 담당 하는가?
가. 칵테일 웨이추리스
나. 바케셔
다. 바텐더
라. 바포터

36. 다음 중 파 스톡(Par Stock)이란?
가. 영업장 보관 재고량
나. 술창고 보관 재고량
다. 일일 음료 판매량
라. 재고 순환율

37. 다음 Wine 저장 중 적절하지 않는 것은?
가. White Wine은 냉장고에 보관하되 그 품목에 맞는 온도를 유지해 준다.
나. Red Wine은 상온 Cellar에 보관하되 그 품목에 맞는 적정온도를 유지해 준다.
다. Wine을 보관하면서 정기적으로 이동 보관한다.
라. Wine 보관장소는 햇볕이 잘 들지 않고 통풍이 잘되는 곳에 보관하는 것이 좋 다.

38. 고객에게 음료를 제공할 때 필요치 않는 비품은?
가. Cocktail Napkin
나. Can Opener
다. Muddler
라. Coaster

39. 다음 내용에 맞는 주장(Bar) 기물은?

리큐르나 시럽 등 농후한 재료를 사용하여 만드는 칵테일의 경우는 휘저어 섞는 것만으로는 잘 혼합이 되지 않기 때문에 강한 움직임을 주기 위하여 이 기물이 필요하다.

가. Bar Spoon　　나. Cocktail Glass
다. Cock Screw　　라. Shaker

40. 바(Bar) 디자인의 중요 점검사항에 포함되지 않는 것은?
가. 주류가격, 병의 크기
나. 시간의 영업량, 컨셉 및 분위기
다. 음료종류, 주장의 형태와 크기
라. 서비스 형태, 목표고객

41. 맥주의 저장조건으로서 틀린 것은?
가. 5~20℃에서 보관
나. 통풍이 잘되고 습기가 약간 있는 장소
다. 직사광선이 들어오지 않는 곳
라. 온도 변화가 심하지 않은 곳

42. 칵테일 서비스에서 바텐더의 창의성을 가장 요하는 항목은?
가. 가니쉬(장식)
나. 향신료(부재료) 선택
다. 글라스 선택
라. 기주 선택

43. 바텐더가 영업시작 전 준비하지 않아도 되는 업무는?
가. 충분한 얼음을 준비한다.
나. 글라스의 청결도를 점검한다.
다. 적포도주를 냉각시켜 놓는다.
라. 과일 등을 준비해 둔다.

44. 다음 항목 중 소모품이 아닌 것은?
가. Pitcher 나. Straw
다. Coaster 라. Cocktail Pick

45. 술의 손실방지 및 술을 따를 때 용이하게 하는 기구는?
가. Squeezer 나. Pourer
다. Muddler 라. Decanter

46. 다음 중 버번 위스키(Bourbon Whisky)는?
가. Ballantine
나. I.W.Harper
다. Lord Calvert
라. Old Bushmill's Whisky

47. 브랜디(Brandy) 중에서 V.S.O.P의 약자를 바르게 나타낸 것은?
가. Very Superior Old
나. Very Superior Old Pale
다. Very Superior Old Napoleon
라. Very Special Old Napoleon

48. 럼 주(Rum)의 주원료는 다음 중 어느 것인가?
가. 대맥(Rye)과 보리(Barley)
나. 사탕수수(sugar cane)와 당밀
다. 꿀(Honey)
라. 쌀(Rice)과 옥수수(Corn)

49. 다음 중 꿀(Honey)을 사용하는 칵테일은?
가. Zoom
나. Honeymoon
다. Golden cadillac
라. Harmony

50. 다음 중 Vodka Base 칵테일에 해당되는 것은?
가. Daiquiri 나. Mai Tai
다. Bacardi 라. Bloody Mary

51. 브랜디를 설명한 것 중 틀리는 것은?
가. 포도 또는 과실을 발효하여 증류한 술이다.
나. 불어로 Eau-de-vie라고 한다.
다. 프랑스의 대표적인 Brandy 생산지는 브랜디 지방이다.
라. 프랑스는 질이나 양에 있어서 세계 제일의 브랜디 생산국이다.

52. 숙성을 거쳐서 완성되는 술로 알맞은 것은?
가. Tequila 나. Grappa
다. Gin 라. Brandy

53. 칵테일 만드는 5가지 기본 방법이 아닌 것은?
가. Pouring 나. Shaking
다. Blending 라. Stirring

54. Red Wine병의 바닥이 요철로 된 이유는?
가. 아름답게 하기 위하여
나. 찌꺼기가 이동하는 것을 방지하기 위해
다. 용량표시를 놓게 하기 위하여
라. 안전하게 세우기 위해

55. Cocktail Recipe 계량 중 1Dash는 Drop으로 얼마인가?
가. 35-40Drop　나. 15-20Drop
다. 25-30Drop　라. 5-10Drop

56. 음료(Beverage)를 구분하는 방법으로 올바른 것은?
가. 알코올성과 비알코올성
나. 양조주와 증류주
다. 기호음료와 청량음료
라. 발효주와 혼성주

57. 술에 술을 섞거나 술에 청량음료 또는 과즙음료, 기타 부재료를 이용하여 혼합시킨(mixied drink) 것은?
가. 칵테일
나. 하드 드링크
다. 소프트 드링크
라. 혼성주

58. 칵테일 조주방법에서 플로팅(Floating)으로 적합한 설명은?
가. 재료의 비중을 이용하여 띄우는 것이다.
나. 칵테일 글라스 가장자리에 설탕을 묻히는 방법이다.
다. 증류주에 불을 붙이는 방법이다.
라. 얼음을 갈아 칵테일을 차갑게 만드는 것이다.

59. 이탈리아 밀라노 지방에서 생산되는 것으로 오렌지와 바닐라향이 강하며 독특하고 길쭉한 병에 담긴 리큐르는?
가. 갈리아노(Galliano)
나. 컴멜(Kummel)
다. 깔루아(Kahlua)
라. 드람부이(Drambuie)

60. 글라스 가장자리를 소금으로 프로스팅(Frosting) 하는 칵테일 기법은?
가. 마가리타(Magarita)
나. 키스오브 파이어(Kiss of Fire)
다. 아이리쉬 커피(Irish Coffee)
라. 다이퀴리(Daiquiri)

61. 다음 중 수분과 이산화탄소로 구성되어 식욕촉진을 유발하는 음료는?
가. 클럽소다(Club Soda)
나. 물(Mineral Water)
다. 칼린스 믹스(Collins Mixer)
라. 사이다(Cider)

62. 롱 드링크(Long Drink)에 대한 설명 중 적당치 않는 것은?
가. 통상 10oz 이상 텀블러 글라스로 제공한다.
나. 하이볼이라고도 한다.
다. 한 종류 이상의 술에 청량음료를 섞는 것이 보통이다.
라. 무알코올 음료의 총칭이다.

63. 칵테일 조주시 각종 주류와 부재료를 재는 표준용량 계량기는?
가. Hand Shaker　나. Mixing Glass
다. Squeezer　라. Jigger

64. 다음 중 조주원의 행동규범에 어긋나는 것은?
   가. 항상 깨끗하고, 명랑하고 사교적이어야 한다.
   나. 손님과 대화할 때만은 담배를 피워도 무방하다.
   다. 글라스를 취급할 때 글라스의 스템(Stem)이나 밑부분을 잡는다.
   라. 화장실 사용 후에는 반드시 손을 씻는다.

65. 다음 중 업장주류 보급(issue)원칙에 합당한 것은?
   가. 부패성이 없기 때문에 가능한 한 많이 보급수령
   나. 매일 수령하는 일일보급(daily issue)의 원칙
   다. 시간절약을 위해 주별 보급(weekly issue)의 원칙
   라. 월말 인벤토리 직후 월별 보급(monthly issue)의 원칙

66. 주장 요원의 직무가 아닌 것은?
   가. 영업장 안의 각종 주류재고량 파악
   나. 각종 주문전표 확인
   다. 영업시간 전 준비상태 확인을 위한 각종 부재료 파악
   라. 음식물 제공여부 점검

67. 바 카운터의 요건 중 틀린 것은?
   가. 카운터의 높이는 1-1.5m가 적당하며 너무 높아서는 안된다.
   나. 카운터는 넓으면 넓을수록 좋다.
   다. 작업대(Working board)는 카운터 뒤에 수평으로 부착시켜야 한다.
   라. 카운터 표면은 잘 닦여지는 재료로 되어 있어야 한다.

68. Bottle Member 제조의 장점이 아닌 것은?
   가. 고정객을 확보할 수 있어 고정수입이 확보된다.
   나. 선불이기 때문에 회수가 정확하여 자금운영이 원활하다.
   다. 음료의 판매회전을 촉진한다.
   라. 음료청구 및 구매행위를 용이하게 해 준다.

69. 음료저장방법 중 잘못 설명된 것은?
   가. 포도주병은 눕혀서 코르크 마개가 항상 젖어 있도록 저장한다.
   나. 살균된 맥주는 출고 후 약 3개월 정도는 실내온도에서 저장할 수 있다.
   다. 백포도주는 3개월 전에 냉장고에 저장하여 충분히 냉각시킨 후 제공한다.
   라. 양조주는 선입선출법에 의해 저장, 관리한다.

70. 다음 중 맥주의 냉각저장에 가장 적합한 기물은?
   가. 딥 프리저(deep freezer)
   나. 바-싱크(bar sink)
   다. 냉장고(refrigerator)
   라. 아이스 큐브 빈(ice cube bin)

71. 생맥주(Draft Beer) 취급의 필수적인 요건이 아닌 것은?
   가. 냉장시설의 적정온도 유지
   나. 술통속 맥주의 정확한 압력
   다. 쾌적한 실내장식과 판매카운터
   라. 선입선출에 의한 재고순환

72. 칵테일을 만들 때 알맞지 않는 사항은?
   가. 온더락스(On the rocks)의 경우 술을 먼저 붓고 얼음은 다음에 넣는다.
   나. 올리브(Olive)는 찬물에 헹구어 짠맛을 엷

게 해서 사용한다.
다. 체리(Cherry)는 씻지 않고 그냥 사용한다.
라. 찬술은 보통 찬 글라스를, 뜨거운 술은 뜨거운 글라스를 사용한다.

73. 다음 중 호텔 연회행사시에 연회장 Bar에 대한 내용이 언급된 행사지시서는?
가. Waiting List
나. Check in List
다. Reservation Sheet
라. Event Order

74. 표준 양 목표 작성의 목적 중 틀린 것은?
가. 조주원가 산정의 용이
나. 판매가격 결정에 기여
다. 품질관리에 기여
라. 인건비 절감에 기여

75. 좋은 맛을 유지하기 위한 와인 적정온도 설명 중 틀린 것은?
가. 레드와인은 화이트와인보다 차갑게 마신다.
나. 자기가 맛있다고 느끼는 온도로 마시는 것이 가장좋다.
다. 화이트와인은 10~12℃로 조금 차갑게 해서 마시는 것이 좋다.
라. 스위트 와인은 좀더 차갑게 하는 것이 좋다.

76. 칵테일 조주시 계란의 선택과 보관방법 중 틀린 사항은?
가. 큰 것을 피하고 개당 50g 이내의 것이 적당하다.
나. 칵테일 제조시 계란 선택에 각별히 주의해야 한다.
다. 껍질은 단단하고 신선한 것으로 한다.
라. 계란을 사용할 때는 조제되는 재료들 속에 직접 넣는다.

77. 주장관리에 있어서 바람직하지 못한 것은?
가. 연령, 소득 등에 따라 목표고객을 분석한다.
나. 가장 바쁜 시간의 영업량을 미리 예측해 본다.
다. 동일 상권에 있어 경쟁업체를 수시로 파악한다.
라. 업장의 형태와 크기는 가능한 최대로 확보한다.

78. 다음 칵테일 용구 중 설명이 바르지 않은 것은?
가. Strainer : 재료를 혼합 반죽하는 기구
나. Squeezer : 과즙을 짜는 기구
다. Pourer : 술 손실 예방 기구
라. Cork Screw : 코르크마개 빼는 기구

79. 다음 중 주장기능으로서 맞지 않는 것은?
가. 영리를 목적으로 하는 사회적 영업장이다.
나. 일정한 장소로서의 시설을 갖춘다.
다. 인적, 물적 서비스를 상품으로 판매한다.
라. 일정한 이용객을 확보한다.

80. 다음의 탄산음료 중 설명이 옳지 못한 것은?
가. 탄산가스가 함유된 천연광천수
나. 천연과즙에 탄산가스를 함유한 것
다. 순수한 탄산가스를 함유한 것
라. 음료수에 천연감미료를 탄 것

81. 다음 중 스카치 위스키는 어느 것인가?
가. Canadian Club 나. Ballantine
다. Seagram V.O 라. Old Crown

82. 살구의 냄새가 나는 달콤한 혼성주는 어느 것인가?
가. Apricot Brandy
나. Anisettle
다. Cherry Brandy
라. Aner

83. 다음 프랑스 Wine의 품질을 나타내는 표시 중 최고의 품질을 나타내는 것은?
가. A.O.C　　나. Vin de Pays
다. V.D.Q.S　　라. Vin de Table

84. 빈티지(Vintage)란 무엇을 뜻하는가?
가. 포도주의 이름
나. 포도주의 양조년도
다. 포도주의 원산지명
라. 포도의 품종

85. Brandy Glass의 입구가 좁은 이유는?
가. 양손에 잡기가 편리하도록 하기위해
나. 술의 파동을 방지하기 위해
다. 글라스에 맛과 향을 오래 보존하기위해
라. 글라스안에 데코레이션을 위해

86. Bar Helper의 주요 업무는 무엇인가?
가. 술을 관리하는 업무
나. 술 주문과 서비스를 담당하는 업무
다. 바텐더를 보조하는 업무
라. Bar 직원들을 통제, 관리하는 업무

87. 에일(Ale)이란 음료는?
가. 와인의 일종이다.
나. 증류주의 일종이다.
다. 맥주의 일종이다.
라. 혼성주의 일종이다.

88. 다음사항 중에서 칵테일 파티에서 롱 드링크(Long Drink)로 제공되는 음료는?
가. Manhattan
나. Whisky Highball
다. Martini
라. Bacardi Cocktail

89. 조주의 부재료에서 시럽류인 석류열매의 색과 향을 가진 것은?
가. 그레나딘 시럽(grenadine Syrup)
나. 메이플 시럽(maple syrup)
다. 검 시럽(gum syrup)
라. 플레인 시럽(plain syrup)

90. Bourbon Whiskey는 Corn 재료를 몇 % 이상 사용해야 버번 위스키로 구분되는가?
가. Corn 90%　　나. Corn 80%
다. Corn 51%　　라. Corn 40%

91. 바텐더가 Bar에서 Glass를 사용할 때 가장 먼저 체크하여야 할 사항은?
가. Glass의 가장자리 파손 여부
나. Glass의 청결여부
다. Glass의 재고 여부
라. Glass의 온도 여부

92. 진(Gin)을 기주(Base)로 한 칵테일이 아닌 것은?
가. Martini　　나. Bronx
다. Pink Lady　　라. Screw Driver

93. 다음에서 장식이 필요 없는 칵테일은?
가. 핑크레이디　　나. 맨하탄
다. 마이타이　　라. 싱가폴슬링

94. 싱글(Single)이라 하면 술 30ml분의 양을 기준으로 한다. 그러면 2배인 60ml의 분량을 의미하는 것은?
   가. 핑거(Finger)
   나. 대시(Dash)
   다. 드롭(Drop)
   라. 더블(Double)

95. 식전주(Aperitifs)로 권할만한 것이 못되는 것은?
   가. 맨하탄　　나. 쉐리
   다. 포트와인　　라. 드라이 마티니

96. 다음 중 조주보조원(Bar Helper)의 주 임무는?
   가. 고객에게 주문을 받고 음료를 조제 제공한다.
   나. 얼음기계, 냉장고 등 모든 기물들의 고장상태를 점검한다.
   다. 주장(Bar)에서 필요한 주류 및 보급품의 준비와 영업에 필요한 준비를 한다.
   라. 주장에 오는 고객을 영송한다.

97. 케이터링 지배인(Catering Manager)의 임무는?
   가. 호텔내 혹은 외부의 행사나 연회 업무를 주관한다.
   나. 바(Bar) 접격원의 업무를 지휘, 감독한다.
   다. 조주원(Bartender)의 업무를 지휘, 감독한다.
   라. 바(Bar)근무자의 직무교육을 주관한다.

98. 주장요원이 영업시간 전에 해야 할 사항이 아닌 것은?
   가. 각종 글라스를 깨끗이 닦고 정돈해 둔다.
   나. 각종 바 기구를 정돈 비치해 둔다.
   다. 각종 보조 재료를 확보해 둔다.
   라. 각종 신문잡지를 정돈 비치해 둔다.

99. 주장의 부정요소와 관계가 먼 것은?
   가. 개인용 음료판매 가능
   나. 칵테일 표준량의 속임
   다. 무료서브의 남용
   라. 요금계산의 정확성

100. 주류 재료 저정관리 원칙 중 틀린 것은?
   가. 저장위치 표시의 원칙
   나. 분류저장의 원칙
   다. 납기보장의 원칙
   라. 선입선출의 원칙

1	2	3	4	5	6	7	8	9	10
다	가	나	다	가	나	다	라	나	다
11	12	13	14	15	16	17	18	19	20
가	나	다	다	라	라	나	나	라	나
21	22	23	24	25	26	27	28	29	30
라	가	다	나	라	나	나	가	라	가
31	32	33	34	35	36	37	38	39	40
나	라	나	가	다	가	다	나	라	가
41	42	43	44	45	46	47	48	49	50
가	가	다	가	나	나	나	나	가	라
51	52	53	54	55	56	57	58	59	60
다	라	가	나	라	가	가	가	가	가
61	62	63	64	65	66	67	68	69	70
가	라	라	나	나	라	나	라	다	다
71	72	73	74	75	76	77	78	79	80
다	가	라	라	가	라	라	가	라	라
81	82	83	84	85	86	87	88	89	90
나	가	가	나	다	다	다	나	가	다
91	92	93	94	95	96	97	98	99	100
가	라	가	라	다	다	가	라	라	다

조주기능사 필기시험 예상문제(C)

1. 프랑스 와인의 원산지 통제 증명법의 약어는?
   가. D.O.C　　나. A.O.C
   다. V.D.Q.S　　라. Q.M.P

2. 카나페(canape)란 무엇인가?
   가. 식후에 먹는 디저트
   나. 식전에 먹는 에피타이저
   다. 통조림 과자
   라. 생선으로 만든 술안주

3. 다음 중 주재료가 나머지 셋과 다른 것은?
   가. Triple Sec
   나. Cointreau
   다. Grand Marnier
   라. Galliano

4. 음료저장관리방법 중 FIFO의 원칙에 적용될 수 있는 술은?
   가. 위스키　　나. 맥주
   다. 브랜디　　라. 포도주

5. 휘저어(Stir) 만드는 칵테일에 사용하는 혼합기구는?
   가. Hand Shaker　　나. Mixing Glass
   다. Squeezer　　라. Jigger

6. 저장소(Store room)에서 쓰이는 빈 카드(Bin card)의 용도는?
   가. 품목별 불출입 재고기록
   나. 품목별 상품특성 및 용도기록
   다. 품목별 수입가와 판매가 기록
   라. 품목별 생산지와 빈테이지 기록

7. 위스키(Whisky)의 선택요령 중 잘못된 것은?
   가. 상표선택은 관리인이나 지배인의 추천에 의해 인기 있는 상표를 선택한다.
   나. 상표가 다른 위스키를 섞어서 사용하는 것을 절대로 금한다.
   다. 조주원은 항상 고객편과 회사의 이익을 고려하여 위스키를 선택한다.
   라. 특정한 상표를 지정하여 주문한 위스키가 없을 때는 그것과 유사한 위스키로 대치한다.

8. 저녁식사 연회 칵테일파티는 어느 때에 하는가?
   가. 식사 전에　　나. 식사 중에
   다. 식사 후에　　라. 메인코스 후에

9. 다음 칵테일기법에서 재료를 Glass에 직접 넣은 방법은?
   가. Build　　나. Shake
   다. Floating　　라. Frost

10. 알코올 음료 판매시 가장 중요하게 감안되어야 할 사항은?
   가. 고객의 기호
   나. 재료의 선택
   다. 고객의 건강과 업소의 수익
   라. 고객의 기호와 업소의 수익

11. 표준산출(Standard yields) 설정은 어떤 관리목적에 기여하는가?
   가. 생산고　　나. 판매고
   다. 구매가　　라. 저장가

12. 와인과 음식에 관한 설명 중 틀린 것은?
   가. 에피타이저와 스프에는 White Wine
   나. 어패류에는 Dry White Wine
   다. 불고기, 갈비찜요리는 Red Wine
   라. 치즈에는 White Wine

13. 맥주(Beer)를 서비스하는 방법 중 옳지 않는 것은?
   가. 맥주병을 굴리거나 뒤집지 말아야 한다.
   나. 맥주를 따를 때는 Glass와 병과의 간격은 2~3cm가 적당하다.
   다. 맥주는 흔들어서 따라야 제맛이 난다.
   라. 맥주를 따를 때는 Glass를 기울이지 말아야 한다.

14. 조주의 방법 중 Stirring이란?
   가. 칵테일을 차게 만들기 위해 믹싱글라스에 얼음을 넣고 바스푼으로 휘저어 만드는 것
   나. 쉐이킹으로는 얻을 수 없는 차가운 맛의 칵테일을 만드는 방법
   다. 칵테일을 완성시킨 후 향기를 가미시키는 것
   라. 글라스에 직접 재료를 넣어 만드는 칵테일 방법

15. Liqueur에 대한 설명 중 틀린 것은?
   가. 영국, 미국에서는 Cordial이라고도 부른다.
   나. 술 분류상 혼성주 범주에 속한다.
   다. 주정(Base Liquor)에다 약초, 과일, 씨, 뿌리의 즙을 넣어서 만든다.
   라. 브랜디(Brandy)가 대표적인 술이다.

16. 포도주를 저장할 때 주의할 사항은?
   가. 찌꺼기 제거를 위해 거꾸로 보관한다.
   나. 적포도주는 백포도주보다 차갑게 보관한다.
   다. 포도주는 종류에 관계없이 늘 냉장보관한다.
   라. 코르크 마개가 마르지 않도록 눕혀서 보관한다.

17. 다음 중 Ice Equipment가 아닌 것은?
   가. Ice Pail　　나. Ice Scoop
   다. Ice Tong　　라. Ice Knife

18. 다음 중 Decanter와 관계 있는 것은?
   가. Red Wine　　나. White Wine
   다. Champagne　　라. Sherry Wine

19. 설탕, 계란 등을 이용하는 칵테일에 필요한 기구는?
   가. Mixing Glass　　나. Strainer
   다. Squeezer　　라. Shaker

20. 다음 중 식후주(after drink)로 많이 마시는 것은?
   가. Old Taylor　　나. Beefeater
   다. Hennessy　　라. Relska

21. 다음 술 중에서 증류주가 아닌 것은?
   가. 보드카(Vodka)
   나. 샴페인(Champagne)
   다. 진(Gin)
   라. 럼(Rum)

22. 다음 중 스카치 위스키는?
   가. Vermouth
   나. Canadian club

다. Black and white
라. Hennessy V.S.O.P

23. 다음 중 Cognac은 어느나라 제품인가?
가. 미국　　나. 영국
다. 프랑스　　라. 멕시코

24. 다음 중 매출증대방안으로 바람직하지 못한 것은?
가. 추가주문 권유
나. 고가메뉴 추천
다. 세트메뉴 추천
라. 고객서비스 질 향상

25. 순수한 자연 그대로의 포도만으로 양조한 비발포성 와인으로 알코올 함유량이 14도 이하인 것은?
가. Sparkling wine
나. Fortified wine
다. Aromatized wine
라. Natural still wine

26. Domperignon은 다음 중 무엇과 관계가 있는가?
가. Champagne　　나. Bordeaux
다. Martini Rossi　　라. Menu

27. Dry Martini를 만드는 방법은?
가. Mix　　나. Stir
다. Shake　　라. Float

28. 레드와인 제조과정이 가장 알맞게 연결된 것은?
가. 수확-분쇄-압착-발효-숙성-여과-병입
나. 수확-분쇄-발효-압착-숙성-여과-병입
다. 수확-분쇄-압착-숙성-발효-여과-병입
라. 수확-압착-분쇄-발효-숙성-여과-병입

29. 다음 Cocktail의 종류 중 작품완성 후 Nutmeg을 뿌려 제공하는 것은?
가. Eggnog　　나. Fizz
다. Sour　　라. Sling

30. 드라이 마티니(Martini) 칵테일의 장식은?
가. 체리(Cherry)
나. 올리브(Olive)
다. 오렌지(Sliced Orange)
라. 너트맥(Nutmeg)

31. 레몬이나 오렌지의 과즙(果汁)을 짜내는 기구 명칭인 "스퀴저"의 올바른 영문표기는?
가. Squeezer　　나. Sqweezer
다. Squizer　　라. Sqwizer

32. 칵테일(cocktail) 조주용 기구와 직접 관계 없는 것은?
가. 트레이(tray)
나. 콜크 스크류(cork screw)
다. 아이스 픽(ice pick)
라. 계량컵(measure cup)

33. American whisky "90 proof"는 우리나라의 주정 도수로는 몇 도인가?
가. 23도　　나. 33도
다. 45도　　라. 53도

34. 다음 계량단위 중 옳은 것은?
가. Pony = Ounce
나. Dash = Drop
다. Jigger = Quart
라. Pint = Split

35. 다음 중 Bourbon Whiskey는 어느 것인가?
가. Jim Beam
나. Ballantine's
다. Black Bushmill
라. Bombay

36. 칵테일 용어 설명 중 틀린 것은?
가. 스티어(Stir) - 잘 섞이도록 저어 주는 것
나. 플롯(Float) - 한 가지의 술에 다른 술이 혼합되지 않게 띄우는 것
다. 더블(Double) - 칵테일에서 2온스를 말한다.
라. 스트레이너(Strainer) - 과육을 제거하고 껍데기만을 짜넣는다는 의미

37. 우리 조상들이 곡물로 만들어 농번기에 주로 먹었던 막걸리의 제조방법은?
가. 혼성주 나. 증류주
다. 양조주 라. 화주

38. 조주를 하는 목적과 가장 거리가 먼 것은?
가. 술과 술을 섞어서 두 가지 향의 배합으로 색다른 맛을 얻을 수가 있다.
나. 술과 소프트 드링크 혼합으로 좀더 부드럽게 마실 수 있다.
다. 술과 기타 부재료를 가미하여 좀더 독특한 맛과 향을 창출해 낼 수 있다.
라. 원가를 줄여서 이익을 극대화하기 위하여

39. Muddler의 용도를 가장 잘 설명한 것은?
가. Glass를 보호하기 위한 기구
나. Cocktail 또는 Soft Drink를 섞는 기구
다. Lemon즙을 짜는 기구
라. Ice를 가루로 만드는 기구

40. 의사의 처방전이나 요리의 양 목표처럼 칵테일에도 재료배합의 기준량이나 조주하는 기준을 표시하는 것을 무엇이라고 하는가?
가. 하프 앤 하프(half & half)
나. 레시피(recipe)
다. 드랍(drop)
라. 대시(dash)

41. 포도주 저장창고 위치로서 가장 적당한 곳은?
가. 될 수 있는 한 지하실
나. 구매접수가 용이한 장소
다. 바(Bar)와 가까운 곳
라. 주방창고와 가까운 곳

42. 에이지 와인(Aged Wine)은 몇 년간 저장하여 숙성시킨 것인가?
가. 3년 이하
나. 5년 이하
다. 5년~15년
라. 15년 이상

43. 샴페인이나 와인을 보관할 때의 유의사항 중 틀린 것은?
가. 12~15℃의 서늘한 장소가 좋다.
나. 진동이 없는 조용한 장소(quiet place)가 좋다.
다. 공기유통이 잘되는 건조한 장소를 택한다.
라. 곰팡이가 나지 않도록 병을 닦아 세워 놓는다.

44. 통(keg)에 든 생맥주 취급에 관한 주의사항 중 틀린 것은?
가. 미살균 맥주로서 장기저장이 불가능하다.
나. 저장온도는 10~13℃로 유지 · 보관하여야 한다.

다. 먹(mug)은 기름끼가 없도록 세척하여야 한다.
라. 재고 순환을 철저히 하여야 한다.

45. 셰이커(Shaker)는 몇 등분으로 분리되어 있는가?
가. 캡과 바디로 되어 있다.
나. 캡과 스트레이너 및 바디로 되어 있다.
다. 스트레이너와 바디로 되어 있다.
라. 캡이 2등분으로 되어 있다.

46. 칵테일 재료(Recipe)를 보고 알 수 없는 것은?
가. 칵테일의 색깔 나. 칵테일의 분량
다. 칵테일의 성분 라. 칵테일의 판매량

47. 주장(Bar) 내에서 필요한 기구류가 아닌 것은?
가. Strainer(스트레이너)
나. Ice Pick(아이스 픽)
다. Pouring Lip(포링 립)
라. Cocktail Napkin(칵테일 네프킨)

48. 조주의 기본기법 중 얼음(Ice)의 선택사항에 해당되지 않는 것은?
가. 칵테일과 얼음은 밀접한 관계가 성립된다.
나. 칵테일에 많이 사용되는 것은 각얼음(Cubed ice)이다.
다. 얼음은 재사용할 수 있고 얼음속에 공기가 들어있는 것이 좋다.
라. 투명하고 단단한 얼음이어야 한다.

49. Cork screw의 용도는?
가. 잔 받침대용
나. 와인 보관용 그릇용
다. 병 마개용
라. 와인 병따개용

50. 맥주 제조과정에서 미살균 상태로 저장되는 맥주를 무엇이라 하는가?
가. Black Beer 나. Draft Beer
다. Porter Beer 라. Lager Beer

51. 다음 사항 중 와인시음 3요소라고 할 수 없는 것은?
가. Looks good 나. Smells good
다. Chillings good 라. Taste good

52. 브랜디의 숙성정도의 표시로 그 약자가 옳게 설명되지 못한 것은?
가. V - Very 나. P - Pale
다. S - Special 라. X - Extra

53. 샴페인은 무엇으로 만들어지는가?
가. 옥수수 나. 포도
다. 보리 라. 밀 또는 감자

54. 다음 중 리큐르가 아닌 것은?
가. Apricot Brandy
나. Cherry Brandy
다. Cognac Brandy
라. Creme de menthe

55. Old Tom Gin에 대해 바르게 설명된 것은?
가. 드라이진에 당분을 섞어서 만든 영국진이다.
나. 영국식 오랜 전통의 드라이 진이다.
다. 오렌지로 착향시킨 영국진이다.
라. 홀랜드(Holland)에서 수출되는 드라이 진이다.

56. 데킬라 선라이즈를 만들 때 필요치 않은 것은?
가. 데킬라 나. 진
다. 오렌지주스 라. 그레나딘 시럽

57. 칵테일 조주에 필요 없는 기구는?
가. Jigger 나. Shaker
다. Ice Equipment 라. Straw

58. 보리를 주원료로 해서 만든 발효주(양조주)는 어떤 것인가?
가. 와인(Wine) 나. 맥주(Beer)
다. 브랜디(Brandy) 라. 위스키(Whisky)

59. 다음 중 혼성주(Compounded Liquor)에 속하는 음료(Beverage)는 무엇인가?
가. 위스키(Whisky)
나. 테킬라(Tequila)
다. 럼(Rum)
라. 베네딕틴(Benedictine)

60. 맨하탄, 올드패션칵테일에 쓰이며 향료로서 뛰어난 풍미와 향기가 있는 고미제로써 널리 사용되는 것은?
가. Clove
나. Cinnamon
다. Angostura Bitter
라. Orange Bitter

61. 다음 조주기법 중 "Float"기법이란?
가. 재료의 비중을 이용하여 섞이지 않도록 띄우는 방법
나. 재료를 믹서기로 갈아서 만드는 방법
다. 글라스에 직접 재료를 넣어서 조주
라. 혼합하기 쉬운 술끼리 휘저어서 조주

62. 영국인에 의해 개발된 보건음료로서 키니네(quinine) 성분이 첨가된 것은?
가. soda water 나. tonic water
다. collins water 라. ginger ale

63. 다음 중 Sugar Frost로 만드는 칵테일은?
가. Rob Roy 나. Kiss of Fire
다. Magarita 라. Angel's Tip

64. 다음 중 Glass의 종류라고 할 수 없는 것은?
가. On the rocks glass
나. Highball glass
다. Tall glass
라. Gin glass

65. 이탈리아와인의 주요생산지가 아닌 것은?
가. Toscana 나. Rioja
다. Veneto 라. Piemonte

66. 주장에서 사용하는 스텐다드 레시피(Standard Recipe)란 뜻은?
가. 표준 검수법 나. 표준 저장법
다. 표준 조주법 라. 표준 봉사법

67. 영업종료 후 사용하다 남은 주스류를 보관하려고 한다. 다음 중 어느 곳이 적합한가?
가. 냉동고(freezer)
나. 냉장고(refrigerator)
다. 술보관장소(bar wells)
라. 바-선반(bar shelves)

68. 식음 재료의 저장관리 원칙 중 틀린 것은?
가. 분류저장의 원칙
나. 납기보장의 원칙
다. 재고순환의 원칙
라. 공간활용의 원칙

69. 위생적인 관점에서 가장 알맞은 얼음처리 방법은?
가. 얼음을 글라스에 넣을 때 손으로 집는다.
나. 사용했던 얼음은 씻어서 다시 사용할 수 있다.

다. 얼음을 내프킨으로 싸서 집는다.
라. 얼음을 아이스 텅(ice tong)으로 집는다.

70. 와인셀러(Wine Cellar)란?
가. 포도주 소매업자
나. 포도주 도매업자
다. 포도주 저장실
라. 포도주를 주재로 한 칵테일 명칭

71. 바(bar)에서 사용하는 고객내용 카드(guest historycard)의 용도는?
가. 후불관리 제도용
나. 대외 선전용
다. 고객 신용조사용
라. 대고객 서비스용

72. 조주용 기물 종류 중 폴러(Pourer)의 설명으로 바른 것은?
가. 쓰고 남은 청량음료를 밀폐시키는 병마개
나. 칵테일을 마시기 쉽게 하기 위한 빨대
다. 술병입구에 끼워 쏟아지는 양을 일정하게 만드는 기구
라. 물을 담아놓고 쓰는 손잡이가 달린 물병

73. Jigger를 설명한 것 중 틀린 것은?
가. 일명 메저컵(Measure Cup)이라 한다.
나. 지거는 양쪽으로 크고 작은 두 개의 삼각형으로 구성되어 있다.
다. 작은쪽 컵은 1oz 이다.
라. 큰쪽의 컵은 3oz 이다.

74. 영업이 끝난 후에 Inventory는 주로 누가 작성하는가?
가. Waiter　　나. Bartender
다. Bar Manager　　라. Bar Helper

75. 음료의 분류에서 알코올성 음료를 3가지로 분류하는데 포함되지 않는 것은?
가. 발효주　　나. 증류주
다. 강화주　　라. 혼성주

76. 사탕수수를 원료로 하며 카리브해의 쿠바, 자메이카 등 섬에서 생산되는 것은?
가. Gin　　나. Tequila
다. Vodka　　라. Rum

77. Glass Ware의 취급요령 중 설명이 틀린 것은?
가. Glass Ware는 고객에게 서비스 전에 반드시 닦아서 서브한다.
나. Glass Ware는 닦을 때 반드시 뜨거운 물에 담구어 닦는다.
다. 글라스는 자주 닦으면 좋지 않다.
라. 글라스에 냄새가 날 때는 레몬 슬라이스를 물에 넣어서 닦으면 냄새를 제거할 수 있다.

78. 와인의 보관방법 중 틀린 것은?
가. 보관온도를 일정하게 유지한다.
나. 병을 세워서 보관한다.
다. 병을 눕혀 보관한다.
라. 장시간 빛에 노출되지 않도록 한다.

79. 맥주의 보관방법 중 틀린 것은?
가. 장기 보관하면 맛이 좋아진다.
나. 맥주가 얼지 않도록 보관한다.
다. 직사광선을 피한다.
라. 적정온도(4~10도)에 보관한다.

80. 와인(Wine)서비스 방법 중 틀린 것은?
가. 손님의 오른쪽에서 정중히 서브한다.
나. 소멜리어(Sommelier)가 주문을 받는다.

다. 와인라벨을 손님에게 설명한다.
라. 바텐더(Bartender)가 주문과 서브를 담당한다.

81. 일반적으로 음료(beverages)는 무엇을 뜻하는가?
가. 알코올성 음료만을 뜻한다.
나. 알코올성과 비알코올성 음료만을 뜻한다.
다. 알코올성과 비알코올성 그리고 물까지 포함한다.
라. 순수한 비알코올성 음료만을 뜻한다.

82. 다음 중 Snifter Glass에 제공될 수 있는 것은?
가. Cocktail　　나. Wine
다. Soft Drink　　라. Cognac

83. 다음 중 꿀이 함유된 혼성주는?
가. Kirsch Wasser
나. Galliano
다. Cream de menthe
라. Drambuie

84. 일반적으로 올드 패션드 글라스(Old fashioned glass)를 가장 많이 사용해서 마시는 술은?
가. 위스키(Whisky)
나. 맥주(Beer)
다. 샴페인(Champagne)
라. 레드 아이(Red Eye)

85. 가장 오랫동안 숙성한 브랜디(Brandy)는?
가. V.O.　　나. V.S.O.P
다. X.O.　　라. Extra

86. 다음 중 혼성주에 해당하는 것은?
가. 알마냑(Armagnac)
나. 콘 위스키(Corn Whisky)
다. 코인트루(Cointreau)
라. 자마이칸 럼(Jamaican Rum)

87. 다음 중 Calvados는 어떤 종류의 술인가?
가. Wine　　나. Brandy
다. Whisky　　라. Champagne

88. 서로 관련사항이 없는 것은?
가. Sugar Cane - Perry
나. Agave - Tequila
다. Grape - Wine
라. Apple - Cider

89. Draft Beer and Bottle Beer 잔을 영업준비 장소로 가장 이상적인 저장보관 위치는?
가. 따뜻한 햇볕이 잘 드는 장소
나. 시원한 냉장고
다. 냉동고
라. Glass Rack에 쌓아 놓는다.

90. 다음 증류주 중에서 곡류의 전분을 원료로 하지 않는 것은?
가. 진(Gin)　　나. 럼(Rum)
다. 보드카(Vodka)　　라. 위스키(Whisky)

91. 다음 중 생선요리와 가장 잘 어울리는 술은?
가. 적포도주　　나. 백포도주
다. 샴페인　　라. 꼬냑

92. 다음 중 연회비 또는 회원제로 운영하는 Bar 형태는?
가. Sky Lounge
나. Lobby Lounge

다. Membership Club
라. Restaurant Bar

93. 다음 중 프랑스의 와인 생산지 중 보르도(Bordeaux) 지방이라 할 수 없는 것은?
가. 보졸레(Beaujolais)
나. 메독(Medoc)
다. 포므롤(Pomerol)
라. 생떼 밀리옹(Saint Emilion)

94. 디켄터(decanter)는 특히 무엇에 쓰이는 바(bar)용 용기인가?
가. 얼음물을 제공하는 용기
나. 포도주를 제공하는 유리병
다. 식탁용 유리물병
라. 맥주를 제공하는 대형 물 주전자

95. 조주원의 임무 중 틀린 것은?
가. 주문에 의하여 조주하여 제공한다.
나. 칵테일은 자기 아이디어대로 조주한다.
다. 글라스류와 바 기물을 닦는다.
라. 영업 전에 그날의 필요한 물건들을 수령한다.

96. 조주원(Bartender)의 업무규칙 중 잘못 설명된 것은?
가. 단골 고객이나 동료 종사원에게는 무료로 술을 제공할 수 있다.
나. 칵테일은 기준처방(Recipe)에 의해 만들어야 한다.
다. 고객이 있을시는 서서 대기한다.
라. 빈술병은 지배인의 허락없이 고객이나 동료 종사원에게 줄 수 없다.

97. 와인의 생산년도를 상표 라벨에 표시하는 명칭은?
가. Aged Wine　　나. Great Wine
다. Vintage Wine　　라. Sweet Wine

98. 와인너리(Winery)란?
가. 포도주 양조장　　나. 포도주 저장소
다. 포도주의 통칭　　라. 포도주용 용기

99. 다음 중 Cocktail Party시 안주로 가장 많이 제공되는 것은?
가. Peanut　　나. Salad
다. Olive　　라. Canape

100. 다음 중 칵테일용량에서 Long Drink의 Glass로 적합한 것은?
가. Sherry Wine　　나. Collins Glass
다. Cocktail Glass　　라. Champagne Glass

1	2	3	4	5	6	7	8	9	10
나	나	다	나	나	가	라	가	가	라
11	12	13	14	15	16	17	18	19	20
가	라	다	가	라	라	라	가	라	다
21	22	23	24	25	26	27	28	29	30
나	다	다	나	라	가	나	나	가	나
31	32	33	34	35	36	37	38	39	40
가	가	다	가	가	라	다	라	나	나
41	42	43	44	45	46	47	48	49	50
가	다	라	나	나	라	라	다	라	나
51	52	53	54	55	56	57	58	59	60
다	다	나	다	가	나	라	나	라	다
61	62	63	64	65	66	67	68	69	70
가	나	나	라	나	다	나	나	라	다
71	72	73	74	75	76	77	78	79	80
라	다	라	나	다	라	다	나	가	라
81	82	83	84	85	86	87	88	89	90
다	라	라	가	라	다	나	가	나	나
91	92	93	94	95	96	97	98	99	100
나	다	가	나	나	가	다	가	라	나

조주기능사 필기시험 예상문제(D)

1. 다음 중 식사 전 Aperitif Drink로 제공하기에 가장 적당한 술은?
   가. 쉐리와인 나. 적포도주
   다. 위스키 라. 브랜디

2. 다음 중 연결이 잘못된 것은?
   가. Still wine - Table wine
   나. Sparkling wine - Dessert wine
   다. Fortified wine - Champagne
   라. Aromatized wine - Vermouth

3. 다음 중 Before dinner cocktail로 가장 적당한 것은?
   가. Orange Blossom
   나. Gin Fizz
   다. Dry Martini
   라. May Blossom

4. 다음 중 칵테일에 사용되지 않는 시럽은?
   가. Plain syrup
   나. Gum syrup
   다. Grenadine syrup
   라. Maple syrup

5. 위스키의 상품명 중 조니워커(Johnnie Walker)는 어떠한 종류의 위스키를 말하는가?
   가. 아이리쉬 위스키
   나. 스카치 위스키(Scotch Whisky)
   다. 아메리칸 위스키(American Whisky)
   라. 캐나다 위스키(Canadian Whisky)

6. 다음 중 증류주인 것은?
   가. Vermouth 나. Champagne
   다. Sherry 라. Rum

7. 다음 중 브랜디는 어느 것인가?
   가. Johnnie Walker
   나. John Jameson
   다. Cognac
   라. White Horse

8. 코냑(cognac)은 무엇을 원료로 만든 술인가?
   가. 감자 나. 옥수수
   다. 보리 라. 포도

9. 다음 중 천연 발포성 포도주는 어느 것인가?
   가. 쉐리(Sherry)
   나. 적포도주(Red wine)
   다. 샴페인(Champagne)
   라. 사이다(Cider)

10. 다음 중 맥주의 거품 작용에 대해서 틀린 것은?
    가. 맥주의 신선도를 유지한다.
    나. 산화작용을 방지한다.
    다. 맥주의 양이 줄어든다.
    라. 탄산이 사라지는 것을 방지한다.

11. 바(Bar)의 용구에 대한 설명 중 Ice Scooper는 무엇인가?
    가. 얼음을 짚는 기구이다.
    나. 얼음을 담는 기구이다.

다. 얼음을 푸는 기구이다.
라. 얼음을 부수는 기구이다.

12. 빈티지(Vintage)란 무엇인가?
가. 포도의 생산 지역을 말한다.
나. 포도의 수확년도를 말한다.
다. 포도주의 등급을 표시하는 것이다.
라. 와인의 맛을 표시한 말이다.

13. Blended Whisky에 대한 설명 중 가장 옳은 것은?
가. Whisky와 Whisky를 섞는 것을 말한다.
나. 브랜드가 유명한 Whisky를 말한다.
다. Malt Whisky와 Grain Whisky를 섞어서 만든다.
라. 주로 아일랜드에서 생산되는 위스키를 말한다.

14. 샴페인의 취급절차 설명 중 틀린 것은?
가. 얼음을 채운 바스킷에 차갑게(chilling) 한다.
나. 호스트(Host)에게 상표를 확인시킨다.
다. "펑" 소리를 크게 하며 거품을 최대한 많이 내야 한다.
라. 서브는 여자손님부터 시계방향으로 한다.

15. 다음 사항 중 원료와 제법의 관계가 일치하지 못하는 것은?
가. Grain - Canadian whisky
나. Malt - Scotch whisky
다. Corn - Canadian whisky
라. Rye - Canadian whisky

16. 다음 중 리큐르(Liqueur)와 관계가 없는 것은?
가. Cordials
나. Arnaud Villeneuve
다. Benedictine
라. Dom Perignon

17. 와인서비스에서 글라스의 적정량은?
가. 2~3부　　나. 3~4부
다. 5~6부　　라. 7~8부

18. 다음의 재료들은 Pousse cafe 칵테일에 해당된다. 마지막에 따르는 재료는 어느 것인가?
가. Brandy　　나. Creme de cacao
다. Peppermint　　라. Violet

19. 칵테일을 만드는데 필요한 기물은 어느 것인가?
가. Coaster　　나. Wine glass
다. Shaker　　라. Sauce pot

20. 다음 중 Young Wine의 숙성기간은?
가. 1년 이하　　나. 5~10년
다. 10~15년　　라. 15년 이상

21. 호텔 Bar나 레스토랑에서 칵테일이나 주류의 "단맛이 없다."라는 것을 표현하는 용어는?
가. Bitter　　나. Sweet
다. Sour　　라. Dry

22. 다음 중 현재 일반인들에게 많이 알려진 소주는 어디에 포함되는가?
가. 희석식 소주　　나. 전통 민속주
다. 증류식 소주　　라. 전통 약용소주

23. 다음 중에서 Cherry로 장식하지 않는 칵테일은?
가. Angel's Kiss　　나. Manhattan
다. Rob Roy　　라. Martini

24. 다음 중 Pink Lady Cocktail에 해당되지 않는 것은?
가. Cream　　나. Grenadine Syrup
다. Rum　　라. Gin

25. 다음 중 맥주의 대부분은 어떠한 방법으로 만들어지는가?
가. 고온발효　　나. 상온발효
다. 하면발효　　라. 상면발효

26. 바텐더(Bartender)의 업무규칙 중 잘못 설명된 것은?
가. 칵테일 레시피는 규정된 처방에 준하여 만들어야 한다.
나. 요금의 영수관계를 명확히 해야 한다.
다. 단골 고객이나 동료 종사원에게 음료를 무료로 제공하는 것을 금한다.
라. 빈 술병은 허락없이 고객이나 동료에게 줄 수 있다.

27. Sommelier의 주된 임무는?
가. 주장 기물관리
나. 주류 저장관리
다. 칵테일 조주봉사
라. 와인 판매봉사

28. 다음 중 Brandy Alexander를 만들 때 사용되는 기구는?
가. Mixing Glass　　나. Shake
다. Bar Spoon　　라. Blender

29. 구매부서의 기능이 아닌 것은?
가. 검수　　나. 저장
다. 불출　　라. 판매

30. 과일과 과즙의 선택과 보관방법 중 틀린 것은?
가. 캔(can)에 들어 있는 과일을 사용하는 것이 좋다.
나. 과일은 잘 익고 신선해야 한다.
다. 신선도를 유지하기 위하여 냉장고에 넣어 보관한다.
라. 과일을 자를 때 칼을 잘 닦아 사용한다.

31. 코스터(Coaster)의 용도는?
가. 잔 닦는 용
나. 잔 받침대 용
다. 남은 술 보관용
라. 병마개 따는 용

32. Wine Sellar에 관한 설명 중 옳지 않은 것은?
가. 와인을 저장하는 창고이다.
나. 적정온도는 10~13선이다.
다. 습도는 75% 정도로 유지한다.
라. 햇볕을 잘 쪼이게 해야 한다.

33. 다음 중 성질이 다른 하나는?
가. 진저엘(Gingerale)
나. 토닉워터(Tonic water)
다. 소다수(Soda Water)
라. 브랜디(Brandy)

34. 바(bar)에서 사용한 글라스(glass) 세척에 대한 설명이 아닌 것은?
가. 글라스 세척용 중성세제를 사용한다.
나. 두 번 이상 행군다.
다. 세척한 글라스는 잔의 테두리를 잡고 운반한다.
라. 세척한 글라스는 종류별로 보관한다.

35. 다음 중 750ml 위스키 한 병을 온스(oz)로 환산하면 어떻게 되는가?
가. 25oz 나. 26oz
다. 27oz 라. 28oz

36. 다음 중 Champagne에 대한 설명 중 맞는 것은?
가. 프랑스 샹파뉴 지방의 포도주
나. 스페인 헤레즈 지방의 포도주
다. 포르투갈 도루 지방의 포도주
라. 이탈리아산 포도주

37. 쇼트 드링크(short drink)란?
가. 만드는 시간이 짧은 음료
나. 증류주와 청량음료를 믹스한 음료
다. 시간적인 개념으로 짧은 시간에 마시는 칵테일 음료
라. 증류주와 맥주를 믹스한 음료

38. 콜라를 바르게 설명한 것은?
가. 콜라는 설탕물에 색소를 가미한 것이다.
나. 탄산수에 검은향 색소를 가미한 것이다.
다. 콜라콩을 가공처리한 것이다.
라. 커피콩을 가공처리하여 탄산수를 혼합한 것이다.

39. 칵테일 부재료로 사용하는 시럽으로 석류열매의 색과 향을 가진 것은?
가. Maple Syrup 나. Plain Syrup
다. Gum Syrup 라. Grenadine Syrup

40. 다음 중 Bloody Mary Cocktail에 사용되는 주스는?
가. Orange Juice 나. Lemon Juice
다. Tomato Juice 라. Lime Juice

41. 심플시럽(Simple Syrup)을 만드는 데 필요한 것은?
가. 레몬(Lemon)
나. 버터(Butter)
다. 시나몬(Cinnamon)
라. 설탕(Sugar)

42. 다음 중 Ice Water를 제공하는 글라스는?
가. Goblet 나. Pilser
다. Tumbler 라. Liqueur

43. 생강을 주원료로 만든 음료수는?
가. 진저엘 나. 토닉워터
다. 소다수 라. 파워에이드

44. 계란이 들어가는 칵테일에 주로 뿌려 주는 부재료는?
가. Nutmeg Powder
나. Lemon Powder
다. Cinnamon Powder
라. Chocolate Powder

45. 맥주(Beer)에는 특이한 쓴맛과 향기로 보존성을 증가시키고, 또한 맥아즙의 단백질을 제거하는 역할을 하는 원료는 무엇인가?
가. 효모(Yeast) 나. 호프(Hop)
다. 알코올(Alcohol) 라. 과당(Fructose)

46. 다음 칵테일 중 여러 가지 아름다운 색깔을 시각과 맛으로 음미할 수 있는 것은?
가. 블랙러시안 나. 푸스카페
다. 마티니 라. 다이커리

47. 진(Gin)은 처음 어느 나라에서 만들어졌는가?
가. 프랑스 나. 네덜란드

다. 영국 라. 덴마크

48. 다음 중 양조주에 해당되지 않는 것은?
가. 청주 나. 고량주
다. 탁주 라. 맥주

49. Gin Tonic Cocktail에 잘 어울리는 장식법은?
가. 파인애플 슬라이스
나. 올리브(olive)
다. 오렌지 슬라이스
라. 레몬 슬라이스(lemon slice)

50. 칵테일 제공시 잔의 받침대로 헝겊이나 두터운 종이로 만든 것으로 잔이 미끄러지지 않게 하고, 술이 테이블에 흘러내리지 않도록 하기 위하여 사용하는 것은?
가. 머들러(muddler)
나. 포러(pourer)
다. 스토퍼(stopper)
라. 코스터(coaster)

51. 칵테일은 차게해서 조주되어야 한다. 만들어진 칵테일이 손에서 체온이 전달되지 않도록 사용되어야 할 글라스(glass)는?
가. stemmed glass
나. tumbler
다. highball glass
라. collins

52. 다음 중 Screwdrive에 사용되는 주스는?
가. Lime Juice
나. Orange Juice
다. Tomato Juice
라. Lemon Juice

53. 칵테일을 컵에 따를 때 얼음이 들어가지 않도록 걸러 주는 기구는?
가. Shaker 나. Strainer
다. Stick 라. Blender

54. 주장시설 시 가장 중요하게 우선적으로 감안되어야 할 사항은?
가. 목표 고객의 선정
나. 서비스 계획
다. 업장 내의 장식
라. 종사원의 유니폼

55. 서비스할 Cocktail Glass는 어떻게 보관하는가?
가. 칵테일 글라스는 냉장고에 차갑게 보관한다.
나. Bar Station에 White Cloth를 깔고 모든 Glass를 종류별로 Setting 한다.
다. 먼지가 많이 일어나는 곳에 보관한다.
라. Back Side 아무 곳에나 보관해 둔다.

56. 와인(Wine)을 오픈(Open)할 때 사용하는 기물로 적당한 것은?
가. Cork Screw 나. White Napkin
다. Ice Tong 라. Wine Basket

57. 와인(Wine)을 바르게 설명한 것은?
가. 포도의 당분에 효모를 첨가하여 발효시킨 것이다.
나. 보리를 발효, 여과해서 만든 것이다.
다. 호밀을 증류해서 만든 술이다.
라. 곡식을 양조, 증류해서 만든 술이다.

58. 흔들기(Shaking)에 대한 설명 중 틀린 것은?
가. 잘 섞이지 않고 비중이 다른 음료를 조주할 때 적합하다.

나. 롱 드링크(long Drink) 조주에 주로 사용한다.
다. 칵테일류를 조주할 때 많이 이용된다.
라. 셰이커를 이용한다.

59. 발효주의 보관 · 저장에 관한 설명 중 틀린 것은?
가. 막걸리 보관에는 적정온도가 유지되어야 한다.
나. 맥주는 강렬한 햇빛을 피한다.
다. 와인은 코르크(Cork)가 젖어 있어야 한다.
라. 소주는 장기간 보관하여도 무방하다.

60. Aperitif Wine취급과 특징에 대한 설명 중 맞지 않는 것은?
가. 식후주의 의미를 가지고 있다.
나. 드라이 버머스(Dry Vermouth)가 좋다.
다. 산뜻한 맛과 시큼한 향취가 유지되어야 한다.
라. 식전주의 의미를 가지고 있다.

61. 다음 중 Aquavit에 대한 설명 중 틀린 것은?
가. 곡류나 감자가 주원료이다.
나. 북유럽의 국민주이다.
다. Gin의 제조방법과 비슷하다.
라. 단식증류법으로 만들어진다.

62. 다음 중 칵테일에 사용되는 시럽과 가장 거리가 먼 것은?
가. Grenadine syrup 나. Ginger syrup
다. Raspberry syrup 라. Plain syrup

63. 맥주를 따를 때 글라스 위쪽에 생성된 거품이 하는 작용이 아닌 것은?
가. 탄산가스의 발산을 막아준다.
나. 산화작용을 억제시킨다.
다. 맥주의 신선도를 유지시킨다.
라. 맥주 용량을 줄일 수 있다.

64. Malt whisky를 바르게 설명한 것은?
가. 대량의 양조주를 연속식으로 증류해서 만든 위스키
나. 단식 증류기를 사용하여 2회의 증류과정을 거쳐 만든 위스키
다. 이탄으로 건조한 맥아의 당액을 발효해서 증류한 스코틀랜드의 위스키
라. 옥수수를 원료로 대맥의 맥아를 사용하여 당화시켜 개량 솥으로 증류한 위스키

65. 포도주의 색깔 분류에서 잘못 분류된 것은?
가. 화이트와인(white wine)
나. 로즈와인(rose wine)
다. 레드와인(red wine)
라. 스틸와인(still wine)

66. 물건을 운반하기 위해 사용 기물은?
가. Dispenser 나. Trolley
다. Ice box 라. Decanter

67. 칵테일 Garnish로 적당하지 않는것은?
가. 체리 나. 오렌지
다. 올리브 라. 컬리플라워

68. 다음 중 Wine Base 칵테일이 아닌 것은?
가. Kir 나. Blue Hawaii
다. Spritzer 라. Mimosa

69. 테킬라에 오렌지주스를 배합한 후 붉은 색 시럽을 뿌려서 가라앉은 모양이 마치 일출의 장관을 연출케 하는 희망과 환의의 칵테일로 유명한 것은?
가. 스팅거(Stinger)

나. 테킬라 선라이즈(Tequila sunrise)
다. 스크류 드라이브(Screw driver)
라. 핑크레이디(Pink Lady)

70. 독일의 와인 생산지가 아닌 것은?
가. Ahr(아르지역)
나. Mose(모젤지역)
다. Rheingau(라인가우 지역)
라. Penedes(페네데스 지역)

71. 주류 저장소의 필수요건이 아닌 것은?
가. 미관 나. 온도
다. 습도 및 환기 라. 진동

72. 다음 중 가장 강하게 흔들어서 조주해야 하는 칵테일은?
가. Martini 나. Old Fashion
다. Kir 라. Eggnog

73. 다음 중 글라스의 용량이 가장 작은 것은?
가. Old Fashioned Glass
나. Pilsner Glass
다. Cocktail Glass
라. Shot Glass

74. 다음 중 FIFO은 무엇에 해당되는가?
가. 매출관리기법
나. 조주방법
다. 술의 저장관리기법
라. 노무관리기법

75. Creme de Menthe의 설명 중 틀린 것은?
가. 오렌지향이 난다.
나. 페퍼민트 칵테일 제조시 사용된다.
다. 녹색, 백색, 홍색 3색이 있다.
라. 박하향이 난다.

76. 가니쉬(Garnish)를 상하지 않게 보관하는 곳은?
가. 혼합용 용기 나. 냉장고
다. 냉동실 라. 얼음통

77. 다음 중 Orange and Lemon을 사용한 혼성주가 아닌 것은?
가. Cointreau 나. Lemon Gin
다. Grand Marnier 라. Sambuca

78. 다음 중 A.O.C 표시의 의미로 가장 적합한 것은?
가. 위스키 등급 중 가장 좋은 등급이다.
나. 와인의 품질검사 합격 증명이다.
다. 숙성년도가 15년 이상인 보드카이다.
라. 알코올 함유량이 19%이다.

79. 다음 중 럼(Rum)에 대한 설명으로 틀린 것은?
가. 사탕수수를 압착하여 액을 얻는다.
나. 헤비럼은 감미가 높다.
다. 효모를 첨가하여 만든다.
라. 감자로 만든 증류주이다.

80. 다음 중 Pina Colada를 만들때 필요한 재료로 거리가 먼 것은?
가. Rum
나. Pineapple Juice
다. Coconut Milk
라. Lemon Juice

81. 화이트와인용 포도품종이 아닌 것은?
가. 샤르도네 나. 시라
다. 소비뇽 블랑 라. 삐노 블랑

82. Whisky Straight Double의 용량은?
가. 1 Ounce 나. 2 Ounce
다. 3 Ounce 라. 4 Ounce

83. 칵테일 조주법에 해당하지 않는 것은?
가. Blending 나. Stirring
다. Granishing 라. Shaking

84. 스카치 위스키는 다음 중 어떤 음료를 혼합하는 것이 가장 좋은가?
가. cider 나. tonic water
다. soda water 라. collins mixed

85. American Whiskey가 아닌 것은?
가. Jim Beam 나. Wild Turkey
다. Santory 라. Jack Daniel

86. Fermented Liquor 에 속하는 술은?
가. Chartreuse 나. Gin
다. Campari 라. Wine

87. 다음 칵테일 중 Snow Style 칵테일 기법이 아닌 것은?
가. Irish Coffee 나. Mai-Tai
다. Kiss of Fire 라. Margarita

88. 단식 증류법(pot still)의 장점이 아닌 것은?
가. 대량생산이 가능하다.
나. 원료의 맛을 잘 살릴 수 있다.
다. 좋은 향을 잘 살릴 수 있다.
라. 시설비가 적게 든다.

89. 다음 혼성주 중 재료가 다른 것은?
가. Grand Marnier 나. Drambuie
다. Triple Sec 라. Cointreau

90. 다음 중 가장 강하게 흔들어서 조주해야 하는 것은?
가. Side Car 나. Old Fashion
다. Eggnog 라. B-52

91. 주로 일품요리를 제공하며 매출을 증대시키고, 고객의 기호화 편의를 도모하기 위해 그 날의 특별요리를 제공하는 레스토랑은?
가. 다이닝룸 나. 그릴
다. 카페테리아 라. 캐이터링

92. Corkage charge에 대한 설명으로 틀린 것은?
가. 음료를 마실 때 필요한 얼음, 레몬 등은 손님이 준비하여야 한다.
나. 보통 판매가의 20~30% 정도를 부과한다.
다. 디캔딩 서비스를 제공하여 봉사료를 청구한다.
라. 음료의 종류에 맞게 corkage charge 리스트를 만들어 바에 비치하기도 한다.

93. 다음 중 용어의 해설이 틀린 것은?
가. Table wine : 식사 중 마시는 와인
나. Sparking Wine : 발포성 와인
다. Molton : 테이블에 까는 깔개
라. Drapes : 2인용의 작은 테이블

94. 판매전략으로 적합하지 않은 것은?
가. 유명도가 떨지는 상품을 권할 때에는 고객에게 시음 하도록 하여 반응을 살핀다.
나. 파스톡은 최소화하여 가능한 0으로 한다.
다. 원가가 싼 제품은 칵테일 베이스로 사용한다.
라. 현장에서 근무하는 종업원들에게 음료관련 지식을 교육시킨다.

95. 간장을 보호하는 음주법으로 가장 바람직한 것은?
가. 도수가 낮은 술에서 높은 술 순으로 마신다.
나. 도수가 높은 술에서 낮은 술 순으로 마신다.
다. 도수와 관계없이 개인의 기호대로 마신다.
라. 여러 종류의 술을 섞어 마신다.

96. Glass Rimming의 용도는?
가. 소금, 설탕을 글라스 가장자리에 묻히는 기구이다.
나. 술을 글라스에 따를 때 사용하는 기구이다.
다. 와인을 차게 할 때 사용하는 기구이다.
라. 뜨거운 글라스를 넣을 수 있는 손잡이가 달린 기구이다.

97. 음표서비스 조직의 형태 중 쉐프 드 랑 시스템(chef de rang system)의 장점이 아닌 것은?
가. 종사원이 근무조건에 대해 대체로 만족할 수 있다.
나. 종사원에 대한 의존도가 낮아 인건비의 지출이 낮다.
다. 휴식시간이 충분하다.
라. 고객에 대하여 정중한 서비스를 제공한다.

98. 바(Bar)에서 하는 일이 아닌 것은?
가. Store에서 음료를 수령한다.
나. Appetizer를 만든다.
다. Bar Stool을 정리한다.
라. 음료 Cost 관리를 한다.

99. 위생적인 주류 취급방법 중 틀린 것은?
가. 먼지가 많은 양주는 깨끗이 닦아 세팅한다.
나. 화이트와인은 적정 냉각온도는 실온이다.
다. 사용한 주류는 항상 뚜껑을 닫아 둔다.
라. 창고에 보관할 때에는 Bin Card를 작성한다.

100. 수분과 이산화탄소로만 구성되어 식욕을 돋우는 효과가 있는 음료는?
가. Mineral Water
나. Soda Water
다. Cider
라. Plain Water

1	2	3	4	5	6	7	8	9	10
가	다	다	라	나	라	다	라	다	다
11	12	13	14	15	16	17	18	19	20
다	나	다	다	다	라	다	가	다	가
21	22	23	24	25	26	27	28	29	30
라	가	라	다	다	라	라	나	라	가
31	32	33	34	35	36	37	38	39	40
나	라	라	다	가	가	다	다	라	다
41	42	43	44	45	46	47	48	49	50
라	가	가	가	나	나	나	나	라	라
51	52	53	54	55	56	57	58	59	60
가	나	나	가	가	가	가	나	라	가
61	62	63	64	65	66	67	68	69	70
라	나	라	다	라	나	라	나	나	라
71	72	73	74	75	76	77	78	79	80
가	라	라	다	가	나	라	나	라	라
81	82	83	84	85	86	87	88	89	90
나	나	다	다	다	라	나	가	나	다
91	92	93	94	95	96	97	98	99	100
나	가	라	나	가	가	나	나	나	나

제13장

음료 & 칵테일 용어해설

[A]

• **Advocat** : 브랜디를 베이스로 하여 계란노른자, 설탕, 바닐라향을 혼합하여 만든 네덜란드에서 생산되는 계란 리큐르로서 부패가 빠르기 때문에 생산을 잘 하지 않는다.

• **After Dinner Cocktail** : 식사 후 입가심으로 마시는 것으로 감미가 풍부하고 산미가 높은 술이 적당하다. 특히 코냑을 마실 때는 손바닥으로 따뜻하게 해서 마셔야 향과 맛을 즐길 수 있다.

• **After Taste** : 음료를 마시고 난 후의 입속의 뒷맛, 즉 입 안에 남아 있는 향과 맛이다.

• **Aging**(Ageing) : 증류주의 숙성과정에서 통속에 저장한 기간을 말하며, 포도주의 Vintage와 비슷하다.

• **Alcoholic** : 술이란 주정과 알코올분 1% 이상의 음료를 통칭한다. 술은 알코올 이외에 당분, 흰자질, 무기질 등이 포함되어 있으며, 알코올은 위와 소장에서 체내로 흡수되며 90%가 정맥을 통하여 간에서 물과 탄산가스로 분해된다. 간이 1시간에 분해할 수 있는 알코올의 양은 7~8g 정도이다.

• **Alcoholic Content of Liquor** : 도수의 결정은 일정한 물에 알코올의 함유 농도의 비중을 말한다. 즉 술 속에 포함되어 있는 에틸 알코올의 양에 따라 결정된다.

① 미국 : 술의 강도 표시를 Proof 단위로 사용하며 온도 섭시 15.6도의 물 0에 에틸 알코올 200을 Proof로 계산하고 있다. 우리나라의 경우는 1/2로써 예를 들면 100Proof의 위스키는 우리나라 도수로 50도가 된다.

② 프랑스 : 도수표시로는 프랑스 사람인 게이 뤼싹(Gay Lussac)이 만든 것으로 알코올분은 온도 15도에서 원용량 100분 중에 함유한 에틸 알코올의 함유량을 말한다. 물은 알코올분 0%, 순수 알코올은 100%로 나눈 것을 말한다. 여기에 %의 수차에 “도”를 부쳐 위스키의 알코올분은 40도 혹은 43도로 표시한다.

• **Alcoholic Coffee** : 술이 첨가되는 커피로서 첨가되는 술의 종류에 따라 명칭을 달리한다. 종류로는 아이리쉬 커피(Irish Coffee), 커피 로얄(Coffee Royal), 커피 딜럭스(Coffee Deluxe), 스페니시 커피(Spanish Coffee) 등이 있다.

• **A La Carte** : 일품요리, 메뉴상으로 일품요리라 하며 식당에서 정식요리(Table D 'hote)와 다르게 매 코스마다 주종의 요리를 고객이 원하는 코스마다 선택해서 먹을 수 있는 식당의 표준 차림표.

• **Amaretto** : 이탈리아산 아몬드 리큐르.

• **American Whisky** : 미국에서 생산되는 위스키의 총칭이다. 이 위스키는 참나무 오크통에서 착색된 것으로 버번 위스키라고도 한다. 미국의 주법에는 반드시 51% 이상의 옥수수를 주재료로 사용해야 하며 80°이하의 알코올 도수로 증류해야 한다. 최소한 2년 이상 숙성시켜서 병에 담을 때는 증류수로 희석시켜서

43°로 담는다.

- **Angostura Bitters** : 중남미 베네수엘라에서 생산되는 앙고스튜라 나무껍질의 쓴맛이 나는 액으로 만든 일종의 향료이다. 중남미 베네수엘라 앙고스투라에서 하이델베르크의 의사인 지게르트(Sitert)가 1824년 발견한 방향제로서 주로 칵테일의 아로마용으로 사용된다.

- **Anisette** : 지중해 지방산 미나리과 식물인 아니스(Anise)향을 착향시킨 무색 리큐르(liqueur)이다. 식전 혹은 식후에 소화를 돕는 것으로 잘 알려져 있으며 한국인들에게는 구미에 잘 맞지 않는 술이다. 주정 도수는 25도에서 30도 정도이다.

- **A.O.C** : Appellation D'origine Controlee의 약자인 원산지 통제명칭으로서, 와인이 어느 지역에서 생산되었고, 어떤 포도품종으로 만들어졌으며, 와인제조방법, 최소 알코올 함유량, 심는방법, 포도 수확량, 숙성조건 등이 표기된다.

- **Appetizer** : 전채요리라고도 하며 식사순서 중 제일 먼저 제공되어 식욕촉진을 돋구어 주는 소품요리로서 한입에 먹을 수 있도록 분량이 적어야 하며, 타액분비를 촉진시켜 소화를 돕도록 짠맛, 신맛이 곁들어져야 하며 맛과 영양이 풍부하여 주요리와 균형을 이룰 수 있어야 하며 시각적인 효과가 있어야 한다.

- **Appetizer Cocktail** : 식사 전에 식욕을 증진시킬 목적으로 마시는 칵테일로 감미가 적고, 신맛과 쓴맛이 있는 청량음료 등을 사용한 것으로, Martini, Screw Driver, Campari 등이 있다.

- **Apple Jack** : 미국산 사과브랜디(Apple Brandy)를 말한다.

- **Apple Wine** : 사과를 원료로 하여 만든 과실 발효주로 시드르(Cidre)라고 하며, 영국과 프랑스에서는 대중적으로 즐기고 있다.

- **Aperitif** : 식사전에 식욕촉진용으로 사용되는 음료로서 칵테일로는 마티니와 맨하탄 등이 있다.

- **Aperitif Wine** : 식사전에 식욕촉진을 위하여 제공되는 와인.

- **Apricot** : 색은 연노란색으로부터 붉은색까지 다양한 온대성 과일로 살구와 유사하다.

- **Arak** : B.C. 800년부터 서인도 제도에서 야자 열매, 당밀 따위의 즙으로 만드는 독한 술로 알코올 농도는 50% 정도이다. 열대과일로 만든 럼주의 일종.

- **Aroma** : 원료에서 나오는 향. 코끝으로 느끼는 향내로 질이 좋은 고급포도주에서 느낄 수 있는 고상한 향기를 뜻한다.

- **Armagnac** : 프랑스 보르도 지방 남쪽 피레네 산맥 가까운 아르마냑 지방에서 생산되는 브랜디의 일종이다. 프랑스산의 유명한 브랜디는 Cognac과 Armagnac을 들 수 있다.

• **Aquabit** : 북유럽의 여러 나라에서 생산되는 색깔 없는 주류로서 원료는 감자 및 곡물이다. Aqua(물)+Vitae(生命)의 생명수란 뜻으로 주정 도수는 약 45도이며 차게 냉각하여 애음한다. 유럽에서 감자와 곡류로 만든 증류주.

[B]

• **Back Bar** : Bar 서비스를 위해 바텐더의 뒤쪽에 위치한 저장용 공간.

• **Bacardi** : 세계적인 중남미의 Rum이며, 쿠바 혹은 푸에르토리코산 럼주의 일종으로 유명한 상표임.

• **Barrel** : 술을 제조하여 숙성시키는 목조통.

• **Bar Spoon** : 칵테일 조주시 재료를 섞거나 소량을 잴 때, 띄우기(Float)를 이용할 때 등으로 사용하는 것으로 한쪽 끝부분은 작은 스푼형태로 다른 한쪽은 포크형태로 되어있으며, 손잡이 부분은 나선형으로 되어 있다.

• **Bar Trolley** : 각종 주류를 진열하는 Cart로 바기물, 부재료, Glass 등을 비치하여 고객이 참석한 테이블 앞에서 직접 주문을 받아 조주하여 제공하는 것이다.

• **Base** : 칵테일을 주조할 때 가장 많이 함유되는 술을 말하며, 다른말로 칵테일을 만들때 기본이 되는 술이다. 우리말로 나타낸다면 기주라고 부를 수 있다. 일반적으로 칵테일의 기주로 많이 사용되는 Gin, Rum, Vodka, Whisky, Brandy, Tequila 등이 있다.

• **Beer** : 맥주는 보리, 호프, 물을 주원료로 효모를 섞어 저장하여 만든 탄산가스가 함유된 양조주이다. 그 종류로는 Larger Beer(병맥주 : 병에 넣어 열을 가하여 발효시킨 담색맥주), Draft Beer(생맥주 : 저온살균처리), Black Beer(흑맥주 : 맥아를 검게 볶아 캐러멜화) 등이 있다.

• **Benedictine** : 여러 가지 약초로 착향시킨 가장 오래된 리큐르(Liqueur) 중의 하나로서 베네딕틴 수도원의 한 수도사에 의하여 만들어졌으며 아직도 그 조제법은 비밀로 되어 있다. 알코올 도수는 약 42도이며 피로회복에 효능이 있는 술로 널리 애음되고 있다. 이 술은 1510년경부터 제조되기 시작되었으나 한때 혁명으로 인하여 중단되었다가 19세기경 그 비법을 전한 양피지를 발견함으로써 다시 제조하기 시작하였다. D.O.M(Doe optimo Maximo)로 불리기도 하는데, 그 뜻은 라틴어로 「최고 최대의 神에게 드린다」다.

• **Bin Card** : 품목별 카드라 말하며, 음료의 입고와 출고현황에 따른 재고 기록카드로 품목들이 기록되어 있다. 모든 와인이나 술 및 음료종류 등을 적정시기에 적정소요량을 재주문할 수 있게 하는 자료이다.

• **Before Dinner Drinks** : 식욕을 돋우는 역할을 하는 것으로서, 신맛과 쓴맛, 혹은 드라이한 맛이 나는 음료.

• **Bianco** : 이탈리아어로 화이트.

- **Bitters** : 칵테일이나 기타 드링크류에 향을 가하기 위하여 만든 착향제다. 간혹 쓴맛이 나는 음료를 뜻하기도 한다. 알코올 성분이 48%이며 담갈색의 이 비터즈는 서인도제도에서는 말라리아 예방제로 사용되고 있으며 건위 · 강장 · 해열제로도 좋은 리큐르의 일종이다.

- **Blanc** : 프랑스어로 화이트.

- **Black Berry Brandy** : 검은 딸기(Black Berry) 술로서 酒酊(주정) 도수가 25도 정도의 소화촉진에 효과가 있는 리큐르(Liqueur)이다.

- **Blanco** : 흰색을 뜻함. Blanco(스페인어), Bianco(이탈리아) 등 포도주 라벨에 자주 사용된다.

- **Blend** : 칵테일 기법의 하나로서 재료와 얼음을 믹서기에 넣고 기계를 이용하여 재료를 혼합하는 칵테일 기법이다.

- **Blender** : 전기믹서기. 전동 믹서기로서 강 · 중 · 약의 회전속도 조절장치가 부착되어 있으며 과일, 크림, 계란 등이 들어가는 세이크 종류를 믹서시킬 때 쓰이며 회전 날부분을 항상 청결하게 관리하여야 한다.

- **Blended Whisky** : 블랜디드 위스키는 몰트(Malt) 위스키와 그레인(Grain) 위스키를 적당한 비율로 혼합하는 것인데 우리가 음용하는 스카치 위스키의 대부분은 이 타입의 위스키이다. 일반적으로 몰트 위스키 40~50%에 그레인 위스키 60~55% 정도이다. 주정도수는 80proof 이상에서 출고시킨다.

- **Bouquet** : 와인 숙성시 발효, 숙성 중에 생성되는 향.

- **Bourbon Whiskey** : 버번위스키는 미국에서 생산되는 위스키로서 옥수수를 51% 이상 사용하여 만들어졌으며, 정식 명칭은 스트레이트 버번위스키이다.

- **Brandy** : 브랜디는 과당물(Fruit Suger)로부터 만들어진 양조주를 증류하여 만들어진 알코올 도수가 높은 강한 술이다. 브랜디는 포도주를 증류하여 만들어진 것이며, 다른 과당물로부터 증류되었을 때에는 그 앞에 그 재료의 명칭 및 특별한 상품명을 기재하고 있다. 브랜디의 증류는 보통 2단계로 나누어 실시하며 평균 8통의 포도주에서 1통 정도의 브랜디가 증류된다. 증류 직후에는 무색투명한 액체이나 질 좋은 참나무통에 저장하여 성숙시키면 찬란한 색상의 브랜디가 탄생한다. 포도브랜디의 대표적인 것은 프랑스 코냑시를 중심으로 하는 코냑 지방산 코냑 브랜디와 남서부 지역에 위치한 아르마냑 지방산의 아르마냑 브랜디가 유명하다.

- **Brut** : Champagne의 매우 드라이한 맛으로 당도함량은 1%로서 영어로는 Very Dry.

- **Build** : 칵테일 기법의 하나로서 글라스에 재료를 직접 따라서 만드는 방법이다.

- **Bussing System** : 고객들이 사용한 기물과

접시종류 등을 종업원이 치워주는 작업 시스템.

- **Butler** : 주류관리자를 말한다.

[C]

- **Canape** : 식사 전에 먹는 식욕증진역할을 하는 오드블로서 빵을 잘게 여러 가지 모양으로 만들어 그 위에 각종 제공된 음식물(치즈, 새우 등)을 얹어서 한입에 먹을 수 있게 만든 요리.

- **Calvados** : 프랑스 노르망디 지방에서 생산되는 담갈색의 사과 브랜디(Apple Brandy)로서 도수는 약 43도이다.

- **Campari** : 세계적으로 유명한 이탈리아산 전통 식전주로 주정 도수가 50 Proof(25°) 정도이며 핏빛처럼 빨간 색깔의 상당히 쓴맛을 내며 언 더락, 오렌지주스, 소다수를 넣어 마신다.

- **Canape** : 빵을 잘게 여러 가지 모양으로 만들어 그 위에 각종 가공된 음식물을 얹어서 한입에 먹을 수 있게 만든 요리, 즉 식욕촉진제이다.

- **Casis** : 프랑스산 Blackcurrant로 만든 과일 리큐르.

- **Cash Bar** : 고객이 술값을 현금으로 지불하는 연회행사시에 연회장 내에서 임시적으로 설치하는 Bar.

- **Catering** : 「식사」, 호텔업과 레스토랑업을 함께 취급하는 나라도 있고, Hotel and Catering Industry라는 말도 있으며, 협회도 있다.
  ① 지급능력이 있는 고객에게 조리되어 있는 음식을 제공하는 것을 뜻한다.
  ② 사사로운 파티나 음식서비스를 위하여 식료, 테이블, 의자, 기물 등을 고객의 가정이나 특정 장소로 출장서비스를 하는 것을 말한다.

- **Cave** : 프랑스에서 와인을 제조하여 저장하는 곳으로 포도주와 관련될 때는 포도주의 저장소, 보관소 등의 의미를 갖는다. 영어권에서는 Celler와 같은 뜻이다.

- **Cellar Master** : 와인제조책임자.

- **Cellar Man** : 호텔의 저장실 관리인, 바의 주류창고 관리인.

- **Champagne** : 프랑스산의 스파클링와인.
  ① 1차 발효 후 설탕과 Yeast(이스트 : 효모)를 넣어, 재차 발효시킨 포도주이다.
  ② 프랑스 샹파뉴(Champagne)지방에서 생산되는 Sparkling Wine(천연 발포성 포도주)으로 '축배용'으로 애음되는 술이다.
  ③ 샴페인을 만드는 포도의 종류는 검은 포도인 Pino와 Meunier 및 흰 포도인 Chardonnay(샤르도네)의 3가지로 한정되어 있다.
  ④ 얼음통(Ice Pail)에 넣어 1~4℃ 정도로 차게 하여 마시는 것이 이상적이다.
  ⑤ 프랑스의 보르도(Bordeaux)의 적포도주

는 선홍색과 섬세한 맛으로 "포도주의 왕", "와인의 여왕"이라 불린다. 맛이 산뜻하고 쌉쌀하며 뒷맛이 우아한 것이 특징이다. Bordeaux Wine은 "Claret"라고 불리기도 한다.

⑥ 샹파뉴(Champagne)지방 이외의 곳에서 생산되는 Sparkling Wine을 "뱅무쏘(Mousseux)"라고 표기한다.

⑦ 샴페인 당도 함유량에 의한 구분

- Brut(Very Dry : 당도 1%)
- Extra Sec(Dry : 당도 1~2%)
- Sec(Medium : 당도 : 2~4%)
- Demi Sec(Sweet : 당도 6~8%)
- Doux(Very Sweet : 당도 8~10%)

- **Chartreuse** : 130여 가지 약초와 향료를 혼합하여 만든 리큐르로서 '리큐르의 여왕'이라고 불리는 이 술은 프랑스어로 '수도원'이라는 뜻이며, 알코올 도수는 45~55℃이다.

- **Chaser** : 독한 술을 마실 때 알코올 도수를 낮추거나 마시기 편하게 곁들여 나가는 물 혹은 Soft Drink를 말한다. '뒤쫓는 자'란 뜻으로 독한 술 따위를 직접 스트레이트(Straight or On The Rocks)로 마신 후 뒤따라 마시는 물 혹은 청량음료를 뜻한다.

- **Chateau Wine** : 프랑스 보르도산의 유명한 포도주를 말한다. Chateau는 성을 의미한다.

- **Chef De Vin**(=Sommelier, Wine Steward) : 고객으로 부터 음료에 대한 모든 주문을 받고 바에 주문하여 직접 그 테이블에 서브하는 임무를 맡은 와인 전문가.

- **Cherry Heering** : 덴마크산 과일주스 리큐르.

- **Chilling** : 음식물이나 포도주 Glass 등을 차게 하여 냉장시키는 것.

- **Cinzano** : 이탈리아산 Vermouth와 스파클링 와인의 상표.

- **Cidre** : 사과를 원료로 하여 만든 과실 발효주. 영국에서는 사이다, 독일에서는 시더라고도 한다. 알코올 함량은 2~8% 정도로 영국과 프랑스에서는 매우 대중적인 음료이다. 우리나라와 일본에서는 청량음료의 범주에 속한다.

- **Cl** : 센티리터.1/100리터라는 뜻으로 1cl=10ml.

- **Clove** : 목서과에 속하는 낙엽 교목. 키는 10m 가량. 잎은 타원형으로 끝이 뾰족하고 마주 나는데, 두툼하고 유점이 있으며 뒷면이 흼. 엷은 자주빛 네잎꽃이 가지 끝에 두 서너 개가 모여서 피는데, 향기가 좋고 열매는 핵과로 길이 2cm의 타원형이며 씨가 1개씩 들어 있다. 동남아시아의 몰루카스(Moluccas)제도 원산으로 아프리카에서도 많이 가꾼다. 빨갛게 된 꽃봉오리를 따서 말린 것을 '정향'이라 하여 약재 및 정자유의 원료로 쓰인다.

- **Claret** : 프랑스 보르도 지방에서 생산되는 레드와인을 지칭하며, 17세기 영국에서 부르기 시작하였다.

- **Coaster** : 글라스 밑에 놓는 받침대.

컵 밑에 받치는 깔판, 일명 글라스 메트(Mat) 혹은 텀블러 매트(Tumbler Mat)라고도 하며 보통 두꺼운 마분지 제품이 많으며 가죽제품, 금속제품도 있으나 그 용도의 특성을 볼 때 수분을 잘 흡수하는 것이 좋다.

- **Coffee** : 커피 역사의 시발에 대한 확실한 문헌은 없으나 대략의 개요를 살펴보면 커피의 원산지는 에티오피아로 알려져 있다. 에티오피아 원산의 커피나무 열매는 본고장에서는 음료 보다는 곡류나 콩 종류 같이 분쇄하여 식용으로 사용하면서부터 점차 아라비아 각 지방으로 분포 재배되던 중 11세기초 아라비아의 라제스와 아비세나 등의 의학자들이 커피는 위장의 수축을 부드럽게 하여 주고 각성제로도 좋은 약이라고 말하여 음용되기 시작하였는데, 특히 회교국에서는 술을 마시지 못하게 하므로 술 대신 자극성 있는 음료인 커피를 애음하게 되었다고 한다. 1517년 터키의 세팀 1세가 이집트 원정차 방문하였다가 커피의 애음 풍습을 보고 터키로 수입해 들여오게 되었고, 1554년에는 콘스탄티노플에 화려한 카네스 커피숍이 등장하게 되었다. 그 후 당시에 동서양의 무역 중심지였던 터키에 들린 상인이나 관광객들에 의해 점차 세계적으로 전파하게 되었다. 우리나라에서는 고종 32년 을미사변으로 인하여 러시아 공관에 피신중인 고종황제가 처음으로 시음하였다고 한다.
  커피를 서브할 때는 한잔의 양은 10㎖ 정도이고 적정온도는 80~83℃이며 설탕과 크림을 넣었을 때 60~63℃가 적정온도이다.

- **Coffee 끓이는 방법**
  ① Percolator(퍼콜레이터) : 여과방법을 이용하여 불 위에서 직접 끓이는 방법을 말한다.
  ② Syphon(사이폰) : 가는 관을 통하여 커피를 유출하는 방법으로 커피와 물을 따로 분리해 놓고 열을 가하면 위에서 커피가 증기에 가해져 커피가 유출되는 방법.
  ③ Drip(드립법) : 일명 휠터법이라고 불리워지며 휠터를 드립에 부착시킨 후 물을 붓고 유출시키는 방법.
  ④ Espresso(에스프레소) : 이탈리아식으로 에스프레스 기계를 이용하여 커피의 농도를 2배 이상 진하게 유출시키는 방법.
  ⑤ Boiling(보일링) : 가장 일반적인 방법으로 커피와 물을 함께 넣어 직접 열로 가하여 끓이는 방법.
  ⑥ Bunn Automatic(전동법) : 전동커피 기구를 이용하여 전열기에서 순간적으로 끓는 물을 관을 통하여 Drip 속의 커피를 농축시켜 커피를 유출시키는 것으로 호텔에서 가장 많이 이용하는 방법.

- **Collins Mix** : 레몬, 라임, 설탕, 탄산가스 등을 혼합한 것이다. 칵테일 조주시 칼린스 형태의 칵테일에 주로 사용한다.

- **Corkage Charge** : 외부로부터 반입된 음료, 술을 서브하고 그에 대한 서비스 대가로 받는 요금으로 음료 반입료를 일컫는다.
  ① 외부로부터 반입된 음료(Beverage Bring In)를 서브하고, 그에 대한 서비스 대가로 받는 요금.
  ② 고객이 다른 장소에서 직접 구입한 술을 Restaurant에 가져와 마실 때 서비스에 대한 대가로 지급해야 하는 요금.

③ 고객이 갖고 온 음료에 대하여 부과시키는 요금.

④ 호텔식당에 있어서 그 식당의 술을 구매치 않고 고객이 가져온 술을 마실 때에 마개 뽑는 봉사료.

⑤ 특별히 고가품이 아닌 경우는 "가지고 온 술 가격의 40% 정도"가 매겨지는 것이 상례이다.

※ Corkage Charge의 일반적 가격은 판매가의 1/3+V.A.T의 별도가격으로 산정한다.

- **Cocktail Garnish** : 칵테일의 기주에다 부재료를 사용하여 색과 맛 그리고 향기를 첨가하여 마시는 사람에게 만족을 준다. 이러한 부재료를 대별하면 풍미를 내기 위해 사용되는 주류 외에 과즙류, 시럽류, 과실류, 향신료, 비터즈류, 탄산 청량음료 등이 있다.

① 과즙을 내서 사용하는 과일 : 레몬(Lemon), 라임(Lime : 레몬 비슷하며 작고 맛이 심), 오렌지(Orange).

② 시럽류 : 플레인 시럽(Plain Syrup), 그레나딘 시럽(Grenadine Syrup), 라스퍼베리 시럽(Raspberry Syrup).

③ 주스류 : 오렌지, 레몬, 라임, 파인애플, 토마토주스.

④ 과실류 : 레몬, 오렌지, 라임, 파인애플, 체리(Cherry), 올리브(Olive), 어니언(Onion).

⑤ 향료 : Mint, 시나몬(Cinnamon : 肉桂나무), 넛맥(Nutmeg : 육두구), 글로브(Clove : 丁香), 오렌지 비터.

⑥ 청량음료류 : 소다수(Soda Water), 광천수(Mineral Water), 콜라, 토닉워터(Tonic Water), 사이다, 진저에일(Ginger Ale : 생강맛을 곁들인 비알코올성 탄산 청량음료의 일종), 사워 믹스(Sour Mix).

⑦ 기타 : 생크림(Sweet Cream), 커피, 계란, 설탕, 꿀, 소금, 후추, 핫소스(Hot Sauce), 우스터셔 소스(Worcestershire Sauce).

- **Cognac** : 프랑스 코냑지방에서 생산되는 브랜디이다.

- **Cointreau** : 오렌지향을 가미한 주정 도수가 40도인 프랑스산 무색 리큐르(Liqueur)로서 최고급이다.

- **Cola** : 벽오동과에 속하는 상록 교목으로 원산지는 서부 아프리카, 키는 10m 가량 꽃은 가죽질로 어긋맞게 나며 달걀 모양이고 잎 가장 자리는 밋밋함. 꽃은 엽 겨드랑이에 원추상으로 몰려나며 누른빛을 띠고 꽃잎은 없음. 열매는 15cm 가량의 긴 타원형이고, 속에 4~10개의 육질 씨를 갖고 있다. 카페인과 콜라닌(Colanine) 성분을 함유하며, 콜라 음료의 원료가 된다.

- **Compounded Liquor** : 양조주와 증류주에 과실류나 초목, 향초를 혼합하여 만드는데 적정량의 감미와 착색을 하여 만든다. 혼성주는 다른 술과 달라서 비교적 강한 주정에 설탕이나 시럽이 함유되어 있어야 하고, 향기가 있어야 한다.

- **Cordial** : 2.5% 이상의 당분이 함유된 유색음료로서 유럽에서는 Liqueur(리큐어)라고 부른다.

- **Cork** : 코르크는 와인의 병마개로서 와인이

숙성과정에서 진행되면 와인이 좋아지게 하는데 절대적인 기능을 하고 있으며 코르크는 기공이 있어 와인숙성에 도움을 주고 있다. 이 때 코르크는 와인이 필요로 하는 오일(Oil), 왁스(Wax), 탄닌(Tannin), 질소(Azot)의 일정량을 서서히 와인의 숙성과정과 함께 생성하게 된다. 이 코르크를 최초로 사용한 사람은 돔 페리뇽(Dom Perignon)이고 가장 질이 좋은 것은 코르크 오크(Cork Oak)의 껍질로 만들어지는 60년 정도의 나무가 최고의 품질이다.

- **Cork Screw** : 코르크 마개를 따는 기구이다.

- **Cost** : 원가의 3요소
  ① Material Cost(재료비)
  ② Labor Cost(노무비)
  ③ Expense(경비)

- **Cracked Ice** : 잔 얼음, 부숴 깬 얼음, 분쇄 얼음. 즉 큰 얼음 덩이를 Ice Pick으로 깨서 만든 얼음. 셰이크나 스터에 사용함으로 모서리가 없는 것이 이상적이다.

- **Cradle** : 적포도주를 제공할 때 쓰이는 철로 된 바구니.

- **Cream Cocktail** : 칵테일 중에서 진한 농도의 Cream을 써서 리큐르와 혼합하여 만드는 칵테일 종류.

- **Cream de Ananas** : 파인애플을 사용하여 만든 리큐르.

- **Cream de Cacao** : 브랜디를 기주로 하여 코코아, 바닐라 등을 사용하여 만든 진갈색의 리큐르(무색도 있음).

- **Cream de Cassis** : 씨 없고 알이 작은 건포도 종류를 사용하여 만든 진한 적색의 리큐르로서 약간 산미가 있다.

- **Cream de Menthe** : 박하향이 강한 리큐르로서 초록, 빨강, 무색의 세 종류가 있다.

- **Cream de Banana** : 바나나로 만든 과일 리큐르.

- **Cru** : 특정포도밭에서 생산되는 와인이라는 뜻의 프랑스어.

- **Crushed Ice** : Crushed란 "두들겨 으깬다"라는 의미로 크러시드 아이스란 분쇄 제빙기를 만들거나 얼음을 타올에 싸서 두들겨 깨어 잘게 부순 얼음.

- **Cube Suger** : 각설탕은 상백탕에 무색투명한 당액을 가해서 일정한 각형으로 압축하여 약한 열로 건조시킨다.

- **Cubed Ice** : Cubed란 정육면체를 말하는 것으로 큐브드 아이스란 냉장고나 제빙기를 만들 수 있는 칵테일용 정육면체의 얼음이다.

- **Curacao** : 중남미 서인도제도에서 자라는 큐라소 오렌지 껍질로 착향시킨 오렌지 리큐르이다(35~40도).

• **Cuvee** : Champagne을 만드는 과정에서 여러 포도주를 혼합하는 준비과정이다. 이 큐베 작업은 샴페인의 질과 맛을 내는 매우 중요한 작업이다. 이 큐베작업은 쉐프 드 캐프(Chef de Cave)라는 각 포도주(Wine) 회사의 저장고 책임자에 의해 작업이 이루어진다.

[D]

• **Daisy** : 감귤류의 주스에 술을 넣고, 과일, 시럽, 리큐르 등을 첨가하여 Goblet에 얼음을 넣고 채워서 계절의 과일을 장식한 Long Drink이다. Daisy란 이탈리아어로 국화이다.

• **Dash** : Bitter병으로부터 나오는 양의 표시로서, 1/6 Tea Spoon 정도의 양을 말한다. 1dash는 5~6drops(방울)이다.

• **Decanter** : 병에 있는 와인의 침전물을 없애기 위해 조심스럽게 와인을 따라 다른 깨끗한 병으로 와인을 옮겨 부은 후 뒤에 남은 찌꺼기를 버리면 된다. 디케팅은 주로 와인을 제공하기 1시간 전에 하면 된다.

• **Demi-Sec** : 샴페인의 당도함량표시로 영어로는 Medium(Semi) Dry라고 한다.

• **Dessert Wine** : 식사가 끝나고 디저트를 먹을 때 같이 먹는 와인이다. 주로 Sweet Wine이 쓰이며, Port Wine 등도 많이 애용된다.

• **Distilled** : 알코올이 포함되어 있는 혼합물로부터 알코올을 분리해내는 방법을 의미한다. 성질이 다른 두 가지 이상의 물질이 존재하고 있을 때 각각 다른 물질은 다른 기화점을 가지고 있다는 것을 착안된 것이다. 즉 곡류와 과실 등을 원료로 단식증류기와 연속식증류기에 증류한 강한 알코올이 함유된 술이다. 증류주에는 브랜디, 럼, 데킬라,보드카, 진, 위스키, 아쿠아비트 등이 있다.

• **Dom perignon** : 샴페인 제조법을 발명하고, 거품보존방법을 연구하던 중 코르크 마개를 발명한 사람.

• **D.O.M**(Deo Optimo Maximo) : 리큐르인 Benedictine에 있는 말로 그 의미는 최고의 신에게 바치는 술.

• **Double** : 일반적으로 Single은 30ml의 양을 말하고, Double은 그의 2배인 60ml의 양을 의미한다.

• **Doux** : 샴페인 당도함량 표시로서 당도는 8~10%로서 Sweet하다.

• **Drapes** : 연회행사에서 쓰이는 테이블 주위에 장식하는 주름진 천.

• **Drambuie** : 스카치위스키를 기주로 하여 꿀이 함유된 오렌지향이 첨가된 호박색의 혼성주이다. 드람뷰란 게일어로 만족할 만한 음료라는 뜻이다.

• **Drop** : 칵테일에서 사용하는 말로 '방울'을 의미한다. 1방울은 5~6Drop 양은 1Dash 정도 된다.

- **Dry** : 술의 맛을 나타내는 것으로서 단맛이 거의 없고 건조함.

- **Dry Vermouth** : 프랑스 벌무스라고 하며, 와인에 약초와 향초를 가미하여 만든 혼성주이다. 달리 가향와인이라고 한다.

[E]

- **Eau-de vie** : 브랜디를 뜻하며, 당분을 많이 함유하고 있는 식물성, 주로 과실류를 원료로 하며 발효, 저장을 거친 후 증류시켜서 만든 것이다.

- **Egg Nogg** : 술, 계란, 설탕, 우유를 섞어 만드는 칵테일로서 크리스마스용 Long Drink를 말한다.

- **Entree** : 영어로 Main Dish라고 하며, 중간에 나오는 순서의 Middle Course를 의미하는데, 고대에서는 정찬에서 통째로 찜구이 한 조류고기를 식사의 처음으로 제공하였다고 한다. 그리하여 처음의 요리라 하여 Entry(입구) 당분을 많이 함유하고 있는 식물성, 주로 과실류를 원료로 하며 발효, 저장을 거친 후 증류시켜서 만든 것이다.

- **Epicure** : 요리와 와인을 좋아하는 사람. 식도락가, 미식가라고 한다.

- **Esprsso** : 이탈리아식 커피 추출법으로 농도를 진하게 추출해내는 커피.

[F]

- **Fermented** : 양조주로서 과실 중에 함유되어 있는 당분, 즉 과당이나 곡류 중에 함유되어 있는 전분을 전분당화 효소인 디아스타제와 효모를 발효 양조하여 만든 음료.

- **Fiasco** : 짚으로 둘러싼 키안티라는 의미로 이탈리아어.

- **1 Fifth** : 25. 5oz, 750ml.

- **FIFO** : First In First Out으로 소비된 재고자산의 단가결정에 있어 먼저 구매되어 들어 온 것이 먼저 소비된다는 가정 하에서 매입 순으로 단가를 적용하므로 매입순법이라고도 한다.

- **Fill** : Glass에 8부(80%) 정도 음료를 채우는 것을 말한다.

- **Fineapple Juice** : 주로 여성들이 음미하는 칵테일에 많이 사용된다.

- **Fizz** : 칵테일의 일종으로 탄산음료를 오픈할 때 '피익'하는 소리에서 유래된 말로서 주로 Gin으로 만든다.

- **Flavor** : 맛, 향기, 입 안의 촉감 등에 의해 종합된 총체적인 맛.

- **Float** : '띄운다'라는 뜻으로 술의 비중을 이용하여 한 가지 술에 다른 술을 혼합하지 않고 띄울 때 쓰이는 명칭이다.

- **Fortified Wine** : 일반적인 와인에 알코올 도수를 높이기 위해 도수를 높인 와인.

- **Front Bar** : 고객과 바텐더 사이에 놓여 있는 카운터로 주로 고객들이 칵테일이나 술을 마실 때 사용하는 장소이다. 높이는 100~120cm 정도이다.

- **Frosting** : 글라스의 Rim부분에 레몬이나 라임의 즙을 발라 접시에 담긴 소금이나 설탕가루를 찍어서 묻히는 형태.

- **Fruit Squeezer** : 조주 시에 레몬이나 오렌지 등의 과일을 짜서 과즙을 만들어 사용하는 경우가 있는데, 이 때 사용하는 과즙제조기구이다.

[G]

- **Garnish** : 음식을 보기 좋게 하여 식욕을 돋우기 위해 장식하는 것을 말하며, 칵테일에는 여러 가지 과일을 사용하여 시각적인 욕구를 충족시키는 역할을 한다.

- **Galliano** : 오렌지와 바닐라를 사용하여 만든 이탈리아산 리큐르로서, 바닐라 맛이 좋고 아니스와 약초의 향기가 잘 조화된 혼성주이다.

- **Ginger Ale** : 생강향을 가미한 음료로서 식욕을 돋우며 소화제로 효과가 있는 건강음료로 캐러멜 색소를 사용하여 연한 황색의 탄산음료.

- **Glass Holder** : 뜨거운 음료 제공시 손잡이가 없는 컵을 사용하는데 편리하게 사용하게 만든 기구.

- **Grand Marnier** : 꼬냑을 기주로 하여 오렌지향을 착향시킨 프랑스산 쓴 오렌지 리큐르.

- **Grapefruit** : 자몽(Pomelo)의 일종이며, 북미 남부의 특산품이다.

- **Grappa** : 포도주를 만든 후 생기는 찌꺼기를 증류하여 만드는 것으로 이탈리아 북부지방이 주요산지.

- **Glass Rack** : 각종 글라스를 종류별로 꼽을 수 있도록 철사망 혹은 플라스틱으로 만든 용기.

- **Goblet** : 레스토랑에서 주로 물컵(12oz)의 용도로 많이 사용되는 글라스이며, 밑부문에 Stem이 달려 있다.

- **Great Wine** : 포도주를 만들어서 15년 이상 저장하여 50년 이내에 마시는 와인.

- **Grenadine Syrup** : 석류와 설탕을 혼합한 농도 진한 붉은 색의 시럽이며, 알코올은 함유되어 있지 않다.

- **Grill** : 호텔에서 그릴이라고 하면, 호텔 내에서 최고급의 일품요리를 서비스하는 레스토랑이란 뜻으로 사용된다.

- **Gueridon** : 게리동은 고객의 식사 주문시 바

퀴가 달린 전후, 좌우로 이동할 수 있는 Cart or Wagon으로서 고급식당에서 서비스를 제공할 시 중요하게 쓰이는 필수기물이다.

- **Gum Syrup** : Plain Syrup을 오랫동안 방치해 두면 설탕이 바닥으로 가라앉아 덩어리지는 것이 생긴다. 이것을 막기 위해 Plain Syrup에 아라비아고무의 분말인 검(Gum)을 섞어서 끈기가 있도록 만든 시럽.

[H]

- **Hard Drink** : 알코올성분을 함유한 음료를 말하며, 술 또는 주류를 일컫는다. 이는 양조주, 증류주, 혼성주로 나눌 수 있다.

- **Half and Half** : 칵테일용어로서 서로 다른 두 가지 종류의 술을 반씩 섞어 사용하는 경우.

- **Half Slice** : 절반으로 절단한 다음 얇게 조각이 이루어진 형태.

- **Happy Hour** : 호텔식음료 업장에서 보통 오후 4시에서 6시를 이용하여 저렴한 가격으로 또는 무료로 음료 및 스낵 등을 제공하는 호텔 서비스 판매촉진 전략.

- **High Ball** : 칵테일의 일종으로 기주에 각종 부재료를 섞어서 Highball Glass로 제공하는 모든 음료로서 용량은 8oz이다.

- **Holland Gin** : 향기가 강한 Oil로 인해 향이 풍부하며, 주로 Straight로 차게 마시면 좋다.

- **Hop** : 맥주의 쓴맛을 내는 원료로서 맥주의 맛을 좋게 할 뿐만 아니라 탁한 것을 맑게 만들어주고, 또한 세균의 번식을 막아주는 약리작용을 한다. 또한 맥주가 신경을 진정시키고 내분비와 외분비를 촉진시키며 식욕을 증진시킨다. 우리나라에서는 대관령 홉 단지에서도 생산되고 있다.

- **Hors D' oeuvre** : 전채요리와 같은 의미로 식사순서에서 제일 먼저 제공되는 식욕을 돋우어 주는 요리. Hors는 앞이라는 뜻을 나타내고, Oeuvre는 식사를 의미한다.

- **House Wine** : 호텔식당이나 바에서 매출증진을 위한 기획와인으로 대체적으로 저렴한 상품을 글라스 단위로 판매할 수 있는 Wine.

[I]

- **Ice Crusher** : 얼음을 깨는 도구로서 한 번에 많은 양의 얼음이 필요할 때 사용하는 장비.

- **Ice Bucket** : 얼음을 넣어두는 용기이다.

- **Ice Pick** : 얼음을 깰 때 사용하는 기구.

- **Ice Tong** : 얼음을 집기 위한 기구로서 끝부분이 톱니처럼 되어있다.

- **Inventory** : 제고조사를 의미하며, 1일 재고조사와 월별 재고조사 등이 있다.

[J]

- **Jigger** : Messure Cup이라고도 하며, 칵테일을 만들 때 용량을 재는 기구.
- **Juicer** : 과즙을 짜는 기계로서 파일애플과 같이 껍질이 특이하고 두꺼운 과일을 짤 때 사용한다.
- **Jug** : 머그보다 Rim이 넓고, 손잡이가 있으며, 따르는 홈이 있는 큰 Glass.

[K]

- **Kava**(Cava) : 폴리네시아산 관목의 뿌리 등으로 만든 토속주를 뜻한다.
- **Keep Bottle Service** : 고객이 와인이나 위스키 등을 병으로 주문하여 당일 다 마시기 못할 경우 다음에 와서 먹을 수 있도록 Name Tag을 붙여 보관해 주는 것이다.
- **Kahlua** : 데킬라 베이스의 멕시코산 커피 리큐르.
- **Knock Back** : 손이나 기계를 사용하여 발효 중의 가스를 빼는 작업을 의미.
- **Kummel** : 발트해 동쪽 연안지방의 특산품으로서 브랜디에 아니스(Anise)와 Caraway로 착향시킨 무색 리큐르. 주정 도수는 30~40도이다.

[L]

- **Lager Beer** : 제조과정에서 발효균을 살균하여 병에 넣은 맥주(저온에서 6주 또는 6개월 저장한 것)를 말한다.
- **Lemon Juice** : 칵테일용으로 가장 많이 사용되는 주스로서 신맛이 강하며 주로 칵테일 조주 시 설탕과 함께 사용된다.
- **Lime Juice** : 레몬보다 좀 작고 둥근 것으로서 탱자와 비슷하다. 산미가 강하며, 산뜻한 칵테일을 만들 때 주로 사용한다.
- **Liqueur** : 발효, 증류한 술에 약초나 향초를 혼합한 혼성주. 리큐르의 어원은 녹는다, 액체가 된다라는 뜻의 라틴어 라큐파세라(Liquepqcere)에서 유래되었다.
- **Liqueur Glass** : 스트레이트로 리큐르나 위스키를 마실 때 주로 사용되는 글라스이다.
- **Liquor** : 모든 술의 총칭이다.
- **London Gin** : 칵테일용으로 품질이 우수하여 많이 애용되며, 현재 Gin을 총칭할 정도로 유명하다.
- **Long Drink** : 칵테일에 있어서 알코올성과 비알코올성을 혼합한 것을 말한다.

[M]

- **Madeira Wine** : 대서양에 있는 마데이라섬에서 생산되는 화이트와인의 일종.

- **Malibu** : 자메이카의 화이트 럼과 야자열매로 만든 리큐르.

- **Maple Syrup** : 단풍나무에서 추출하여 와플이나 프렌치 토스토를 제공할 때 버터와 함께 제공한다.

- **Maxing Glass** : 쉐이크와 같이 술을 섞을 때 사용하는 것이나, Shake를 사용하는 것과 다른 맛의 Cocktail의 맛을 만들고자 할 때 사용한다. 믹싱글라스는 칵테일의 기법의 하나인 휘젓기(Stir)할 때나 가볍고 차게 할 때 유리제품와 스텐인레스 제품 형태로 되어있다.

- **Mead** : 벌꿀의 발효주. 벌꿀과 물에 효모를 넣고 발효시킨 것.

- **Measure Cup** : 술의 분량을 계량하는 기구로서 보통 30ml와 45ml의 용기가 서로 맞붙어 있다. 지거(Jigger)라고도 한다.

- **Muddler** : 원래는 재료를 으깨거나 섞는데 사용하는데, 최근에는 각양각색의 색을 가지고 칵테일의 장식용으로도 사용된다. 일명 "Stirrer" 라고도 한다.

- **Mousseux** : 프랑스어로 스파클링 와인으로 프랑스산이라도 샹파뉴지방 이외에서 생산되는 발포성 와인은 Vin Mousseux라고 부른다.

- **Mug** : 손잡이가 달린 소형 맥주잔.

- **Myers' s** : 유명한 자메이카 럼의 상표.

[N]

- **Nebbiola** : 이탈리아의 최상의 포도품종.

- **No Mixing** : 칵테일을 만드는 방법의 일종이며, 비중의 차이에 관계없이 두 종류의 술을 직접 글라스에 따라서 마시는 것으로 비중이 가벼운 것을 먼저 따른다.

- **Nutmeg** : 육두구 종자로서 열매는 약 3cm 쯤의 타원형으로 생겼으며, 이 열매의 종자 속 알맹이가 넛맥으로서 칵테일에서는 분말로 된 것을 사용하는데, 주로 계란, 밀크 등 동물성 지방분의 냄새를 없애기 위한 향료로 사용된다.

[O]

- **Old Wine** : 묵은 와인으로 포도주를 만들어서 15년 이내에서 마시는 와인.

- **Once** : 칵테일의 용량단위를 말하며, 1온스는 30ml로 된다.

- **On the Rock** : 글라스에 얼음을 2~3개 넣고 그 위에 술을 따르면 마치 바위 위에 따르는 것 같이 보인다는 표현.

- **Open Bar** : 결혼, 피로연 등에서 무료로 제

공하는 것으로 고객들이 마시는 대로 계산은 주최 측에서 일괄적으로 지불하게 된다.

- **Ounce** : 1온스를 1Pony라고 하며, 1unit(Shot)이라고도 한다. 1온스의 중량은 4℃일 때 28.35이고 1온스의 양은 30ml이다.

- **Outside Catering** : 출장파티를 의미하며, 호텔을 떠나 주최측이 원하는 장소에서 식음료를 준비하고 서비스를 하는 연회행사이다.

[P]

- **Paid Bar** : 제공되는 음료가 미리 지불되어 있는 Bar로 음료 티켓이 사용된다.

- **Pannier** : 일명 와인용 바구니라고 하며, 와인을 따를 때 침전물이 생기지 않도록 하기 위한 도구이다. 최근에는 액세서리로 사용하기도 한다.

- **Par Stock** : 1일 적정재고량(영업장 적정재고량).

- **Patent Still** : 위스키 증류법으로서 대량으로 증류시키는 연속식 증류법이다.

- **Peel** : 과일의 껍질을 말하며, 레몬이나 오렌지의 껍질을 벗겨 Glass에 장식한다.

- **Pilsner** : 길고 좁은 형태의 Glass, 맥주나 칵테일 글라스로 사용된다.

- **P.O.S** : Point of Sales로서 점포에서 매상시점에 발생한 정보를 컴퓨터가 수집할 수 있도록 입력하는 판매시점관리 시스템기기, 또는 그러한 시스템을 일컫는다.

- **Pot Still** : 위스키 증류법으로서 소량을 증류시키는 단식증류법.

- **Port Wine** : 포도를 수확한 후 12시간 동안 맨발로 지속적으로 밟아 색깔을 낸 후 양조한다. 포르투갈산 디저트와인으로 영국에 수출할 때 도중에 변질되는 것을 방지하기 위해서 40도의 브랜디를 첨가하여 효모의 발효를 중지시켰기 때문에 알코올 도수가 높다.

- **Pourer** : 술병의 입구에 부착하여 술을 따르고, 술의 Cutting을 용이하게 하고, 술의 손실을 없애기 위해 사용한다. 그러나 과당이 된 리큐르나 그레나딘에는 사용을 되도록이면 사용을 하지 않는다.

- **Proof** : 미국식 알코올농도표시. 100Proof는 50도이다.

- **Pulque** : 용설란(Agave)으로 만든 멕시코산 특산주로 서양의 비슷한 양조주의 일종.

- **Punch** : 5가지로 구성된 것으로, 증류주, 물, 과즙, 설탕, 양조주로 구성된 음료이다. 최근에는 Punch Bowl을 사용하며, 재료에 따라 알코올성과 비알코올성 펀치가 있다.

[R]

- **Recipe** : 칵테일 조주 시 재료배합기준량이나 만드는 방법을 표시.

- **Rim** : 글라스의 가장 윗부분의 테두리.

- **Rosso** : 이탈리어로 붉은.

- **Rum** : 사탕수수에서 설탕을 만들고 난 후 당밀을 발효, 증류 한 것으로 색에 따라서 화이트럼, 골드럼, 다크럼으로 구분할 수 있다. 럼을 칵테일의 기본주로서 널리 쓰이는 것은 풍미가 가볍고 무색투명한 라이트럼이다. Heavy Rum은 감미와 품미가 높은 것으로서 주로 Strait나 On the Rocks으로 많이 마신다.

[S]

- **Sambuca** : 이탈리아산 라일락, 아나스 리큐르로서 이탈리아 언덕에 하얀 꽃을 피우고 무성하게 자라는 엘더라는 작은 키나무 열매의 추출액을 알코올에 배합한 것이다.

- **Sec** : 프랑스어로 드라이.

- **Sekt** : 독일산의 Sparkling Wine이다.

- **Shaker** : 칵테일 조주시 주재료인 알코올과 부재료를 넣고 흔들어서 안에 있는 내용물이 골고루 섞일 수 있도록 만들어진 칵테일 제조용 기구이다. 셰이커는 캡(Cap), 여과기(Strainer), 바디(Body)의 3부분으로 나누어진다.

- **Shot** : 술의 단위이며, 1oz(30ml)를 말한다.

- **Single** : 1 Ounce(oz), 즉 30ml의 분량을 의미.

- **Slice** : 얇게 썰은 것을 말한다. Full Slice는 통째로 얇게 쪼개는 것을 말하고, Half Slice는 절반으로 쪼갠 다음 다시 잘게 조각을 내는 형태이다.

- **Sling** : 독일어로 마신다는 말에서 유래되었으며, 증류주에 감미와 산미를 첨가하고 물로 채운다.

- **Sloe Gin** : 야생 오얏(Sloe Berry)를 원료로 만든 진한 적색의 혼성주이다. 여성들이 좋아하는 술이며, 증류주 Gin이 아니라 혼성주에 속한다.

- **Snow Style** : 글라스의 가장자리에 레몬(Lemon)즙을 묻인 다음 백설탕과 소금 등을 묻히는 형태.

- **Sommelier** : 와인전문가이며 와인주문, 와인년도, 와인추천, 요리와 적합한 와인추천, 와인창고관리, 와인진열과 고객으로부터 와인주문을 받고, 직접 Table에 Service를 한다.

- **Snifter** : 튤립모양의 브랜디 글라스로 나폴레옹 글라스라고도 하며, Rim이 좁은 이유는 향을 모으기 위해서이다.

- **Soda Water** : 탄산가스와 무기염류를 함유한 탄산음료로서 Club Soda라고도 한다.

- **Sour** : 샤워란 '시큼하다'라는 의미에서 사용되어졌으며, 레몬이나 오렌지 등으로 신맛을 내고, 칵테일 조주시 소량의 설탕과 함께 Shake하여 소다수로 잔을 채운 음료이다.

- **Spice** : 칵테일의 맛을 더하기 위하여 방향성의 식물을 첨가하는 것을 말한다. Spice에는 시나몬(Cinamon), 넛맥(Nutmeg), 민트(Mint), 글로브(Clove) 등이 있다.

- **Spices** : 요리에 맛을 더해 주는 향신료로서 파, 마늘, 생강, 양파, 계피 등의 양념류를 총칭하는 말이다.

- **Spindle Mixer** : 스핀들 믹서기는 전기식 셰이커로 롱 드링크를 만들 때 사용되는 것으로 얼음과 함께 제공되는 칵테일을 만들 때 주로 사용된다.

- **Spirits** : 일반적으로 증류주를 의미.

- **Spumante** : 이탈리아어로 발포성와인.

- **Squeezer** : 레몬, 오렌지 등 과실의 즙을 짜내는 사용하는 기구.

- **Standard Recipe** : 칵테일을 만드는데 소요되는 혼합성분의 양과 원가, 만드는 방법, 사용하는 글라스, 장식 등을 기술한 표준 조주목록표.

- **Still Wine** : 비발포성 와인으로, 일반적으로 테이블와인을 말한다.

- **Stir** : 칵테일을 혼합하는 방법으로서 Shake의 Body부분과 믹싱글라스에 넣은 재료를 바스푼으로 가볍게 저어주는 방법을 말한다.

- **Stopper** : 일반적으로 쓰고 남은 샴페인에 뚜껑 역할을 하는 병마개이다.

- **Straw** : 칵테일이나 음료를 빨아마실 때 사용하는 것.

- **Strainer** : 믹싱글라스에서 만든 칵테일을 글라스에 따를 때 얼음이 떨어지지 않도록 해 주는 역할을 한다.

- **Stock Card** : 재고카드라고 하며, 재고카드는 재고량 뿐만 아니라, 가치의 변화까지도 기록한다는 점에서 차이가 있다.

- **Sugar Cane** : 사탕수수(당밀).

[T]

- **Table Wine** : 식사 중에 마시는 와인이나 포도주로써, 가장 대중적이고 값이 저렴한 와인.

- **Tequila** : 멕시코의 토속주로써 원료는 선인장의 일종인 용설란(Agave즙)이다. 용설란의 수액을 발효시킨 것을 폴케(pulque)라고 하며, 이 폴케를 Pot Still로 두 번 증류해서 만든 증류주.

- **Tia Maria** : 럼과 약초 베이스로 만든 카리빅의 커피 리큐르.

- **Tinto** : 스페인, 포르투갈에서 레드와인을 지칭.

- **Tom Collins** : Gin에 레몬즙, 설탕, 탄산수를 섞은 칵테일.

- **Tonic Water** : 열대지방에서 노동하는 사람들의 식욕부진과 원기회복을 하기위해서 만들어진 음료.

- **Torchon** : Glass를 닦는 천. 특히 와인 마개를 오픈할 시와 코르크를 뽑기전이나 뽑은 후 병 언저리를 깨끗히 닦는 천.

- **Triple Sec** : 오렌지를 원료로 만든 혼성주이다. 코인트로와 제품의 원료가 동일하므로 대체하여 사용하기도 하며, 큐라소의 대명사로 쓰인다. 세 번 증류를 거듭했다는 의미에서 붙여진 알코올 도수 35%의 무색 큐라소이다.

- **Trocken** : 독일어로 드라이.

- **Truffles** : 검은 버섯류.

- **Tumbler** : 손잡이가 달리지않는 글라스.

- **Twist** : 과일의 껍질을 꼬아 놓은 형상으로 안쪽부분을 제거한다. 주로 레몬, 오렌지 등을 사용하여 만든다.

[U]

- **Under Bar** : 바텐더가 직접적으로 칵테일을 만들기 위한 곳으로 씽크대 높이는 80~90cm 정도이다.

- **Up Selling** : 매출을 극대화시킬 수 있는 종사원의 판매향상 기술.

[V]

- **VAT** : 와인, 위스키 등을 숙성시킬때 사용되는 참나무통으로 만든 저장용 탱크.

- **VAT**(Value Added Tax) : 부가가치세.

- **Vermouth** : 베르뭇은 높은 향을 가지고 있고, 알코올 함유량이 17~20%이기 때문에 식전주(Aperitif)나 칵테일의 부재료로 널리 사용한다.

- **Vermouth Dry** : 감미가 없는 Aperitif Wine으로 주로 칵테일 조주시에 사용되며, 일명 French Vermouth라고 한다.

- **Vermouth Sweet** : 방향성이 높은 붉은색의 Aperitif Wine으로 일명 Italian Vermouth라고 한다.

- **Vichy Water** : 프랑스 중부 엘리에주에 있는 비시시에서 용출되는 광천수이며, 15C경 승려가 이곳의 수질이 좋다고 하여 전세계에 널리 유포되면서부터 유명해졌는데 중탄산석회, 이온 등이 함유되어 있다.

- **Vintage** : 빈티지. 와인생산년도, 포도수확

년도.

- **Vintage Chart** : 와인의 생산년도를 알기쉽게 표시해 놓은 표.

- **Vin** : 프랑스어로 와인 또는 포도를 뜻한다.

- **Vin de Pays** : 프랑스의 지방명 와인로 와인.

- **Vin de Table** : 프랑스의 와인등급을 의미하며, 비싸지도 않고, 오래 저장하지 않는 일상적으로 마시는 와인.

- **Vin Mousseux** : 프랑스 샹파뉴지방 이외에서 생산되는 Sparkling Wine을 의미한다.

- **Vine** : 포도나무.

- **Vineyard** : 포도원(밭).

- **Vino** : 스페인, 이탈리어로 와인을 의미.

- **Vodka** : 감자를 주원료로 하여 만든 무색투명하고, 거의 무미에 가까운 증류주로 러시아 슬라브 민족의 국민주이다. 무색, 무미, 무취의 특성을 이용하여 각국에서는 칵테일의 기주로 많이 사용하고 있다.

[W]

- **Water Jug** : 조주에서 사용되는 손잡이가 달린 물병.

- **Wein** : 독일어로 와인.

- **Welcome Drink** : 환영음료로서 호텔에서 체크인하는 동안이나 행사시작 전에 마시는 음료.

- **Wine Cellar** : 와인저장실. 와인저장실은 실내온도 섭씨 10~12도가 정당하며, 습도는 75%가 적당하다. 빛이 너무 많으면 안되며, 저장실은 오직 와인과 술 종류만 보관하여야 한다. 또한 와인저장실은 중앙 냉난방에서 분리해야 한다.

- **Wine Cooler** : 화이트와인과 또는 샴페인을 제공할 시 온도를 차갑게 유지하기 위해 사용하는 기구.

- **Wine Cradle** : 레드와인을 눕혀놓은 손잡이가 달린 바구니이며, 와인을 서비스할 때 사용된다. 같은 말로 Wine Basket, Pannier로 사용한다.

- **Wine Label** : 상표와 생산자의 이름, 생산지, 포도품종, 품질등급, 와인을 생산한 연도가 상세히 기재되는데, 특히 맛이 뛰어나고 질이 좋은 와인일수록 철저하게 준수되어진다.

- **Wine Steward** : 와인전문가라고 하며, 프랑스어로 'Sommelier' or 'Chef de Vin' or 'Wine Butler'라고 한다.

- **Winery** : 와인이 만들어지는 곳. '양조장'이라 한다.

• **Worcestershire Sauce** : 한국의 간장과 비슷한 서양의 조미료.

[X]

• **X.O** : Extra Old의 약자이며, Brandy의 성숙도가 40~50년이 된다.

[Y]

• **Yeast** : 효모라고하며, 맥주의 원료로, 맥아즙 속의 당분을 분쇄하고 알코올과 탄산가스를 만드는 작용을 하는 미생물이다.

• **Yield** : 원재료로서 메뉴량을 말한다.

• **Yield Test** : 구매된 식재료를 가지고 조리하여 판매할 수 있는 완제품의 상태(Yield)로 만들었을 때의 수량이나 무게 및 양을 실험하는 것이다.

• **Young Wine** : 포도주를 만들어서 오랜 기간 숙성하지 않고 1~2년 저장하여 5년 이내에 마시는 포도주.

[Z]

• **Zakusta** : 러시아어로 Appetizer라는 뜻으로, 풍미 있고 소금기가 있는 소량의 식욕촉진제를 말하며 혹은 술 안주를 말한다.

참고문헌

국내문헌

1. 국내 참고문헌

권봉헌 · 박재희(2009). 호텔식음료관리론, 백산출판사.

김성혁 · 황수영 · 김연선(2009). 외식마케팅론, 백산출판사.

김의겸(2007). 소믈리에실무, 백산출판사.

김준철(2009). 와인, 백산출판사.

김진수 · 하창용 · 강영선 · 양기승(2006). 호텔실무전문용어, 기문사.

박영배 · 정연국 · 조춘봉(2010). 음료주장관리, 백산출판사.

박인규 · 장상태(2006). 호텔식음료실무경영론, 기문사.

변광인 · 박성수(2009). Top Secret Cocktail, 백산출판사.

서진우 · 전인호 · 김희연(2009). 칵테일실무, 대왕사.

서한정(2006). 와인에센셜, 아카데미북.

신형섭(2007). 호텔실무용어해설, 갈채.

이관표 · 정웅용(2009). 음료와 칵테일, 백산출판사.

이석현 · 김의겸 · 김종규 · 김학재 · 김선일(2009). 조주학개론, 백산출판사

이준재 · 심홍보 · 정용해 · 조창연(2007). 칵테일 주장관리실무, 대왕사.

최병호 · 유도재(2009). 호텔식음료실무론, 백산출판사.

허정봉(2009). 조주(음료)기능사 문제집, 대왕사.

황해정(2009). 와인과 칵테일, 기문사.

2. 국내연구논문

강찬호 · 이정화(2005). 칵테일 메뉴특성과 BAR업장의 특성이 칵테일 메뉴선택행동에 미치는 영향. Tourism Research(21). 105～124.

김민석(2010). 소믈리에의 전문지식요인과 역할요인이 소비자의 와인구매 만족도에 미치는 영향. 관동대학교 대학원 박사학위논문.

김연선 · 곽강희 · 소국섭(2007). 마일리지 프로그램, 선택속성, 전반적인 만족도 그리고 브랜드 충성도 간의 영향관계 : 맥주전문바를 중심으로. 관광학연구, 31(5), 225-246.

이희수(2006). 칵테일 바의 서비스품질과 바텐더의 역할이 고객에게 미치는 영향. Tourism Research(23). 283~303.

3. 기타 참고자료

롯데호텔 매뉴얼
롯데호텔 음료직무교재, 2008.
르네상스서울호텔 식음료 매뉴얼
메리어트호텔 식음료직무교재, 2005.
(주)비노메이트 와인교육자료, 2010.
(주)엘비와인 와인교육자료, 2010.

국외문헌

Brian, H. S.(2003). The Sommelier's Guide to wine, Black Dog & Leventhal Publishers, New York.
Karen M. (2001). The Wine Bible, Workman Publishing, New York.
Managing Berverage Service
Reich, A. I.(1990). The Restaurant Operator's Manual, New York: Van Nostrand Reinhold, 167.

저자 소개

김 연 선

- 경원대학교 일반대학원 관광경영학과 경영학석사
- 세종대학교 일반대학원 호텔관광경영학과 호텔관광경영학 박사
- 임페리얼팰리스 호텔 근무역임
- 호텔관리사(한국관광공사)
- 소믈리에자격증(AHLA)
- 한국외식경영학회 정회원
- 한국콘텐츠학회 정회원
- 한국컨벤션학회 편집이사
- 한국와인아카데미협의회 이사
- 한국콘텐츠학회 논문지 심사위원
- 한국호텔관광학회 정회원
- 한국웨딩학회 자격검정위원
- 現)원광보건대학 호텔관광과 교수

송 영 석

- 경희대학교 대학원 관광경영학과 석사
- 세종대학교 일반대학원 호텔관광경영학과 호텔관광경영학 박사
- 호텔소피텔앰배서더, 아텍스컨벤션 이사
- 조주기능사 심사위원
- 조주기능사(한국산업인력공단)
- 호텔관리사(한국관광공사)
- 소믈리에 자격증(AHLA)
- 한국관광 · 레저학회 이사
- 대한관광경영학회 이사
- 한국웨딩학회 자격검정위원
- (사)한국평생능력개발원 식음료부문자격검정위원회 상임위원
- 성신여자대학교 생활문화소비자학과 외래교수
- 現)두원공과대학 관광경영과 겸임교수

이 두 진

- 세종대학교 관광대학원 호텔경영학과 호텔경영학 석사
- 세종대학교 일반대학원 호텔관광경영학과 호텔관광경영학 박사
- 신흥대학 외식경영학과 외래강사 역임
- 동양공업전문대학 관광학과 겸임교수 역임
- 호텔관리사(한국관광공사)
- 전국 대학생 칵테일 경진대회 심사위원
- 한국평생능력개발원 식음료부문 심사위원
- 조주기능사 실기시험 심사위원
- 한국외식경영학회 정회원
- 한국관광학회 정회원
- 한국호텔리조트학회 정회원
- 한국웨딩학회 상임이사
- 現)(주)롯데호텔, 롯데월드호텔 식음료과장 근무 중

최신 호텔주장관리 실무

2011년 1월 25일 초판 인쇄
2011년 1월 28일 초판 발행

저 자 김 연 선
송 영 석
이 두 진

발행인 (寅製) 진 욱 상

저자와의 합의하에 인지첩부 생략

발행처 백산출판사

서울시 성북구 정릉3동 653-40
등록 : 1974. 1. 9. 제 1-72호
전화 : 914-1621, 917-6240
FAX : 912-4438
http://www.ibaeksan.kr
editbsp@naver.com

값 25,000원
ISBN 978-89-6183-414-8